高职高专“十二五”规划教材

汽车检测诊断技术

主编　张成祥
主审　郑凌云

北　京
冶 金 工 业 出 版 社
2015

内 容 提 要

本书根据现代汽车的维修特点和发展趋势，介绍了利用先进测试技术与手段快速而准确地对汽车的技术状况进行综合检测与科学评价、确定故障部位、找出故障原因等内容。其中重点介绍汽车发动机检测与诊断技术、汽车底盘检测与诊断技术、汽车安全与环保检测技术以及汽车检测诊断设备的使用等方面的知识，以提升营运车辆管理水平、保证车辆维修质量、提高车辆维修效率。

本书可作为高等职业院校、高等专科学校、成人院校汽车检测与维修技术、汽车运用工程及汽车技术服务与营销等专业的教材，也可供汽车检测、维修等专业技术人员参考。

图书在版编目(CIP)数据

汽车检测诊断技术/张成祥主编．—北京：冶金工业出版社，2015.7

高职高专“十二五”规划教材

ISBN 978-7-5024-6972-6

Ⅰ.①汽… Ⅱ.①张… Ⅲ.①汽车—故障检测—高等职业教育—教材 ②汽车—故障诊断—高等职业教育—教材 Ⅳ.①U472.9

中国版本图书馆 CIP 数据核字(2015) 第 159225 号

出 版 人 谭学余
地　　址 北京市东城区嵩祝院北巷 39 号 邮编 100009 电话 (010)64027926
网　　址 www.cnmip.com.cn 电子信箱 yjcbs@cnmip.com.cn
责任编辑 俞跃春 杨盈园 王雪涛 美术编辑 杨 帆 版式设计 孙跃红
责任校对 卿文春 责任印制 牛晓波
ISBN 978-7-5024-6972-6
冶金工业出版社出版发行；各地新华书店经销；固安华明印业有限公司印刷
2015 年 7 月第 1 版，2015 年 7 月第 1 次印刷
787mm×1092mm 1/16；13.25 印张；318 千字；200 页
29.00 元

冶金工业出版社 投稿电话 (010)64027932 投稿信箱 tougao@cnmip.com.cn
冶金工业出版社营销中心 电话 (010)64044283 传真 (010)64027893
冶金书店 地址 北京市东四西大街 46 号(100010) 电话 (010)65289081(兼传真)
冶金工业出版社天猫旗舰店 yjgycbs.tmall.com

(本书如有印装质量问题，本社营销中心负责退换)

前言

随着我国汽车工业的迅猛发展，新技术、新工艺在汽车检测与诊断技术领域中得到广泛应用，汽车技术的发展也使汽车检测与诊断技术得到发展。传统的汽车检测诊断手段是老师傅通过“眼看、手摸、耳听、鼻闻”等实践经验来判断汽车的技术状况，这样的诊断结果不够准确，同时工作效率低下。另外由于汽车技术的发展，使得汽车的种类、结构及故障千差万别，要想对所有的车型及所有故障的诊断具有实践经验是不可能的。因此传统的汽车检测诊断方法已经不能满足现代汽车的检测与故障诊断的需要。

现代汽车检测诊断技术充分利用了先进的测试技术与手段，可以快速而准确地对汽车的技术状况进行综合检测与科学评价、确定故障部位、找出故障原因。所以现代汽车检测诊断技术已经成为提升营运车辆管理水平、保证车辆维修质量、提高车辆维修效率的重要手段。

本书根据现代汽车的维修特点和发展趋势，将汽车检测技术与汽车故障诊断技术融为一体，以汽车的检测与故障诊断为主体，重点介绍汽车发动机检测与诊断技术、汽车底盘检测与诊断技术、汽车安全与环保检测技术以及汽车检测诊断设备的使用等方面的知识。

根据现代汽车检测与诊断特点，本书采用由浅入深、图文并茂、理论与实践相结合等方法，突出操作技能，学生在学习本课程时感觉浅显易懂，因此具有较强的实用性与针对性。本书可以作为高等职业院校、高等专科学校、成人院校汽车检测与维修技术、汽车运用工程及汽车技术服务与营销等相关专业的教材，也可作为汽车检测、维修等相关技术人员的参考用书。

本书由四川机电职业技术学院教学经验丰富的张成祥副教授、黄伟副教授、高文敏副教授、焦莉讲师及攀钢汽车修造总厂的陈利民高级工程师编写。具体编写分工如下：焦莉编写学习情境1 汽车检测诊断技术概述；张成祥编写学习情境6 电控发动机故障诊断；黄伟编写学习情境2 发动机技术状况检测及学习情境5 发动机故障诊断；陈利民编写学习情境3 汽车安全与环保检测技术；

高文敏编写学习情境4 底盘技术状况检测及学习情境7 底盘故障诊断。全书由张成祥副教授担任主编，郑凌云副教授担任主审。

在编写本书过程中，参考了大量的教材、著作及文献资料，在此对相关作者表示最真挚的感谢！

由于水平有限，书中若有不妥之处，诚恳读者批评指正。

编　者

2015. 2. 26

目　录

学习情境 1　汽车检测诊断技术概述 …… 1

任务 1.1　汽车检测技术概述 …… 1

1.1.1　汽车检测的意义 …… 1

1.1.2　术语解释 …… 2

1.1.3　汽车检测与诊断的目的和作用 …… 3

1.1.4　汽车检测与诊断的方法 …… 3

任务 1.2　汽车诊断参数和诊断标准 …… 4

1.2.1　汽车诊断参数 …… 5

1.2.2　汽车诊断标准 …… 7

任务 1.3　国内外汽车检测技术的发展 …… 9

1.3.1　国外汽车检测技术的发展 …… 9

1.3.2　国内汽车检测技术的发展 …… 10

1.3.3　汽车检测标准法规和管理制度 …… 10

1.3.4　关于在用汽车的检查制度 …… 11

思考题 …… 12

学习情境 2　发动机技术状况检测 …… 13

任务 2.1　发动机功率的检测 …… 13

2.1.1　概述 …… 13

2.1.2　发动机台架测功试验 …… 14

2.1.3　在用发动机的无负荷测功 …… 15

任务 2.2　气缸密封性的检测 …… 17

2.2.1　气缸压缩压力的检测 …… 17

2.2.2　曲轴箱窜气量的检测 …… 19

2.2.3　气缸漏气量和漏气率的检测 …… 21

2.2.4　进气管负压的检测 …… 22

任务 2.3　汽油机点火系统检测 …… 23

2.3.1　不同点火系统的故障检测 …… 23

2.3.2　点火系统的波形检测 …… 27

2.3.3　点火提前角的测试 …… 32

任务 2.4　柴油机燃料供给系的检测 …… 34

2.4.1　柴油机的供油压力及波形分析 …… 34

2.4.2 柴油机供油正时检测 …… 38
任务 2.5 机油品质检测与分析 …… 40
2.5.1 机油不透光度分析法 …… 41
2.5.2 介电常数分析法 …… 41
2.5.3 滤纸油斑试验法 …… 42
2.5.4 光谱分析法 …… 44
任务 2.6 发动机异响的检测 …… 45
2.6.1 发动机异响概述 …… 46
2.6.2 发动机异响的检测 …… 47
思考题 …… 49

学习情境 3 汽车安全与环保检测技术 …… 51

任务 3.1 前照灯检测 …… 51
3.1.1 前照灯光束照射位置检测 …… 51
3.1.2 前照灯发光强度检测 …… 53
3.1.3 前照灯发光强度和光轴偏斜量的检测方法 …… 54
3.1.4 检测结果分析处理方法 …… 55
任务 3.2 侧滑量的检测 …… 55
3.2.1 前轮侧滑检测的意义 …… 55
3.2.2 侧滑检测原理及检测标准规定 …… 56
3.2.3 侧滑试验台的结构及工作原理 …… 59
3.2.4 汽车侧滑的检测与调整 …… 61
任务 3.3 制动性能检测 …… 61
3.3.1 制动性能检测的意义 …… 61
3.3.2 对制动系统的基本要求及评价指标 …… 62
3.3.3 国家标准对检验制动性能的有关规定 …… 63
3.3.4 制动检测设备及检验原理 …… 66
3.3.5 制动试验台操作方法 …… 70
任务 3.4 汽油车排气污染物的检测 …… 72
3.4.1 汽油车排气污染物检测的意义 …… 72
3.4.2 废气主要污染物产生的原因 …… 73
3.4.3 废气主要污染物的危害 …… 73
3.4.4 《点燃式发动机汽车排气污染物排放限值及测量方法（双怠速法及简易工况法）》（GB 18285—2005）的规定 …… 74
3.4.5 废气检测原理 …… 77
3.4.6 气体分析仪的结构和工作原理 …… 78
3.4.7 检测前的准备 …… 80
3.4.8 检测方法及步骤 …… 81
任务 3.5 柴油车烟度检测 …… 81

3.5.1　烟度检测的意义 …… 81
3.5.2　《车用压燃式发动机和压燃式发动机汽车排气烟度排放限值及测量方法》（GB 3847—2005）对柴油车尾气排放及测量方法的规定 …… 82
3.5.3　滤纸式烟度计检测原理 …… 83
思考题 …… 87

学习情境 4　底盘技术状况检测 …… 89

任务 4.1　汽车动力性台架试验 …… 89
4.1.1　汽车动力性台架试验的意义及试验设备 …… 89
4.1.2　在底盘测功机上进行的试验 …… 92
4.1.3　底盘测功机基本操作方法（DCG－10D（A）型汽车底盘测功机） …… 95
任务 4.2　四轮定位检测 …… 97
4.2.1　车轮定位参数的定义及其作用 …… 97
4.2.2　车轮定位参数测量原理 …… 100
4.2.3　汽车四轮定位仪操作步骤 …… 103
任务 4.3　车轮动平衡检测 …… 103
4.3.1　车轮不平衡的原因及其危害 …… 103
4.3.2　车轮不平衡检测原理 …… 104
4.3.3　车轮平衡检验设备 …… 106
4.3.4　车轮平衡应注意事项 …… 109
思考题 …… 109

学习情境 5　发动机故障诊断 …… 110

任务 5.1　汽油机冷却系故障 …… 110
5.1.1　发动机过热 …… 111
5.1.2　发动机温度过低 …… 114
5.1.3　冷却液消耗过多 …… 115
任务 5.2　汽油机润滑系故障诊断 …… 115
5.2.1　机油变质 …… 115
5.2.2　机油消耗异常 …… 117
5.2.3　机油压力过低 …… 118
5.2.4　机油压力过高 …… 119
任务 5.3　发动机异响故障诊断 …… 120
5.3.1　发动机故障与异响 …… 120
5.3.2　影响发动机异响的因素 …… 122
5.3.3　异响鉴别 …… 123
5.3.4　曲柄连杆机构异响的诊断 …… 123
5.3.5　配气机构异响的诊断 …… 128
任务 5.4　柴油机起动系统的故障诊断与排除任务 …… 130

5.4.1　起动机不转的故障诊断与排除 …… 130
5.4.2　起动机运转无力的诊断与排除 …… 130
5.4.3　起动机空转的故障诊断与排除 …… 131
任务5.5　柴油机燃料系统的故障诊断与排除 …… 131
5.5.1　供给系统造成起动困难或起动不着的故障诊断 …… 131
5.5.2　起动发动机时，排气管大量冒烟，但不能起动 …… 133
任务5.6　柴油发动机无力 …… 134
5.6.1　发动机运转均匀但排气管冒黑烟，动力不足 …… 134
5.6.2　柴油发动机“游车”故障的诊断与排除 …… 135
5.6.3　柴油机水温长期过高使发动机无力故障的诊断与排除 …… 135
5.6.4　柴油发动机排气管放炮的故障诊断 …… 136
任务5.7　柴油发动机“飞车”的故障诊断与排除 …… 136
5.7.1　故障现象 …… 136
5.7.2　故障诊断与排除 …… 136
思考题 …… 137

学习情境6　电控发动机故障诊断 …… 138

任务6.1　电控元件的检测诊断 …… 138
6.1.1　电子控制单元（ECU）的检测 …… 138
6.1.2　主要传感器及开关信号的检测 …… 139
6.1.3　执行器的检测 …… 149
任务6.2　发动机常见故障的诊断 …… 154
6.2.1　发动机不能起动或不易起动 …… 154
6.2.2　怠速不良 …… 159
6.2.3　发动机无力 …… 161
6.2.4　发动机温度、油耗异常 …… 164
思考题 …… 165

学习情境7　底盘故障诊断 …… 167

任务7.1　汽车传统传动部分故障诊断 …… 167
7.1.1　汽车传动部分基本构造 …… 167
7.1.2　传统传动部分的故障诊断 …… 167
任务7.2　ABS/ASR防抱死及防滑转系统的故障诊断 …… 171
7.2.1　LS400 ABS的主要工作原理 …… 171
7.2.2　ABS/ASR系统的故障诊断与分析 …… 175
任务7.3　转向系统的故障诊断 …… 187
7.3.1　转向系的常见故障及诊断 …… 187
7.3.2　转向自由行程和转向力的检测 …… 188
7.3.3　电控动力转向系统的检测 …… 190

7.3.4　转向动力液压控制系统 …… 191
7.3.5　转向系统故障排除分析 …… 192
7.3.6　LS400 转向系统转向盘伸缩及倾斜装置的故障分析 …… 194
思考题 …… 199
参考文献 …… 200

学习情境1 汽车检测诊断技术概述

【知识目标】

1. 了解汽车诊断、检测的意义、目的和作用。
2. 掌握汽车检测的类型和目的。
3. 掌握汽车诊断参数和汽车诊断标准。
4. 了解汽车诊断与检测技术的发展。

【技能目标】

1. 会选择常用汽车诊断参数。
2. 能够正确理解并熟练使用相关国家标准。

【本章导语】

汽车的检测与诊断，是通过对汽车进行检查、测试、分析，从而对其技术状况做出评价或判断的一项技术。

现代汽车的检测和诊断，涉及力、声、热、电、光、化等学科领域以及机械、电子、计算机、自控等多项技术。

应该说，检测与诊断之间既有联系，又有区别。检测与诊断是一个问题的两个方面。它们的共同之处是都要对汽车进行检查以了解汽车的技术状况。不过，二者检查的出发点不同。

“检测”主要指“性能检测”，一般是在汽车使用过程中，对汽车的动力性、经济性、安全性和环保性能等方面进行检查测试，以便对相关的性能做出评价，对发现的问题做出及时调整，保证汽车保持良好的技术状况。

“诊断”指的是“故障诊断”，是在汽车出了故障之后，通过检查测试，判断出现故障的原因和故障点，并指出排除故障的方法。所以诊断的目的是为了“排除故障”。

任务1.1 汽车检测技术概述

1.1.1 汽车检测的意义

目前全世界汽车保有量已超过5亿辆。汽车的大量使用，在提高运输效率、促进经济发展、改善人们生活的同时，也造成了排气污染、噪声污染、交通事故以及能源紧张等引起全球关注的问题。

为了解决这些问题，一方面要从技术上入手，努力研究开发高性能、低污染的汽车，这是汽车研究、生产部门孜孜以求的目标。另一方面就要加强对在用汽车的定期检查，以便及时维修调整，使汽车经常处于良好的技术状况，这就是汽车检测技术要解决的问题。

汽车检测的意义，可以归纳为以下几个方面：

（1）保证交通安全。随着交通运输事业的发展，交通事故也在日益增加。

全世界每年因道路交通事故死亡约25万人，重伤300万人，因交通事故导致终生残疾者约3000万人。

目前我国私人汽车4000多万辆，约占世界总量的2%，但每年约有近8万人死于交通事故，其数量连续十年居世界之首。

万车死亡率（某年死亡总人数/以万为单位的总车数）：1995年我国是22.5，日本是1.6。

所以，对汽车进行定期检查和调整，使其处于良好的技术状况，对保证交通安全是非常必要的。

（2）减少环境污染。汽车排放的尾气中含有上百种化合物，其中对人和生物直接有害的物质主要是CO、HC（碳氢化合物的总称）、NO_x（氮氧化合物的总称）、铅化合物以及炭烟等。这些有害气体污染了大气，破坏了人类的生存环境。尤其在大城市中人口密集、交通拥塞的地区，汽车排气污染比较严重，使附近居民深受其害。另外应该指出，汽车尾气中还含有CO_2。CO_2是一种主要的温室气体，向大气排放过多的CO_2，有使地球表面温度升高的作用，所以CO_2也是一种需要重视的、对大气起污染作用的有害气体。

汽车的噪声是另一种环境污染。在交通繁忙的十字路口，车辆噪声可达70dB以上。国家通过对汽车进行定期检测的方法，严格限制汽车的废气和噪声污染。污染超标的车不准上路，必须及时修理。

（3）改善汽车性能。人们都知道，刚出厂的汽车性能并不是最好。需要行驶一段时间，零部件经过磨合之后，汽车的性能渐渐进入最佳状态。但汽车用久了，性能或技术状况又逐渐变差。不仅动力性和经济性会降低，油耗会增加，尾气排放情况会变坏，有的时候（例如制动性能变差时）还会引发交通事故。所以，通过定期的检查测试，就可以保持汽车经常处于良好的技术状况，改善汽车性能，还可以延长使用寿命。

1.1.2 术语解释

汽车检测：确定汽车技术状况或工作能力的检查和测量。

汽车故障：汽车部分或完全丧失工作能力的现象。

故障现象：故障的具体表现。

汽车诊断：在不解体（或仅拆卸个别小件）条件下，确定汽车技术状况或查明故障部位、原因进行的检测、分析和判断。

汽车技术状况：定量测得的表征某一时刻汽车外观和性能的参数值的总和。

诊断参数：供诊断用的、表征汽车、总成及机构技术状况的参数。

诊断周期：汽车诊断的间隔期。

诊断标准：对汽车诊断的方法、技术要求和限值等的统一规定。

诊断参数标准：对汽车诊断参数限值的统一规定。

汽车检测站：从事汽车检测的事业性或企业性机构。

汽车诊断站：从事汽车诊断的企业性机构。

1.1.3　汽车检测与诊断的目的和作用

汽车检测与诊断的目的是为了确定在用汽车的技术状况是否良好或有无故障。根据检测与诊断的结果维护或修理汽车，使其恢复正常。在实际工作中，汽车检测与诊断的目的因检测项目的不同而有差异。

1.1.3.1　汽车安全、环保性能检测

对汽车实行定期和不定期的安全和环保性能检测，目的在于确保汽车具有符合要求的外观、良好的安全性能和符合法规要求的污染物排放量，以建立安全和环保的监控体系，强化汽车的安全管理。

1.1.3.2　汽车综合性能检测

对汽车实行定期和不定期的综合性能检测，目的是在整车不解体情况下，确定运输车辆的工作能力和技术状况；对维修车辆实行质量监督，以保证运输车辆具有良好的动力经济性、安全性、可靠性等使用性能及控制汽车对环境的污染，以创造更大的经济效益和社会效益。

1.1.3.3　汽车故障的检测诊断

对汽车故障的检测诊断，目的是在整车不解体（或仅卸下部分零件）情况下，查明故障产生的原因和故障的部位，确定故障的排除方法，提高排除故障的效率，使汽车尽快恢复正常。

1.1.3.4　汽车维修时的检测

汽车维修前的检测，目的是判别汽车技术状况与标准值相差的程度，以此确定维护附加项目，掌握汽车技术状况变化规律，并通过对汽车的检测诊断和技术鉴定，确定汽车是否需要大修，以实现视情修理；汽车维修过程中的检测，目的是确定故障的部位和原因，确保维修质量及提高维修效率；汽车维修后的检测，目的是检验汽车的使用性能是否得到恢复，以确认维修质量。

1.1.4　汽车检测与诊断的方法

对汽车进行检测的方法，可大体上分为两大类：一类是人工检查方法，这是凭人的眼、耳、手、脚加上经验和简单工具进行检查的方法。这种方法不仅速度慢、效率低、检验精度也差，主要用于比较简单的部件检查。另一类是使用电脑化、智能化的仪器设备进行检查的方法。这种方法不仅可以定量地测出汽车的很多性能指标，诸如废气污染物的含量、前照灯的发光强度、制动力的大小等，而且检测速度快、精度高、检测结果也比较客观。

汽车诊断是由检查、分析、判断等一系列活动完成的。从完成这些活动的方式看，汽车诊断的基本方法有以下几种：

（1）人工经验诊断法。人工经验诊断法是通过路试和对汽车或总成工作情况的观察，凭借诊断人员丰富的实践经验和一定的理论知识，利用简单工具，在不解体汽车或局部解体情况下，根据汽车在工作中表现出来的外部异常状况，通过眼看、手摸、耳听等手段，边检查、边试验、边分析，进而对汽车技术状况进行定性分析或对故障部位和原因进行判断的一种诊断方法。

人工经验诊断法不需要专用仪器设备，可随时随地应用。但存在诊断速度慢，准确性差及不能进行定量分析等缺点，并要求诊断者具有丰富的实践经验和较高的技术水平。

（2）现代仪器设备诊断法。现代仪器设备诊断法是在人工经验诊断法的基础上发展起来的诊断方法。该法可在不解体的情况下，利用建立在机械、电子、流体、振动、声学、光学等技术基础上的专用仪器设备，对汽车、总成或机构进行测试，并通过对诊断参数测试值、变化特性曲线、波形等的分析判断，定量确定汽车的技术状况。采用微型计算机（以下简称微机）控制的专用仪器设备能够自动分析、判断、打印诊断结果。

现代仪器设备诊断法的优点是诊断速度快、准确性高、能定量分析，缺点是投资大、占用固定厂房等。

（3）自诊断法。自诊断法是利用汽车电控单元的自诊断功能进行故障诊断的一种方法。自诊断的功能是利用监测电路检测传感器、执行器以及微处理器的各种实际参数，并将其与存储器中的标准数据进行比较，从而判定系统是否存在故障。当判定系统存在故障时，电控单元将故障信息以故障码的形式存入存储器，并控制警告灯向驾驶员发出警示信号。自诊断法的过程是通过一定的操作方式，把汽车电控系统中电控单元的故障码提取出来，然后通过查阅相应的“故障码表”来确定故障的部位和原因。

在实际检测诊断工作中，上述三种方法不是相互独立的，而是相辅相成的。人工经验诊断法是检测诊断的基础，它在汽车诊断的任何时期均具有十分重要的实用价值，即使汽车专家诊断系统，它也是把人脑的分析、判断通过计算机语言转化成计算机的分析判断。现代仪器设备诊断法是在人工经验诊断法基础上发展起来的诊断方法，它在汽车检测诊断中所占的比例日益增大，使用现代仪器设备诊断法是汽车检测诊断技术发展的必然趋势。自诊断法对于汽车各大电子控制系统十分有效，而且快捷准确，这是其他方法无可比拟的，随着计算机控制技术的发展和在汽车上的广泛应用，自诊断法将会显示出更大的优势，发挥更大的作用。

任务1.2 汽车诊断参数和诊断标准

对于汽车的性能检测与故障诊断，不仅要求有完善的检测、分析、判断的手段和方法，而且要有正确的理论指导。为此，在检测诊断汽车技术状况时，必须选择合适的诊断参数，确定合理的诊断参数标准和最佳诊断周期。

诊断参数、诊断参数标准、最佳诊断周期是从事汽车检测诊断工作必须掌握的基础理论。

1.2.1 汽车诊断参数

1.2.1.1 诊断参数概述

参数是表明某一种重要性质的量。诊断参数是供诊断用的，表征汽车、总成及机构技术状况的量。有些结构参数（如磨损量、间隙量等）可以表征技术状况，但在整车不解体情况下，直接测量汽车、总成和机构的结构参数往往受到限制。如气缸间隙、气缸磨损量、曲轴和凸轮轴各轴承间隙、曲轴和凸轮轴各道轴颈磨损量、各齿轮间隙及磨损量、各轴向间隙及磨损量等，都无法在整车不解体情况下直接测量。因此，在检测诊断汽车技术状况时，需要采用一种既与结构参数有关而又能表征技术状况的间接指标（量），该间接指标（量）称为诊断参数。可以看出，诊断参数既与结构参数紧密相关，又能够反映汽车的技术状况，是一些可测的物理量和化学量。

汽车诊断参数包括工作过程参数、伴随过程参数和几何尺寸参数。

（1）工作过程参数。该参数是汽车、总成、机构工作过程中输出的一些可供测量的物理量和化学量。例如，发动机功率、驱动车轮输出功率或驱动力、汽车燃料消耗量、制动距离或制动力或制动减速度、滑行距离等，往往能表征诊断对象总的技术状况，适合于总体诊断。例如，通过检测得知底盘输出功率符合要求，这说明汽车动力性符合要求，也说明发动机技术状况和传动系统技术状况均符合要求；反之，通过检测得知底盘输出功率不符合要求，说明汽车动力性不符合要求，也说明发动机输出功率不足或传动系统损失功率太大。因此，可以整体上确定汽车和总成的技术状况，为深入诊断提供依据。

汽车不工作时，工作过程参数无法测得。

（2）伴随过程参数。该参数是伴随汽车、总成、机构工作过程输出的一些可测量。例如，工作过程中出现的振动、噪声、异响、过热等，可提供诊断对象的局部信息，常用于复杂系统的深入诊断。

汽车不工作（过热除外）时，伴随过程参数无法测得。

（3）几何尺寸参数。该参数可提供总成、机构中配合零件之间或独立零件的技术状况。如间隙、自由行程、车轮定位值等，都可以作为诊断参数来使用。它们提供的信息量虽然有限，但却能表征诊断对象的具体状态。

虽然每一类诊断参数都有不同的含义，但在确定汽车技术状况或判断某些复杂故障时，需采用不同的诊断参数进行综合诊断。

汽车常用诊断参数见表 1-1。

表 1-1 汽车常用诊断参数

诊断对象	诊断参数	诊断对象	诊断参数
汽车总体	最高车速（km/h） 最大爬坡度（%） 0～100km 加速时间（s） 驱动车轮输出功率（kW） 驱动车轮驱动力（kN） 汽车燃料消耗量[L/100km,L/(100t·km)]	汽油供给系统	汽油泵出口关闭压力（kPV） 化油器浮子室液面高度（mm） 空燃比或燃空比 过量空气系数 电喷发动机喷油器的喷油量（mL） 电喷发动机各缸喷油不均匀度（%）

续表1-1

诊断对象	诊断参数
发动机总体	额定转速（r/min） 怠速转速（r/min） 功率（kW） 燃料消耗量（L/h） 单缸断火（油）功率转速下降率（%） 汽油车废气成分（体积分数）（%） 柴油车排气中可见污染物（消光系数）
曲柄连杆机构	气缸压力（MPa） 气缸间隙（mm） 曲轴箱窜气量（L/mm） 气缸漏气量（kPa） 气缸漏气率（%） 进气管真空度（kPa）
配气机构	气门间隙（mm） 配气相位（°）
点火系统	蓄电池电压（V） 一次电路电压（V） 各缸点火电压（kV） 各缸短路点火电压（kV） 各缸断路点火电压（kV） 断电器触点间隙（mm） 断电器触点闭合角（°） 各缸点火波形重叠角（°） 点火提前角（°） 电容器容量（μF）
润滑系统	机油压力（kPa） 机油温度（℃） 理化性能指标变化量 清净性系数的变化量 介电常数的变化量 金属微粒的含量（质量分数）（%） 机油消耗量（kg）
传动系统	传动系统游动角度（°） 传动系统机械传动效率（%） 传动系功率损失（kW） 滑行距离（m） 传动系统噪声（dB） 总成工作温度（℃）
柴油供给系统	输油泵输油压力（kPa） 喷油泵高压油管最高压力（kPa） 喷油泵高压油管残余压力（kPa） 喷油器针阀开启压力（kPa） 喷油器针阀关闭压力（kPa） 喷油器针阀升程（mm） 各缸供油不均匀度（%） 供油提前角（°） 各缸供油间隔（°） 每一工作循环供油量（mL/工作循环）
制动系统	制动距离（m） 制动力（N） 左右制动力差值（N） 制动阻滞力（N） 制动减速度（m/s^2） 制动系协调时间（s） 制动完全释放时间（s）
转向系统	车轮侧滑量（m/km） 车轮前束（mm） 车轮外倾角（°） 主销后倾角（°） 主销内倾角（°） 转向轮最大转向角（°） 转向盘最大自由转动量（°） 转向盘外缘最大切向力（N）
冷却系统	冷却液温度（℃） 散热器冷却液入口与出口温度（℃） 风扇传动带张力[N/（10～15mm）]
行驶系统	车轮静不平衡量（g） 车轮动不平衡量（g） 车轮端面圆跳动量（mm） 车轮径向圆跳动量（mm）
其他	前照灯发光强度（cd） 前照灯光束照射位置（mm） 车速表允许误差范围（%） 喇叭声级（A声级）（dB） 车外最大加速噪声级（A声级）（dB） 车内噪声级（A声级）（dB）

1.2.1.2　诊断参数的选择原则

在汽车的使用过程中，诊断参数的变化规律与汽车技术状况变化规律之间有一定的关系。能够表征汽车技术状况的参数有很多，为了保证诊断结果的可信性和准确性，应该选择那些符合下列要求或具有下列特性的诊断参数。选用原则如下：

（1）灵敏性。灵敏性用灵敏度评价，灵敏度是指诊断对象的技术状况在从正常状态到进入故障状态之前的整个使用期内，诊断参数相对于技术状况参数的变化率。灵敏度越高诊断参数的灵敏性越好。选用灵敏度高的诊断参数诊断汽车的技术状况时，可使诊断的可靠性提高。

（2）单值性。单值性是指汽车技术状况参数从开始值变化到终了值的范围内，诊断参数的变化不应出现极值，否则，同一诊断参数将对应两个不同的技术状况参数，给诊断技术状况带来困难。所以，具有非单值的诊断参数没有实际意义。

（3）稳定性。稳定性是指在相同的测试条件下，多次测得同一诊断参数得到的测量值，具有良好的一致性（重复性）。诊断参数的稳定性越好，其测量值的离散度（或方差）越小。稳定性不好的诊断参数，其灵敏性也降低。

（4）信息性。信息性是指诊断参数对汽车技术状况具有的表征性。表征性好的诊断参数，能表明和揭示汽车技术状况的特征和现象，反映汽车技术状况的全部信息。所以，诊断参数的信息性越好，包含汽车技术状况的信息量越高，得出的诊断结论越可靠。

（5）经济性。经济性是指获得诊断参数的测量值所需要的诊断作业费用的多少，包括人员、工时、场地、设备和能源消耗等项费用。经济性高的诊断参数，所需要的诊断作业费用低。如果诊断作业费用很高，这种诊断参数是不可取的，它没有经济意义。

（6）方便性。方便性是指所确定的诊断参数在用于实际诊断时，其设备简单，工艺简便，测量容易。

1.2.1.3　诊断参数与测量条件和测量方法的关系

诊断参数与测量条件和测量方法是不可分割的整体。不同的测量条件和不同的测量方法，可以测得不同的诊断参数值。测量条件中，一般有温度条件、速度条件、负荷条件等。多数诊断参数的测得需要汽车运行至正常工作温度，只有少数诊断参数可在冷温下进行。除了温度条件外，速度条件和负荷条件也很重要。如发动机功率的检测，需在一定的转速和节气门开度下进行；汽车制动距离的检测，需在一定的制动初速度和载荷（空载或满载）下进行。对诊断参数的测量方法也有规定，如对在用汽油车排放污染物的测量采用双怠速法，规定排气的主要组分采用不分光红外线检测仪进行检测；柴油车自由加速烟度的测量采用滤纸烟度法，规定采用滤纸式烟度计进行检测等。没有规范的测量条件和测量方法无法统一尺度，因而测得的诊断参数值也就无法评价汽车的技术状况。所以，要把诊断参数及其测量条件、测量方法看成是一个不可分割的整体。

1.2.2　汽车诊断标准

诊断标准是汽车技术标准中的一部分。诊断标准是对汽车诊断的方法、技术要求和限值等的统一规定，而诊断参数标准仅是对诊断参数限值的统一规定，有时也简称为诊断标准。诊断标准中包括诊断参数标准。

1.2.2.1　诊断标准的类型

汽车诊断标准与其他技术标准一样，分为国家标准、行业标准、地方标准和企业标准四种类型：

（1）国家标准。国家标准是国家制定的标准，冠以中华人民共和国国家标准字样。国家标准一般由某行业部、委提出，由国家质量技术监督局批准、发布，全国各级各有关单位和个人都要贯彻执行，具有强制性和权威性（推荐性标准除外）。

（2）行业标准。该标准也称为部、委标准，是部级或国家委员会级制定、发布并经国家质量技术监督局备案的标准，在部、委系统内或行业内贯彻执行，一般冠以中华人民共和国某某部或某某行业标准，也在一定范围内具有强制性和权威性，有关单位和个人也必须贯彻执行。

（3）地方标准。该标准是省（直辖市、自治区）级、市地级、市县级制定并发布的标准，在地方范围内贯彻执行，也在一定范围内具有强制性和权威性，所属范围内的单位和个人必须贯彻执行。省、市地、市县三级除贯彻执行上级标准外，可根据本地具体情况制定地方标准或率先制定上级没有制定的标准。地方标准中的限值可能比上级标准中的限值要求还要严格。

（4）企业标准。该标准包括汽车制造厂推荐的标准、汽车运输企业和汽车维修企业内部制定的标准和检测设备制造厂推荐的参考性标准三部分。

汽车制造厂推荐的标准是汽车制造厂在汽车使用说明书中公布的汽车使用性能参数、结构参数、调整数据和使用极限等，从中选择一部分作为诊断参数标准来使用。该种标准是汽车制造厂根据设计要求、制造水平，为保证汽车的使用性能和技术状况而制定的。

汽车运输企业和汽车维修企业的标准是汽车运输企业、汽车维修企业内部制定的标准，只在企业内部贯彻执行。有条件的企业除贯彻执行上级标准外，往往还能根据本企业的具体情况，制定企业标准或率先制定上级没有制定的标准。企业标准中有些诊断参数的限值要比上级标准要严格，以保证汽车维修质量和树立良好的企业形象。一般情况下，企业标准应达到国家标准和上级标准的要求，一般应严于国家标准和上级标准的要求。

检测设备制造厂推荐的参考性标准是检测设备制造厂针对本设备所检测的诊断参数，在尚没有国家标准和行业标准的情况下制定的诊断参数限值，通过检测设备使用说明书提供给使用单位作参考性标准。

任何一级标准的制定和修订，都要既考虑技术性和经济性，又考虑先进性，并尽量靠拢同类型国际标准。

1.2.2.2　诊断参数标准的组成

为了定量地评价汽车、总成及机构的技术状况，确定维护、修理的范围和深度，预报无故障工作里程，单有诊断参数是不够的，还必须建立诊断参数标准，提供一个比较尺度。这样，在检测到诊断参数值后与诊断参数标准值对照，即可确定汽车是继续运行还是进厂（场）维修。

诊断参数标准一般由初始值 P_f、许用值 P_d 和极限值 P_n 三部分组成。

（1）初始值 P_f。此值相当于无故障新车和大修车诊断参数值的大小，往往是最佳值，可作为新车和大修车的诊断标准。当诊断参数测量值处于初始值范围内时，表明诊断对象技术状况良好，无需维修便可继续运行。

（2）许用值 P_d。诊断参数测量值若在此值范围内，则诊断对象技术状况虽发生变化但尚属正常，无需修理（但应按时维护）可继续运行到下一个诊断周期。

（3）极限值 P_n。诊断参数测量值超过此值后，诊断对象技术状况严重恶化，汽车须立即停驶修理。此时，汽车的动力性、经济性和排气净化性大大降低，行驶安全性得不到保证，有关机件磨损严重，甚至可能发生机械事故。所以，汽车必须立即停驶修理，否则将造成更大损失。

可以看出，通过对汽车进行检测，当诊断参数测量值在许用值以内，汽车可继续运行；当诊断参数测量值超过极限值，须停止运行进厂修理；诊断参数测量值在许用值 P_d 与极限值 P_n 之间，汽车勉强可用，但应及时安排维修，否则，汽车带病行车，故障率上升，可能行驶不到下一个诊断周期。

因此，将诊断参数测量值与诊断参数标准值比较，就可得知汽车技术状况，并做出相应的决断。

诊断参数标准的初始值、许用值和极限值，可能是一个单一的数值，也可能是一个数值范围。

任务 1.3　国内外汽车检测技术的发展

1.3.1　国外汽车检测技术的发展

应该说，早在 100 多年前汽车开始使用后，就存在着对汽车的检查和故障诊断问题。自然，当时的手段还比较简单。到 20 世纪 40 年代，国外出现了以故障诊断和性能调试为主的单项检测技术。60 年代后检测技术获得较大发展，开始出现由几种检测项目连成的检测线，既能做维修检验又能进行性能测试。60 年代末到 70 年代初期，计算机技术获得迅猛发展并向各行各业渗透，汽车检测技术应用了计算机测量与控制技术，实现了检测过程自动化，由计算机进行检测数据采集、数据处理和数据打印，大大提高了检测效率。

近年来，随着高新技术的广泛应用，汽车检测诊断技术正不断取得新的进展，检测仪器设备的性能、功能和智能化水平都有进一步提高。如今汽车检测技术已成为涉及机械、电子、计算机、自控等多领域的综合技术。例如，日本研制了新型的前照灯检验仪，既可测近光，又可测远光。采用与摄像机类似的 CCD（电荷耦合器件）作光敏元件，可显示非对称的近光光形分布和等照度曲线。国内有些厂家已开发生产了类似产品。

为了加强对在用汽车的管理，许多国家，特别是发达国家根据本国国情制定了相关法律，实施车辆检查制度，以便对在用汽车的使用、维护和技术状况等进行严格的监督。

例如，像美国、加拿大等美洲汽车大国，全国有机动车辆管理厅对机动车进行管理，但车检制度并不统一。美国有的州有自己的车检法规，而在用车检测大部分在民间检测站进行，有的在加油站进行安全检测。欧洲许多国家也都有自己的车检制度，而且德国、英国、意大利等国的检测设备单机自动化水平很高，广泛采用智能化仪表，检车由民众技术监督协会负责，不以盈利为目的，具有良好的公正性和权威性。日本有较完善的车检制度和标准，对检测的内容、方法、设备等都有规定。分设民营和国有检测站，民营站一般设在车辆维修厂，国有站只判断车辆安全性能是否合格，采用自动化程度较高的检测线。

1.3.2 国内汽车检测技术的发展

我国 20 世纪 60 年代虽然从国外引进过一些检测设备，但十年“文革”时期检测技术基本处于停滞状态。改革开放后，道路交通运输事业得到迅速发展，汽车拥有量快速增长，而且国家对安全、环保问题高度重视，这些都极大地促进了汽车检测技术的发展。

1982 年 5 月在辽宁省朝阳市建成了我国第一个汽车安全技术检测站。此后，各地的检测站如雨后春笋般兴建起来。到目前为止，检测站遍布全国，已经普及到各省、市、县和地区，检测线总数多达 4000 余条。其中，大部分分布在广东、山东等沿海省份。

在检测设备方面，我国 1985 年以前是以进口为主。例如深圳市联城机动车检测站，当时是全套引进日本弥荣公司的设备。20 世纪 80 年代后期，我国东南沿海和内地大城市如深圳、广州、肇庆、西安、北京、武汉等，注意从引进消化到自行研制，先后推出了部分国产和全部国产化的检测仪器设备。如今，除少数专用设备之外，绝大部分检测设备都已经实现国产化，基本满足了国内需求。

1.3.3 汽车检测标准法规和管理制度

为了保证交通安全、减少环境污染和保证在用汽车处于良好的技术状况，国家公安、交通、环保等部门先后发布过多项法律法规和相关标准，对在用汽车进行严格的管理。

1.3.3.1 相关法律法规

近年来国家和各部颁布的有关法律法规主要有：

1987 年 9 月 5 日全国人民代表大会通过《中华人民共和国大气污染防治法》，提出对机动车船污染大气实施监督管理。

1988 年 3 月 9 日国务院发布《中华人民共和国道路交通管理条例》，提出对机动车辆上路行驶的要求。

1989 年 2 月 22 日公安部发布第 2 号令《机动车安全技术检测站管理办法》，提出安全检测站应有的功能和管理办法。

1990 年 3 月 7 日交通部发布第 13 号令《汽车运输业车辆技术管理规定》，提出运输车辆技术状况的要求、技术等级以及车辆的检查、维修、报废等条件。

1991 年 4 月 23 日交通部发布第 29 号令《汽车运输业车辆综合性能检测站管理办法》，主要对交通部门建立的综合性能检测站的功能和等级作出了规定。

1.3.3.2 有关标准

国家和各部颁布的主要标准有：

1989 年 11 月发布，1990 年实施的国家标准《汽车安全检测设备检定技术条件》（GB 11798.1～11798.6—1989），提出对安全检测设备进行标定的方法。

1995 年 2 月 25 日交通部发布了两个行业标准《汽车技术等级评定标准》（JT/T 198—1995）与《汽车技术等级评定的检测方法》（JT/T 199—1995）。将汽车根据技术状况分为一、二、三级，并提出了评定等级的检测方法。

1997 年 4 月 9 日发布、1998 年 1 月 1 日实施的国家标准《机动车运行安全技术条件》（GB 7258—1997），是根据 1987 年发布的同一标准修订的。这是机动车检测的一个权威性标准。关于这个标准，下面还要详细介绍。

1999 年 11 月 8 日发布，2000 年 8 月 1 日实施的国家标准《汽车综合性能检测站通用技术条件》（GB/T 17993—1999），是依据交通部 1990 年第 13 号令《汽车运输业车辆技术管理规定》、1991 年第 29 号令《汽车运输业车辆综合性能检测站管理办法》以及 1998 年第 2 号令《道路运输车辆维护管理规定》中提出的检测站的主要任务、等级、职能和检测条件等要求制定的。该标准明确规定了汽车综合性能检测站的检测项目、设备、厂房、人员、场地以及管理制度等条件。

国家质量技术监督局于 2000 年 12 月 28 日发布了强制性国家标准《在用车排气污染物限值及测试方法》（GB 18285—2000）。该标准是参考了美国国家环保局 1996 年 7 月发布的一个相关标准《加速模拟工况试验规程、排放标准、质量控制要求及设备技术要求技术导则》（EPA-ALRSPDIM-96-2）制定的。在对排气污染物的限制方面，比以前的标准严格了很多；在测试方法和使用设备方面也与 GB 7258—1997 有很大不同。这说明，在控制在用车的尾气排放方面，我国正逐步与国际接轨。

2001 年 12 月 13 日发布，2002 年 8 月 1 日实施的国家标准《营运车辆综合性能要求和检验方法》（GB 18565—2001）是依据国家有关安全、节能、环保等方面的政策、法规和我国汽车运输车辆技术管理有关规定，并参照先进国家相关标准制定的。该标准大量引用国家标准《机动车运行安全技术条件》（GB 7258—1997）及其相关标准，所以也具有与 GB 7258—1997 类似的框架结构。其中在排放污染物限值和测量方法方面，则引用了国家标准 GB 18285—2000。后者是参考了较先进的国际标准制定的。

2005 年 5 月 30 日国家环境保护总局批准，2005 年 7 月 1 日起实施《点燃式发动机汽车排气污染物排放限值及测量方法》（GB 18285—2005）。

1.3.4　关于在用汽车的检查制度

对在用汽车实行定期检测和及时维护修理，是保证在用汽车处于良好的技术状况的有效管理制度，已为许多国家所采用。

我国公安交通管理部门对在用汽车实行年检制度。交通管理部门主要对在用营运车辆进行定期检测和维修管理。此外，许多城市的交通或环保部门还经常对路上行驶的汽车进行尾气排放抽检。

我国加入 WTO 之后，汽车数量将增长更快，汽车维修市场将更加开放。要保证在用汽车总能处于良好的技术状况，严格限制排气污染，关键是进行经常性、权威性的检测和及时、有效的维护。因此，吸收国外先进经验，加强我国汽车检测和维护管理制度建设，已成当务之急。

美国于 20 世纪 80 年代前后研究发展了 I/M（inspection/maintenance，检测/维护）制度体系。建立 I/M 制度的出交点是：城市中汽车尾气污染，主要来自那些“高排放”车辆（指排放高于标准值 10 倍以上的车辆）。据统计，占汽车总数 10% ~15% 的“高排放”车辆所排放的污染物，占了排放总量的 50% ~60%。为了加强对“高排放”车辆的排气控制，必须对在用车实行有效的监督、检查和及时维护，使车辆保持良好的技术状态，达到或接近出厂时的排放水平。为此建立了检测/维护站网和一套完整的监控、管理制度。为了改进检测效果，美国于 20 世纪 80 年代研究发展了适合在用车排放检测的加速模拟工况法（ASM 方法）。在此基础上，美国国家环保局于 1992 年要求各州都要建立 I/M 制度体系。执行 I/M 制度后，对排放产生了显著的影响。例如美国科罗拉多州实行 I/M 制度后，CO 的排放减少了 59%。另外，据美国 1992 年对轻型车的统计，实行 I/M 制度后，车龄达 24 年的“高排放”车 HC 的排放已经减少到原来的 20% 左右。

我国车辆的二级维护制度与 I/M 制度在管理和技术上 80% ~90% 是相同的。二级维护制度比 I/M 制度多了基本维护项目，强调的是车辆的整车性能维护与维修，这种维护对排放不合格车，特别是高排放车彻底消除排放故障，降低排放意义重大。针对国民目前用车普遍缺乏维护，只用不养的状况，将二级维护制度纳入到我国治理汽车污染物排放中，会取得良好的效果。因此，我国的用车 I/M 制度应是环保、公安、交通 3 家相互配合，其他部门提供技术保证，取各自在管理和技术方面的优势，充分利用现有的各种汽车检测、维修网络，保证 I/M 制度的实施效果。I/M 制度执行中建议环保、公安、交通 3 家组成联合管理机构，担负起各自的职责。

思 考 题

1-1　简述汽车检测的目的。

1-2　简述汽车诊断参数的组成。

1-3　简述诊断参数的选择原则。

1-4　简述汽车诊断标准的类型。

1-5　试述诊断参数标准的组成。

学习情境2　发动机技术状况检测

【知识目标】

1. 掌握发动机功率的检测。
2. 掌握气缸密封性的检测。
3. 掌握发动机点火系统的检测。
4. 熟悉机油品质的检测分析及发动机异响检测。

【技能目标】

1. 能熟练运用发动机综合性能检测仪等对发动机技术状况进行检测。
2. 能够运用相关仪器进行气缸密封性检测。
3. 能够进行点火系各组成部件的检测。
4. 会进行发动机机油品质分析。

【本章导语】

发动机是汽车中最重要的部件之一。发动机不仅结构复杂，而且运行时内部零部件要在高温、高压的苛刻条件下工作，加上转速和负荷经常变化，所以发动机的故障率比较高，常因故障而导致其性能下降以至不能工作。人们一般从发动机的动力性、经济性和机械磨损等几方面来评价发动机的技术状况。

本章介绍有关发动机功率检测、气缸密封性检测、点火系统工作状况检测、机油质量检测等问题。

任务2.1　发动机功率的检测

2.1.1　概述

发动机输出的有效功率是指发动机输出轴上发出的功率，是发动机一项综合性指标，通过检测，可掌握发动机的技术状况，确定发动机是否需要大修或鉴定发动机的维修质量。发动机功率的检测可分为稳态测功和动态测功。

稳态测功是指在发动机试验台上由测功器测试功率的方法。通过测量发动机的输出转矩和转速，由下式计算出发动机的有效功率：

$$P_e = \frac{M_e n}{9550}$$

式中　P_e——发动机功率，kW；

n——发动机转速，r/min；

M_e——发动机输出扭矩，N·m。

动态测功是指发动机在低速运转时，突然全开节气门或置油门齿杆位置为最大，使发动机加速运转，用加速性能直接反映最大功率。这种方法不加负荷，可在实验台上进行，也可就车进行，但测量精度比稳态测功要差。

2.1.2 发动机台架测功试验

在实验台上测量发动机输出功率的测试设备有转速仪、水温表、机油压力表、机油温度表、气象仪器（湿度计、大气压力计、温度计）、计时器、燃料测量仪及测功器等。

测功器作为发动机的负载，实现对测定工况的调节，模拟汽车实际行驶时外界负载的变化，同时测量发动机的输出转矩和转速，即可算出发动机的功率。测功器是发动机性能测试的重要设备，主要的类型有水力式、电力式和电涡流式。水力测功器是利用水作为工作介质，调节制动力矩。电力测功器是利用改变定子磁场的激磁电压产生制动力矩。电涡流测功器是利用电磁感应产生涡电流形成制动作用。这里仅就电涡流测功器的结构和工作原理等作一介绍。

2.1.2.1 电涡流测功器的结构与工作原理

A 电涡流测功器的结构

电涡流测功器因结构形式不同，分为盘式和感应子式两类。现在应用最多的是感应子式电涡流测功器。图2-1所示为感应子式电涡流测功器的结构。制动器由转子和定子组成，制成平衡式结构。转子为铁制的齿状圆盘。定子的结构较为复杂，由激磁绕组、涡流环、铁芯组成。电涡流测功器吸收的发动机功率全部转化为热量，测功器工作时，冷却水对测功器进行冷却。

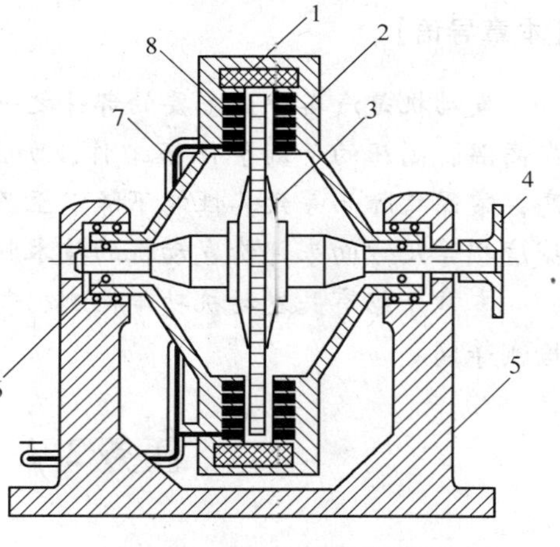

图2-1 电涡流测功器结构图

1—励磁线圈；2—定子；3—转子；4—联轴器；5—底座；6—轴承；7—冷却水管；8—冷却室水沟

B 电涡测功器的工作原理

当激磁绕组中有直流电通过时，在由感应子、空气隙、涡流环和铁芯形成的闭合磁路中产生磁通，当转子转动时，空气隙发生变化，则磁通密度也发生变化。在转子齿顶处的磁通密度大，齿根处磁通密度小，由电磁感应定律可知，此时将产生感应电势，力图阻止磁通的变化，于是在涡流环上感应出涡电流，涡电流的产生引起对转子的制动作用，涡流环吸收发动机的功率，产生的热量由冷却水带走。

2.1.2.2 测试过程

测试过程有以下三步：

（1）将发动机安装在测功器台架上，使发动机曲轴中心线与测功器转轴中心线重合。

（2）安装仪表并接上电器线路及接通各种管路。

（3）检查调整气门间隙、分电器的断电器触点间隙、火花塞电极间隙及点火提前角，紧固各部螺栓螺母。

柴油机要检查调整喷油器的喷油提前角、喷油压力、喷油锥角及喷雾情况。

（4）记录当时气压和气温。

（5）起动发动机，操纵试验仪器，观察仪表工作情况，记录下数据，根据记录数据计算并绘制出 P_e、M_e、g_e 曲线。

2.1.3　在用发动机的无负荷测功

从汽车上卸下发动机时，将耗费时间和劳力，并增加汽车的停歇时间。另外配合件的拆装，不仅导致原走合面的改变，并且会造成密封件和连接件的损坏，同时将大大缩短机构的工作寿命。在用发动机无负荷测功，可以在不拆卸发动机的情况下，快速测定发动机的功率。

2.1.3.1　发动机无负荷测功的原理

发动机无负荷测功仪不需外加载装置，其测量原理是：对于某一结构的发动机，它的运动件的转动惯量可以认为是一定值，这就是发动机加速时的惯性负载，因此，只要测出发动机在指定转速范围内急加速时的平均加速度，即可得知发动机的动力性能。或者说通过测量某一定转速时的瞬时加速度，就可以确定出发动机的功率大小。瞬时加速度愈大，则发动机功率愈大。

2.1.3.2　发动机无负荷测功方法

进行无负荷测功时，首先使发动机与传动系分离，并使发动机的温度与转速达到规定值，然后把传感器装入离合器壳的专用孔中，快速打开节气门（汽油机），使发动机加速，此时功率表便可显示被测发动机的功率。为了取得较准确的测量值，可重复试验几次，取平均值。

测试时的加速方法，对汽油机有两种，一种是通过快速打开节气门加速；另一种是在发动机运转时切断点火电路，待发动机转速下降后再接通点火电路加速。后一种加速方法排除了化油器加速泵的附加供油作用，因而可以检查化油器的调整质量。

无负荷测功仪可以测定发动机的全功率，也可测定某一气缸的功率（断开某一缸的点火或高压油路测得的功率和全功率比较，二者之差即为该缸的单缸功率）。各单缸功率进行对比，可判断各缸技术状况（主要是磨损情况）。

2.1.3.3　无负荷测功仪的使用方法

无负荷测功仪既可以制成单一功能的便携式测功仪，又可以和其他测试仪表组合成为台式发动机综合测试仪。无负荷测功仪的使用方法如下：

（1）仪器自校预热。按使用说明书，仪器预热 0.5h，然后进行自校（其面板图如图 2-2 所示）。把计数检查旋钮 1 拨向“检查”位置，左边时间（T）表头指针 1s 摆动一次。

把旋钮 1 拨向“测试”位置，把旋钮 3 拨向“自校”位置，再缓慢旋转“模拟转速”旋钮 2，注意转速（n）表头指针慢慢向右偏转（模拟增加转速）。当指针偏转至起始转速 $n_1 = 1000\text{r/min}$ 位置时，门控指示灯即亮。继续增加模拟转速至 $n_2 = 2800\text{r/min}$ 时，“T”表即指示出加速时间，以表示模拟速度的快慢。按下“复零”按钮，仪器表针回零，门控指示灯熄灭，表示仪器调整正常。否则，微调 n_1、n_2 电位器。

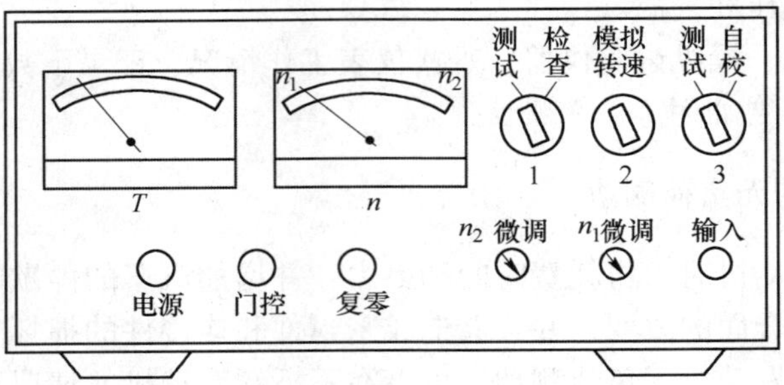

图 2-2　便携式无负荷测功仪面板

（2）预热发动机，安装转速传感器。预热发动机至正常工作温度（85 ~ 95℃），并使发动机怠速正常。变速器空挡，然后把仪器转速传感器二接线卡分别接在分电器低压接柱和接铁线路上。

（3）测加速时间。操作者在驾驶室内迅速地把加速踏板踩到底，发动机转速猛然上升，当“T”表指针显示出加速时间（或功率）时，应立即松开加速踏板，切忌发动机长时间高速空转。记下读数，仪器复零。重复操作三次，读数取平均值。

袖珍式无负荷测功仪，带有伸缩天线，可收取发动机运转时的点火脉冲信号，而不必与发动机采取任何有线连接。使用时，用手拿着该测功仪，只要面对发动机侧面拉出伸缩天线，发动机突然加速运转，即可遥测到加速时间和转速。然后翻转测功仪，查看壳体背面印制的主要机型的功率、时间对照表，便可得知发动机功率的大小。

不少无负荷测功仪还配备有检测柴油机的传感器，以便对柴油机的功率进行检测。

2.1.3.4　检测结果分析

根据测定结果进行分析，对发动机技术状况作出判断。

在用车发动机功率不得低于原额定功率的 75%，大修后发动机功率不得低于原额定功率的 90%。分析判断可分以下几步：

（1）若发动机功率偏低，系燃料供给系调整状况不佳，点火系技术状况不佳，应对油、电路进行调整。若调整后功率仍低时，应结合气缸压力和进气歧管真空度的检查，判断是否是机械部分故障。

（2）对个别气缸技术状况有怀疑时，可对其进行断火后再测功，从功率下降的大小，诊断该缸的工作情况。

也可利用在单缸断火情况下测得的发动机转速下降值，来评价各缸的工作情况。工作正常的发动机，在某一转速下稳定空转时，发动机的指示功率与摩擦功率是平衡的。此时，若取消任一气缸的工作，发动机转速都会有相同的下降值。要求最高与最低下降之差不大于平均下降值的 30%。如果转速下降值低于一定规定值，说明断火之缸工作不良。转速下降值愈小，则单缸功率愈小，当下降值等于零时，单缸功率也等于零，即该缸不工作。

发动机单缸功率偏低，一般系该缸高压分火线或火花塞技术状况不佳、气缸密封性不良、气缸上油（机油）等原因造成，应调整或检修。

（3）发动机功率与海拔高度有密切关系，无负荷测功仪所测结果是实际大气压力下的发动机功率，如果要校正到标准大气压下的功率，应乘以校正系数。

任务 2.2　气缸密封性的检测

气缸密封性与气缸体、气缸盖、气缸垫、活塞、活塞环和进排气门等零件的技术状况有关。在发动机使用过程中，由于这些零件磨损、烧蚀、结焦或积炭，导致气缸密封性下降，使发动机功率下降，燃油消耗率增加，使用寿命大大缩短。气缸密封性是表征发动机技术状况的重要参数。

在不解体的条件下，检测气缸密封性的常用方法有：测量气缸压缩压力；测量曲轴箱窜气量；测量气缸漏气量或气缸漏气率；测量进气管负压等。在对车检测时，只要进行其中的一项或两项，就能确定气缸密封性的好坏。

2.2.1　气缸压缩压力的检测

检测活塞到达压缩终了上止点时气缸压缩压力的大小可以表明气缸的密封性。检测方法有，用气缸压力表检测和用气缸压力测试仪检测。

2.2.1.1　用气缸压力表检测

气缸压力表如图 2-3 所示。由于用气缸压力表检测气缸压缩压力（以下简称气缸压力）具有价格低廉、仪表轻巧、实用性强和检测方便等优点，因而在汽车维修企业中应用十分广泛。

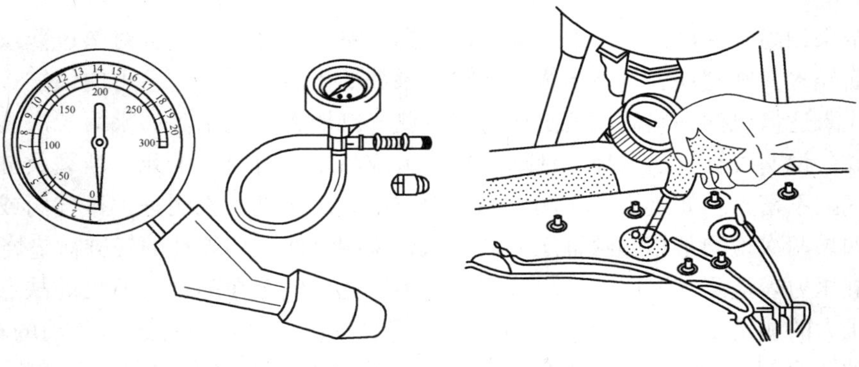

图 2-3　气缸压力表及气缸压力检测

A　检测方法

发动机正常运转，使水温达 75℃以上。停机后，拆下空气滤清器，用压缩空气吹净火花塞或喷油器周围的灰尘和脏物，然后卸下全部火花塞或喷油器，并按气缸次序放置。对于汽油发动机，还应把分电器中央电极高压线拔下并可靠搭铁，以防止电击和着火，然后把气缸压力表的橡胶接头插在被测缸的火花塞孔内，扶正压紧。节气门和阻风门置于全开位置，用起动机转动曲轴3～5s（不少于四个压缩行程），待压力表头指针指示并保持最大压力后停止转动。取下气缸压力表，记下读数，按下单向阀使压力表指针回零。按上述方法依次测量各缸，每缸测量次数不少于两次。

就车检测柴油机气缸压力时，应使用螺纹接头的气缸压力表。如果该机要求在较高转速下测量，此种情况除受检气缸外，其余气缸均应工作。其他检测条件和检测方法同于汽油机。

B　诊断参数标准

气缸压缩压力标准值一般由制造厂提供。根据《汽车修理质量检查评定标准·发动机大修》(GB/T 15746.2—1995）附录B的规定：大修竣工发动机的气缸压力应符合原设计规定，每缸压力与各缸平均压力的差，汽油机不超过8%，柴油机不超过10%。

常见几种车型发动机气缸压缩压力的标准值见表2-1。

表2-1　常见几种车型发动机气缸压缩压力值

车　　型	压缩比	气缸压力/kPa	测定转速/r · min^{-1}
解放 CA1091	7.4	930	100～150
东风 EQ1090E	7.00	>833（各缸差<147）	100～150
跃进 NJ1041	7.5	980	200～250
天津大发	9.00	1225	200～250
桑塔纳	8.2～8.5	1000～1300	200～250
三菱柴油车	17.5	2600	200～250
切诺基	8.6	1068～1275（各缸差<206）	200～250
捷达	8.5	900～1200（各缸差<300）	200～250

C　结果分析

测得结果如高于原设计规定，可能是由于燃烧室积炭过多、气缸衬垫过薄或缸体与缸盖结合平面经多次修理加工过甚造成。测得结果如低于原设计规定，可向该缸火花塞或喷油器孔内注入适量机油，然后用气缸压力表重测气缸压力并记录。如果第二次测出的压力比第一次高，说明气缸、活塞环、活塞磨损过大或活塞环对口、卡死、断裂及缸壁拉伤等原因造成气缸不密封。如果第二次测出的压力与第一次相近，说明进、排气门或气缸衬垫不密封。如果两次检测某相邻两缸压力均较低，说明该两缸相邻处的气缸衬垫烧损窜气。

用气缸压力表检测气缸压力，尽管应用极为广泛，但存在测量误差大的缺点。研究表明，气缸压力的测量结果不但与气缸内各处的密封程度有关，而且还与曲轴的转速有关。只有当曲轴转速超过1500r/min以后，气缸压力曲线才变得比较平缓。但在低转速范围内，即在检测条件中由起动机带动曲轴达到的转速范围内，即使较小的转速变化Δn，也能引起气缸压力测量值较大的变化Δp。不同型号的发动机，由起动机带动曲轴的转速不可能一致，即使同一型号的发动机，由于蓄电池、起动机和发动机的技术状况不一，其检测转速也不可能完全一致。这就出现了检测转速是否符合规定值的问题。它是用气缸压力表检测气缸压力误差大的主要原因之一。因此在检测气缸压力时，应该用转速表监测曲轴转速，这是发现问题，获得正确结果分析的重要保证。

2.2.1.2　用气缸压力测试仪检测

A　用压力传感器式气缸压力测试仪检测

用这种测试仪检测气缸压力时，须先拆下被测缸的火花塞，旋上仪器配置的压力传感器，用起动机转动曲轴 3 ~5s，由传感器取出气缸的压力信号，经放大后送入 A/D 转换器进行模数转换，再送入显示装置即可获得气缸压力。

B　用起动电流或起动电压降式气缸压力测试仪检测

通过测起动电源——蓄电池的电压降，也可获得气缸压力。这是因为起动机工作时，蓄电池端电压的变化取决于起动机电流的变化。当起动电流增大时，蓄电池端电压降低，即起动电流与电压降成正比。起动电流与气缸压力成正比，因此起动时蓄电池的电压降与气缸压力也成正比，所以通过测蓄电池电压降可以获得气缸压力。用该测试仪检测气缸压力时，无需拆下火花塞。

C　用电感放电式气缸压力测试仪检测

这是一种通过检测点火二次电感放电电压来确定气缸压力的仪器，仅适用于汽油机。汽油机工作中，随着断电器触点打开，二次电压随即上升击穿火花塞间隙，并维持火花塞放电。火花放电电压也称为火花线，它属于点火系电容放电后的电感放电部分。电感放电部分的电压与气缸压力之间具有近乎直线的对应关系，因此各缸火花放电电压可作为检测各缸压力的信号，该信号经变换处理后即可显示气缸压力。

使用以上几种测试仪检测气缸压力时，发动机不应着火工作。汽油机可拔下分电器中央高压线或按测试仪要求处理，柴油机可旋松喷油器高压油管接头断油，即可达到目的。

2.2.2　曲轴箱窜气量的检测

检测曲轴箱窜气量，也是检测气缸密封性的方法之一。特别是在发动机不解体的情况下，使用该方法诊断气缸活塞摩擦副的工作状况具有明显的作用。

2.2.2.1　曲轴箱窜气量的检测原理与方法

曲轴箱窜气量的检测一般采用专用气体流量计进行，如图 2-4 所示。测量头基于节流原理，测量时将接头下端与机油加注口严密相接，测头传感线与表相接，B 孔与大气相通。当发动机曲轴箱有气体窜出时，窜气以速度 v 通过中心排气孔排入大气，由于中心孔有气体流过，A 点压力 p_A 低于大气压力，B 点压力为大气压力 p_0。在支管的 A、B 两端便产生压力差 p_0-p_A，使得空气由 B 点流向 A 点。由于大气压力是一定值，而 A 点压力随中心孔窜气流速 v 的变化而变化的，窜气流量的大小决定支管中空气流速的大小。只要测出支管中空气流量的大小，便可以得出窜气量。为了实现这一目的在支管中串联了一个灵敏度很高的测头。具体检测分以下三步：

（1）打开电源开关，按仪器使用说明书的要求对检测仪进行预调。

（2）密封曲轴箱，即堵塞机油尺口、曲轴箱通风进出口等，将取样头插入机油加注口内。

（3）起动发动机，待其运转平稳后，仪表箱仪表的指示值即为发动机曲轴箱在该转速下的窜气量。

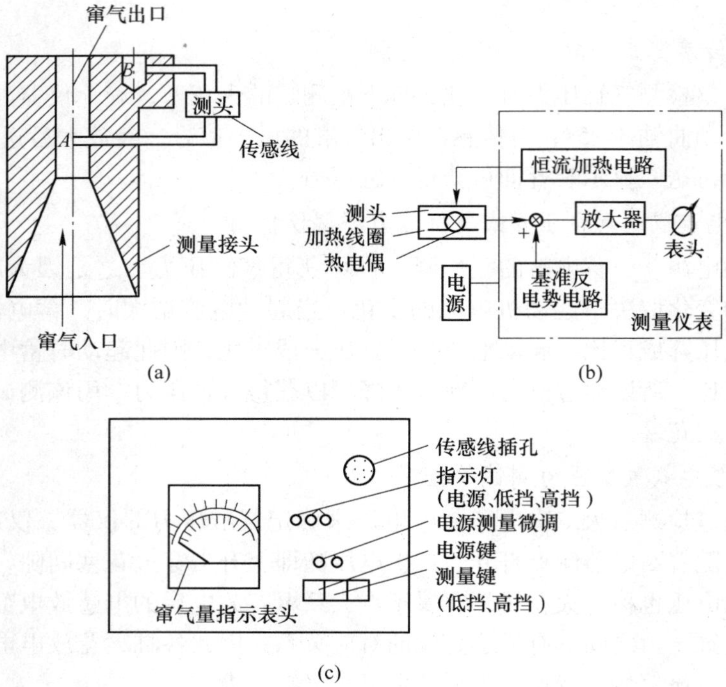

图2-4 曲轴箱窜气量检测原理

（a）测头和测量接头示意图；（b）测头信号的转换原理；

（c）测量仪面板图

曲轴箱窜气量除与发动机气缸活塞组技术状况有关外，还与发动机转速和负荷有关。因此在检测时，发动机应加载，节气门全开（或柴油机最大供油量），在最大转矩转速（此时窜气量达最大值）下测试。发动机加载可在底盘测功机上实现，测功机的加载装置可方便地通过滚筒对发动机进行加载，以实现发动机在全负荷工况下从最大转矩转速至额定转速的任一转速下运转，因此，可用曲轴箱窜气量检测仪检测出各种工况下曲轴箱的窜气量。

2.2.2.2 曲轴箱窜气量诊断参数标准

对曲轴箱窜气量还没有制定出统一的国家诊断标准，有些维修企业自用的企业标准一般是根据具体车型逐渐积累资料制定的。由于曲轴箱窜气量还与缸径大小和缸数多少有关，很难把众多车型统一在一个诊断参数标准内。有些国家以单缸平均窜气量作为诊断参数。综合国内外情况，单缸平均窜气量值可参考以下标准：

汽油机：新机2~4L/min，达到16~22L/min时需大修。柴油机：新机3~8L/min，达到18~28L/min时需大修。

曲轴箱窜气量大，一般是气缸、活塞、活塞环磨损量大，使各部分间隙大；活塞环对口、结胶、积炭、失去弹性、断裂及缸壁拉伤等原因造成，应结合使用、维修和配件质量等情况来进行深入诊断。

2.2.3　气缸漏气量和漏气率的检测

2.2.3.1　气缸漏气量的检测

气缸的密封性可用检测气缸漏气量的方法进行评价。检测气缸漏气量时，发动机不运转，活塞处在压缩终了上止点位置，从火花塞孔处通入一定压力的压缩空气，通过测量气缸内压力的变化情况，来表征整个气缸组的密封性，即不仅表征气缸活塞摩擦副，还表征进排气门、气缸衬垫、气缸盖及气缸的密封性。该方法仅适用于对汽油机的检测。

国产 QLY-1 型气缸漏气量检测仪如图 2-5 所示。该仪器由调压阀、进气压力表、测量表、校正孔板、橡胶软管、快速接头和充气嘴等组成，此外还须配备外部气源、指示活塞位置的指针和活塞定位盘。外部气源的压力相当于气缸压缩压力，一般为 600 ~ 900kPa。压缩空气按箭头方向进入气缸漏气量检测仪，其压力由进气压力表 2 显示。随后，它经由调压阀、校正孔板、橡胶软管、快速接头和充气嘴进入气缸，气缸内的压力变化情况由测量表 3 显示。检测方法如下：

（1）先将发动机预热到正常工作温度，然后用压缩空气吹净缸盖，特别要吹净火花塞孔上的灰尘，拧下所有火花塞，装上充气嘴。

（2）将仪器接上气源，在仪器出气口完全密封的情况下，通过调节调压阀，使测量表的指针指在 392kPa 位置上。

（3）卸下分电器盖和分火头，装上指针和活塞定位盘。指针可用旧分火头改制，仍装在原来的位置上。活塞定位盘用较薄的板材制成，其上按缸数进行刻度，并按分火头的旋转方向和点火次序刻有缸号。假定是 6 缸发动机，分火头顺时针方向转动，点火次序为 1-5-3-6-2-4，则活塞定位盘上每 60°有一刻度，共有 6 个刻度，并按顺时针方向在每个刻度上分别刻有 1、5、3、6、2、4 的字样。

（4）摇转曲轴，先使第 1 缸活塞处于压缩终了上止点位置，然后转动活塞定位盘，使刻度“1”对正指针。变速器挂低速挡，拉紧驻车制动器，以保证压缩空气进入气缸后，不会推动活塞下移。

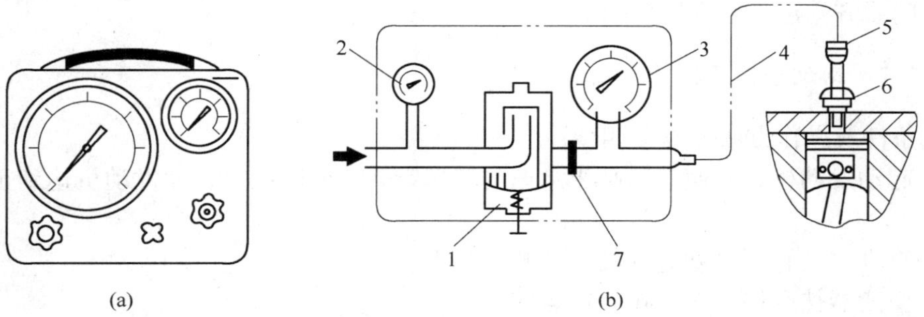

图 2-5　气缸漏气量检测仪

（a）检测仪外观图；（b）检测仪原理图

1—调压阀；2—进气压力表；3—测量表；4—橡胶软管；

5—快速接头；6—充气嘴；7—校正孔板

(5) 把1缸充气嘴接上快速接头，向1缸充气，测量表上的读数，便反映了该缸的密封性。在充气的同时，可以从进气口、排气消声器口、散热器加水口和加机油口等处，察听是否有漏气声，以便找出故障部位。

(6) 摇转曲轴，使指针对正活塞定位盘下一缸的刻度线，按以上方法检测下一缸漏气量。

(7) 按以上方法和点火次序，检测其他各缸的漏气量。为使数据可靠，各缸应重复测量一次。

仪器使用完毕后，调压阀应退回到原来的位置。

对于解放和东风等国产发动机，在确认进排气门和气缸衬垫密封良好的情况下，其测量读数值大于246kPa，气缸活塞摩擦副的密封性可诊断为合格；如读数值小于246kPa，则需换环或镗缸换活塞。

2.2.3.2　气缸漏气率的检测

气缸漏气率的检测，无论在使用的仪器、检测的方法，还是判断故障的方法上，与气缸漏气量的检测是基本一致的，只不过气缸漏气量检测仪的测量表标定单位为kPa或MPa，而气缸漏气率测量表的标定单位为百分数。一般说来，当气缸漏气率达30%~40%时，如果能确认进排气门、气缸衬垫、气缸盖和气缸套等是密封的（可从各泄漏处有无漏气或迹象确认），则说明气缸活塞摩擦副的磨损临近极限值，已到了需换环或镗磨缸的程度。

2.2.4　进气管负压的检测

进气管负压（也称真空度）是进气管内的压力与大气压力的差值，发动机进气管负压的大小随气缸活塞组零件的磨损而变化，并与气门组零件的技术状况、进气管的密封性以及点火系和供油系的调整有关。因此，检测进气管负压，可以用来诊断发动机多种故障。

进气管负压用真空表检测，无须拆任何机件，而且快速简便，应用极广。一般发动机综合分析仪也具有进气管负压检测功能。

真空表由表头和软管组成。真空表的表头为鲍登管。当真空（负压）进入表头内弯管时，弯管更加弯曲。于是，通过杠杆和齿轮机构等带动表头指针动作，在表盘上指示出真空度的大小。真空表表头的量程为0~101.325kPa。软管的一头固定在表头上，另一头连接在节气门后方的进气管专用接头上。

2.2.4.1　测试条件及操作方法

测试条件及操作方法分以下四步：

(1) 起动发动机，并使其以高于怠速的转速空转30min以上，使发动机达到正常工作温度。

(2) 将真空表软管接到进气歧管的测压孔上。

(3) 变速器挂空挡，发动机怠速运转。

(4) 读取真空表上的示值。

2.2.4.2　诊断标准

根据《汽车发动机大修竣工技术条件》(GB 3799—1983) 的规定，大修竣工的四行程汽油机转速在 500～600r/min 时，以海平面为准，进气管负压应在 57.33～70.66kPa 范围内。波动范围：六缸汽油机一般不超过 3.33kPa，四缸汽油机一般不超过 5.07kPa。

进气管负压随海拔升高而降低。海拔每升高 1000m，负压约减少 10kPa，检测应根据所在地的海拔高度进行修正。

任务 2.3　汽油机点火系统检测

汽油发动机工作时，不仅需要一定空燃比的混合气，还需要按一定的顺序及时为各气缸提供电火花以点燃混合气。由于点火系统元件较多、工作条件又往往比较恶劣，使用久了，性能会下降，还可能出现故障，这些都会影响发动机的动力性和经济性，严重时还会造成发动机熄火或不能起动。因此，点火系统的故障，往往是发动机不能正常工作的重要原因之一。

2.3.1　不同点火系统的故障检测

2.3.1.1　*磁感应式电子点火系统的故障检测*

如图 2-6 所示为解放 CA1092 型汽车无触点电子点火系统，该系统由磁脉冲分电器、点火控制器、高能点火线圈、蓄电池、点火开关、火花塞、高压线等组成。

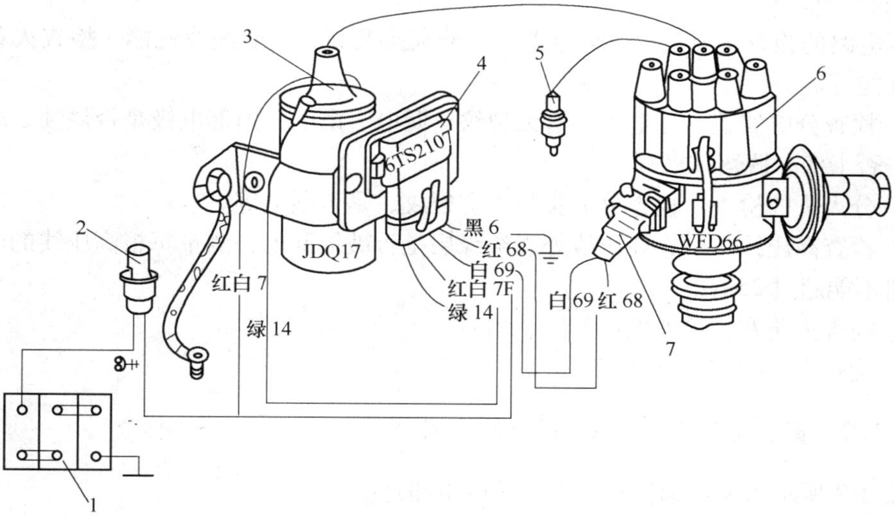

图 2-6　解放 CA1092 型汽车无触点点火系统组成

1—蓄电池；2—点火开关；3—高能点火线圈；4—点火控制器；5—火花塞；6—磁脉冲分电器；7—点火信号发生器

常见故障：点火系线路插接件松动、点火控制器的晶体管被击穿、点火信号发生器线圈断路、点火线圈初、次级绕组断路或短路、高能点火线圈老化。

A　目测检查

检查导线或线束插接件是否松脱，磁脉冲分电器盖是否损坏，分火头是否烧蚀、有无裂纹等。

B　跳火试验

拔出磁脉冲分电器中央插孔的高压线并使线端距发动机缸体6~8m，用起动机带动发动机运转，观察高压线端与搭铁间是否跳火。如有强烈火花，说明点火系的低压线路良好，故障在高压回路或油路，如无火花，说明低压电路存在故障。

C　低压电路故障的诊断

（1）首先检查蓄电池的电压，不应小于11.5V。

（2）用万用表或测试灯检查蓄电池—点火开关—点火线圈“+”接线柱的导线及连接情况。

（3）用万用表检查点火线圈初、次级绕组的电阻，初级绕组电阻应为0.7~0.8Ω，次级绕组电阻应为3000~4000Ω。

（4）拔下磁脉冲分电器上的插接件，检查点火信号传感线圈的电阻，其阻值应为600~800Ω。若正常应进一步检查磁脉冲传感器凸齿与线圈铁芯之间的间隙。一般间隙值为0.2~0.4mm。

（5）检查点火控制器的搭铁线及其与点火线圈、磁脉冲分电器的连接导线是否松脱断路。

（6）若上述检查均正常，则说明点火控制器存在故障，用换件试验法检查点火控制器。

D　高压电路的故障诊断

高压电路的检查主要是检查分电器盖、分火头及高压线的绝缘性能，检查火花塞间隙及发火性能等。

（1）检查分电器盖。分电器盖有无裂纹，漏电、窜电，内部电极是否烧蚀、磨损。中心碳棒是否卡滞、脱落或磨损严重。

（2）分火头的检查。检查分火头是否有裂纹、是否漏电等。

（3）检查高压线。检查高压线外表绝缘层是否破损漏电，测量每根高压线的电阻，最大电阻值不能超过25kΩ。

（4）检查火花塞。检查电极间隙、型号。

（5）检查点火顺序和点火正时。

2.3.1.2　霍尔式电子点火系统的故障检测

如图2-7所示为桑塔纳轿车点火系统的电路连接图。

A　目测检查

（1）检查连接导线或线束插接件是否松脱。

（2）检查点火线圈顶部表面以及分电器盖的内表面有无油污或潮气。

（3）检查分电器盖有无裂缝。

B　检查点火线圈的跳火性能

（1）从分电器的中心插座上拔下点火线圈的高压线，用绝缘钳夹住导线使其端部离开搭铁约8mm。

（2）接通点火开关，起动机带动发动机运转，观察高压线端处有无火花。

(3) 若高压线端处产生强烈火花，说明点火系高压部分故障或供油不良，应检查火花塞、高压线、分火头、点火顺序、点火正时和燃油供给，如无火花产生或火花微弱，则应检查蓄电池、点火线圈、霍尔信号发生器和点火控制器。

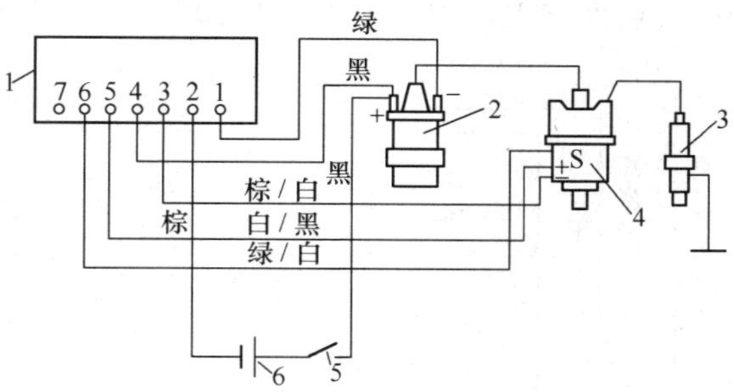

图 2-7　桑塔纳轿车点火系统电路连接图
1—点火控制器；2—点火线圈；3—火花塞；4—分电器；
5—点火开关；6—蓄电池

C　低压电路故障的诊断

(1) 首先检查蓄电池的电压，不应小于 11.5V。若正常进行下一项检查。

(2) 将电压表置于点火线圈"+"接线柱与搭铁之间，接通点火开关，观察电压表的读数。若电压表读数为零或明显小于蓄电池电压，应检查从蓄电池至点火开关再到点火线圈的导线是否松脱断路，如电压表的读数等于蓄电池电压，则可进行下一项检查。

(3) 检测点火线圈初、次级绕组的电阻。初级绕组电阻应为 0.5 ~ 0.76Ω，次级绕组电阻应为 2.4 ~ 3.5kΩ，若不符合要求，应更换点火线圈；若正常，可进行下一项检查。

(4) 检查点火控制器的电压。断开点火开关，将电压表接在点火控制器"4"和"2"之间。接通点火开关，若电压为零，应检查点火控制器的电源线是否松脱；若电压等于蓄电池电压，再测量点火控制器"5"和"2"之间的电压，其值应为 10V 左右。若无电压或电压低，说明点火控制器有故障，应更换；若正常，可进行下一项检查。

(5) 检查霍尔信号发生器。点火开关处于"ON"，打开分电器盖，拔出中央高压线并使其搭铁，测量霍尔式点火信号发生器输入、输出电压，其方法如下：测量信号发生器输入电压时，用万用表直流电压挡测量插接件"+"（红黑线）与"−"（棕白线）接线柱之间的电压值，当接通点火开关时电压表应显示接近蓄电池电压，一般约为 11.2 ~ 11.5V。测量信号发生器输出电压，转动曲轴，当分电器触发叶轮的叶片在空隙时，测量输出信号（绿白线）与"−"接线柱（棕白线）之间的电压值，当接通点火开关时，电压表应显示 11.1 ~ 11.4V 左右的电压值，一般比输入电压低 0.5V 以下。转动曲轴，使触发叶轮的叶片离开空气隙，测量输出信号线（绿白线）与"−"接线柱（棕白线）之间的电压值，电压表应显示约 0.3 ~ 0.4V。如果电压表读数上述所示，表明霍尔信号发生器正常，否则，说明霍尔信号发生器损坏。

D　高压电路的检查

如果点火线圈能输出正常的高压，可装回中央高压线，再从火花塞上拆下分缸高压线，转动曲轴，对机体试火。如火花强烈，表示配电器和高压分缸线正常，故障在火花塞或点火正时不准，如无火花，表示故障在分电器盖或分火头及中央高压线等。

2.3.1.3　电控点火系统的故障检测

现代轿车采用电子控制点火系统主要有电子控制有分电器点火系统和电子控制无分电器点火系统两种方式，而电子控制无分电器式点火系统又有两种方式：双缸同时点火方式和独立点火方式。其组成及工作原理分别如图 2-8 ~ 图 2-10 所示。

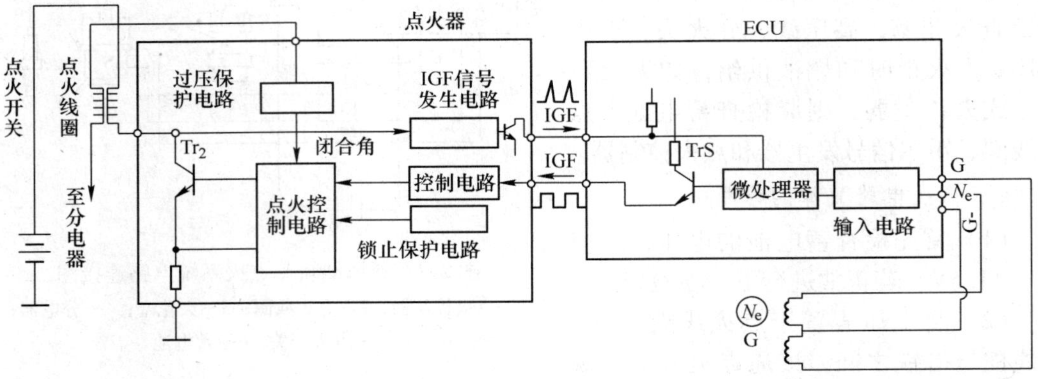

图 2-8　电子控制有分电器点火系统

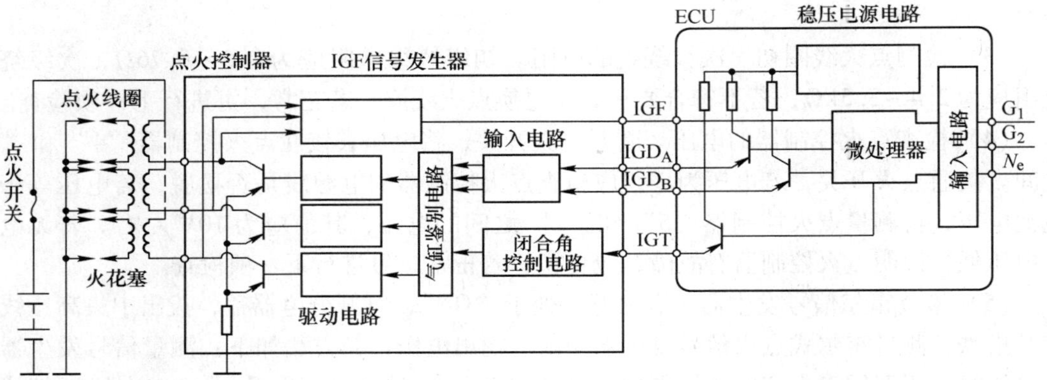

图 2-9　无分电器双缸同时点火系统

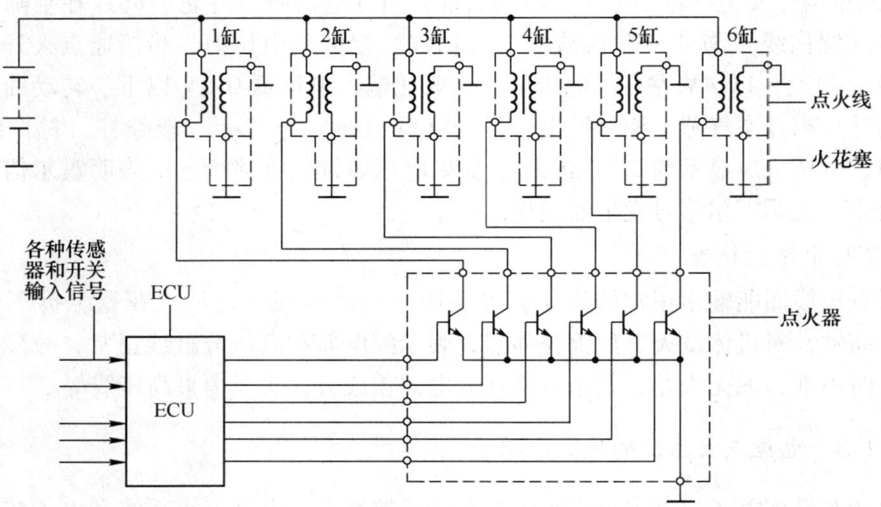

图 2-10　无分电器独立点火方式

电控点火系统的常见故障：点火能量不足，点火时间不对，没有高压火花等。

根据计算机电子点火系的组成可知，产生上述故障的主要原因：线路连接不良、信号发生器不良、点火线圈不良、点火控制器不良和 ECU 不良等。有分电器的电控点火系统故障检测诊断步骤如图 2-11 所示。

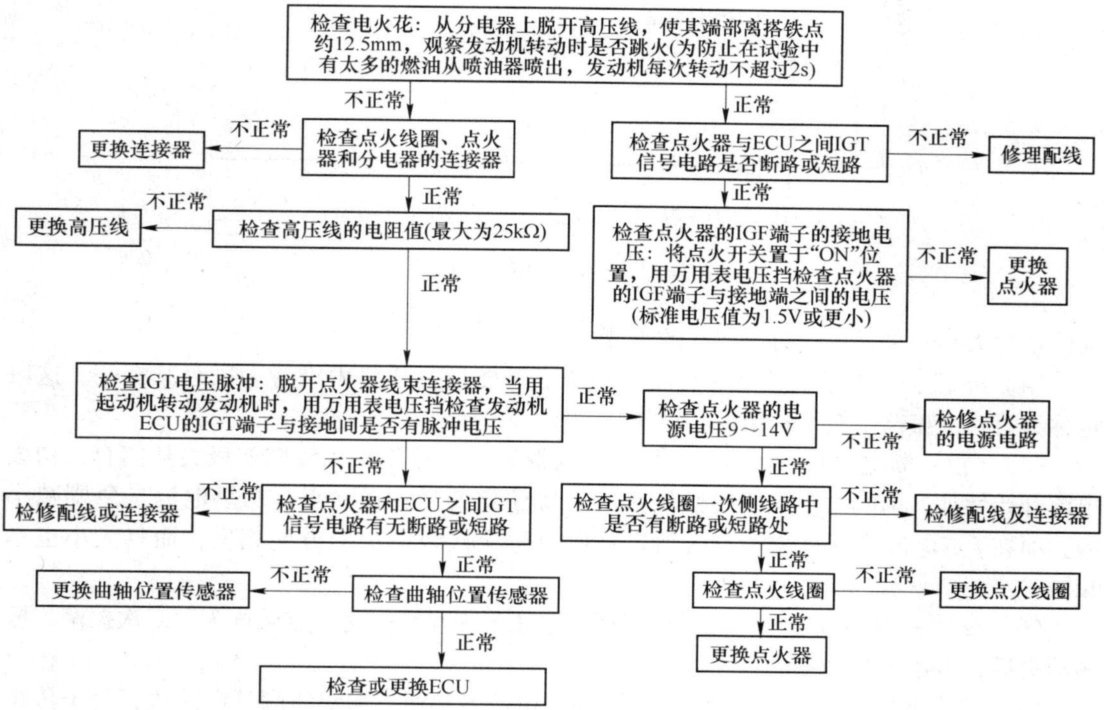

图 2-11　有分电器电控点火系统故障检测步骤

2.3.2　点火系统的波形检测

2.3.2.1　次级电压波形分析

A　次级电压标准波形分析

点火线圈完全相当于一个变压器。在初级线圈周期性通电和断电的过程中，初、次级线圈都因电流变化而感应电动势，因而初、次级电压随时间变化的规律也是相似的。因次级电压对发动机正常工作至关重要，下面重点分析次级电压的波形。次级电压的标准波形如图 2-12 所示。对此波形可作如下说明。

（1）*a* 点：断电器触点断开，或电子点火器输出断开，点火线圈初级突然断电，导致次级电压急剧上升。

（2）*ab* 段：为火花塞击穿电压。传统点火系统的击穿电压约为 15 ~ 20kV，电子点火系统可达 18 ~ 30kV。

（3）*cd* 段：为火花塞电极间的混合气被击穿之后，维持火花放电所需电压，一般为几千伏。这段波形通常也称为"火花线"。火花线应具有一定的高度和宽度，它反映了点

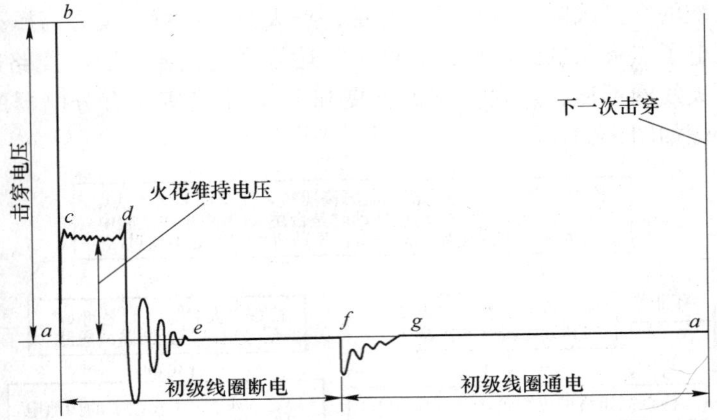

图 2-12　次级电压的标准波形

火能量的大小，也是保证可靠点火的重要条件。

（4）*de* 段：火花消失，点火线圈中剩余磁场能量在线路中维持一段衰减振荡。这段也称为第一次振荡。振荡结束后，电压降到零。

（5）*f* 点：断电器触点闭合，或电子点火器输出导通使点火线圈初级突然闭合，初级电流开始增加，引起次级电压突然增大。需要注意的是：在 *a* 点，初级电流是急剧减小的，而在 *f* 点电流是逐渐增加的，所以这两点感应次级电压的方向相反，而且大小也不相同。

（6）*fg* 段：因初级电流接通而引起回路电压出现衰减振荡。这段称为第二次振荡。振荡消失后，电压恢复到零。

（7）整个波形中，从 *a* 到 *f* 段对应于初级电流不导通、次级线圈放电阶段，对于传统点火系统，也就是断电器触点断开阶段；从 *f* 到 *a* 段对应于初级电流导通、线圈储能阶段，也是传统点火系统中断电器触点闭合阶段。

B　次级电压的故障波形分析

a　单缸次级电压的故障波形分析

若点火系统出现故障，次级电压的波形也会发生相应的变化。所以可以通过分析次级电压的波形来判断点火系统可能的故障。点火系统出现故障的原因很多。图 2-13 给出了较常见的一些故障波形。

（1）断电高压产生之前出现小的多余波形，如图 2-13（a）所示。说明断电器触点接触面不平，在完全断开之前有瞬间分离现象，引起电压抖动。

（2）火花线变短，很快熄灭，如图 2-13（b）所示。说明点火系统储能不足，可能是供电电压偏低，或初级电路导线接触不良造成的。

（3）第二次振荡波形之前出现小的杂波，如图 2-13（c）所示。可能是由断电器触点接触面不平，在完全闭合之前有不良接触所致。

（4）在触点闭合阶段，存在多余的小的杂波，如图 2-13（d）所示。可能是初级电路断电器触点搭铁不良，或各接点接触不良，引起了小的电压波动。

（5）第二次振荡波形存在严重的杂波，如图 2-13（e）所示。这一般是由于断电器触

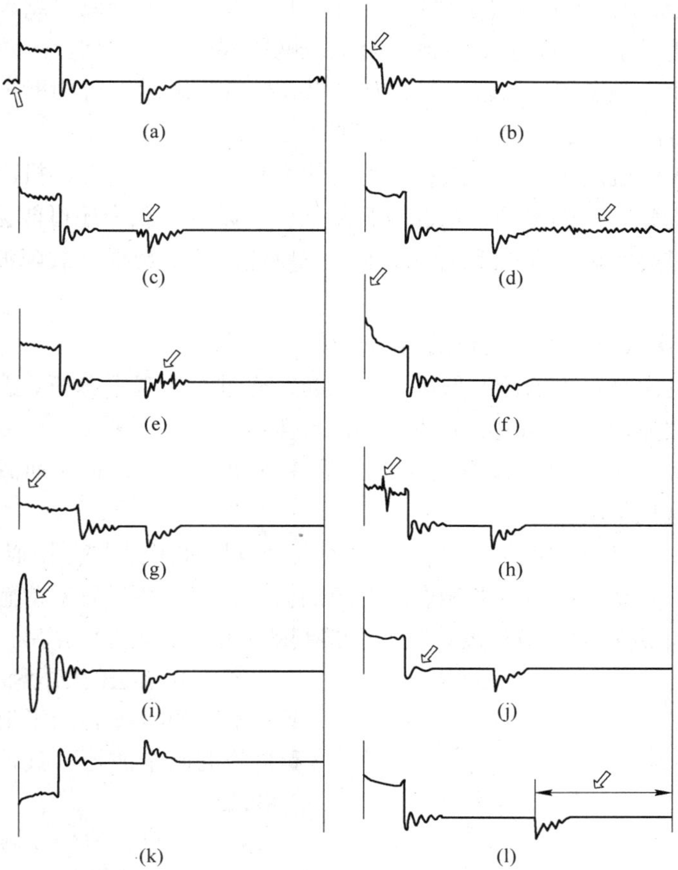

图 2-13　几种次级电压故障波形

点臂弹簧弹力太弱，使触点闭合瞬间引起弹跳所致。

(6) 击穿电压过高，且火花线较为陡峭，如图 2-13（f）所示。这可能是火花塞间隙太大，或次级电路开路等所引起。火花间隙越大，所需击穿电压越高，而且往往没有良好的放电过程。

(7) 击穿电压和火花线都太低，且火花线变长，如图 2-13（g）所示。这可能是火花塞间隙太小或积炭较严重。在这种情况下，击穿电压就会很低，而火花放电时间则较长。

(8) 火花线中出现干扰“毛刺”，如图 2-13（h）所示。可能是分电器盖或分火头松动。这样，在发动机高速运转时，因分电器的振动会使火花塞上的电压不稳定而出现抖动。

(9) 完全没有高压击穿和火花线波形，如图 2-13（i）所示。说明火花塞未被击穿，也就没有火花放电过程。产生的原因可能是次级高压线接触不良或断路，或者火花塞间隙过大。

(10) 第一次振荡次数明显减少，如图 2-13（j）所示。可能的原因是断电器触点并联的电容器漏电、电容器容量不够或初级线路接触不良，导致线路上电阻增大、耗能增加，火花熄灭后剩余能量小，振荡衰减加快。

(11) 整个次级电压波形上下颠倒，如图 2-13 (k) 所示。说明点火线圈初级两端接反或将电源极性接反了，从而初级电流以至次级电压都改变了方向。

与正常时相比，触点闭合阶段变短，如图 2-13 (l) 所示。说明断电器触点间隙过大了。反之，若闭合阶段变长，就说明触点间隙太小了。

实际上，次级电压波形不仅与点火系统的状况有关，还要受发动机内部工作状况（温度、压力、燃气成分等）的影响，情况较为复杂。所以在实践中还可能会遇到很多不同形状的故障波形。只要掌握了点火系统的基本工作原理，就不难根据故障波形作出相应的分析判断。

b　不同气缸次级点火电压波形的对比分析

若将不同气缸次级点火电压波形排列在一起，通过对比观察分析，常常可以发现某些气缸点火方面的故障现象。常用的方法是将波形重叠起来（重叠波），或上下排列（并列波），或左右排列（平列波）。以下主要介绍重叠波和平列波。而并列波情形与前述故障波形分析类似，这里从略。

(1) 重叠波。在正常情况下，各气缸次级点火电压波形是非常相似的。利用重叠波，主要是检查传统点火系统中断电器触点闭合角的大小，以及各气缸对应触点闭合时刻（即图 2-12 中所示的 f 点）的分散程度，从而间接判断分电器凸轮磨损情况。

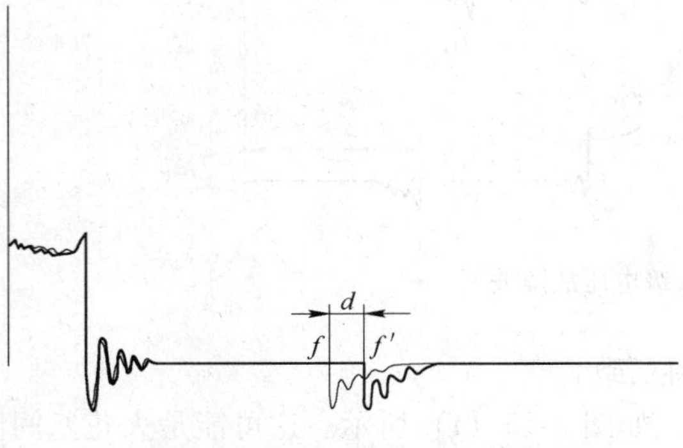

图 2-14　次级电压的重叠波形示意图

图 2-14 给出了重叠波示意图。图中用两种不同的线条表示了触点闭合时刻最早和最晚的两个波形，其他各缸波形介于这二者之间。

在标准重叠波中，触点闭合段应占全部波形周期的比例约为：

四缸发动机：45%~50%；

六缸发动机：63%~70%；

八缸发动机：64%~71%。

若闭合段太短，即闭合角太小，一般是触点间隙过大所造成的。它将导致点火储能不足。反之若闭合段过长、闭合角太大，则在发动机低速时点火线圈可能会发热。

此外，要求闭合段波形的变化范围（图 2-14 中所示的 d 部分）不应超过波段长度的 5%。否则说明分电器凸轮角不规则，或分电器轴松旷。

(2) 平列波。将各气缸的次级电压波形按点火顺序依次排列显示，即所谓平列波，如图 2-15 所示。通过各缸的波形对比，很容易观察到某气缸点火状况是否正常。例如，图中第 3 缸击穿电压太低，说明该气缸火花塞间隙太小，或绝缘体有裂纹。反之，若图中第 2 缸击穿电压过高，说明该缸火花塞间隙太大

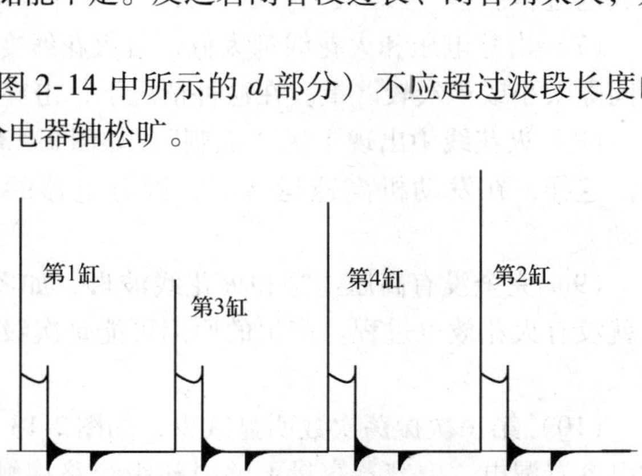

图 2-15　点火次级电压的平列波

或已经烧坏。另外，当取下某缸的高压分线后，该缸击穿电压应立即升至 20kV 以上才正常。否则说明点火线圈性能不好，或分电器、高压线有漏电。

初级电压波形分析与次级电压波形的分析类似，通过分析点火线圈初级电压的波形，也可以大致判断点火系统的工作状况是否正常，或存在某些可能的故障。不过初级电压波形比次级电压波形用得少一些。

（1）初级电压的标准波形。初级与次级电压随时间变化的规律是类似的。不过初级电压的标准波形与点火系统的结构有一定的关系，这种区别如图 2-16 所示。

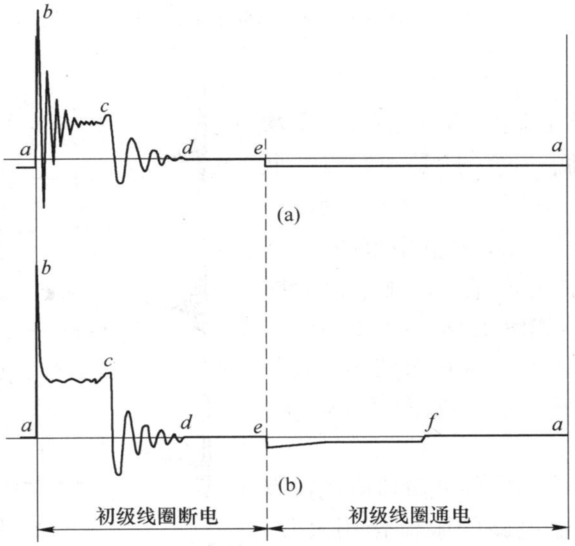

图 2-16　初级电压波形

（a）传统点火系统；（b）电子点火系统

对于传统点火系统，在断电器触点刚断开后，由于触点并联电容的存在，会在初级回路中形成明显的高频衰减振荡（如图 2-16（a）所示的 *ac* 段）。而对于电子点火系统来说，由于没有触点并联的电容，所以不存在这一振荡过程，其波形与次级电压波形更相似一些，如图 2-16（b）所示。*ab* 段电压并不高，一般只有 150～200V。

图 2-16 中 *cd* 段与次级电压标准波形（见图 2-12）中 *de* 段是对应的。在这段时间内，火花消失后的残余能量在点火线圈初、次级内同时产生衰减振荡。

在 *e* 点，由于初级线圈闭合导通，因初级电流开始增加，所以在线圈中感应电压与断电阶段的方向相反。

对于某些电子点火系统，反向电压到 *f* 点就消失了。这是为什么呢？这是因为电子点火器多具有限制初级电流的作用（见图 2-17（b））。目的是既要保证储存足够的点火能量，又可避免低速时电流过大而线圈发热。这样，当初级电流达到 I_p 时便不再增加，初级线圈不再感应电动势。

（2）初级电压的故障波形分析。通过观察初级电压波形也可分析点火系统可能的故障，如图 2-18 所示。以下对这些故障波形作些简单分析。

1）在断电器触点开启时出现大量杂波，显然是因触点严重烧蚀而造成的，如图 2-18

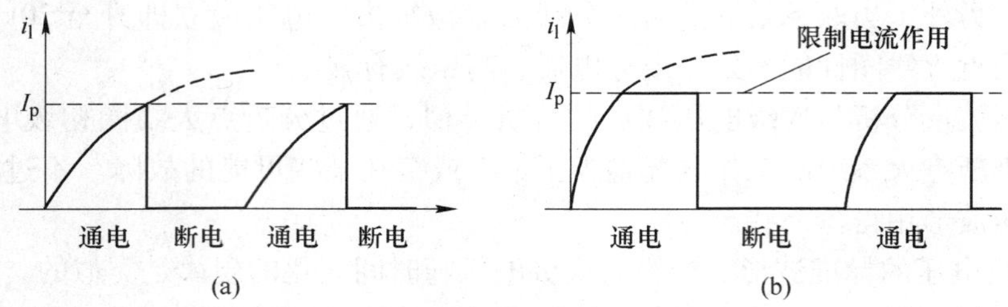

图 2-17　点火系统初级电流波形
（a）传统点火系统；（b）电子点火系统

（a）所示。

2）初级电压波形在火花后期的衰减振荡次数明显减少，幅值变低，这一般是与触点并联的电容漏电所造成的，如图 2-18（b）所示。

3）在触点闭合阶段出现少量多余的杂波，这往往是因触点弹簧弹力不足引起触点闭合时产生意外跳动而造成，如图 2-18（c）所示。

4）在触点闭合阶段出现大量杂波，一般是由于触点接地不良而引起的，如图 2-18（d）所示。

5）电子点火系统在通电储能阶段电压没有上升，说明电子点火器电路的限流作用失效，如图 2-18（e）所示。

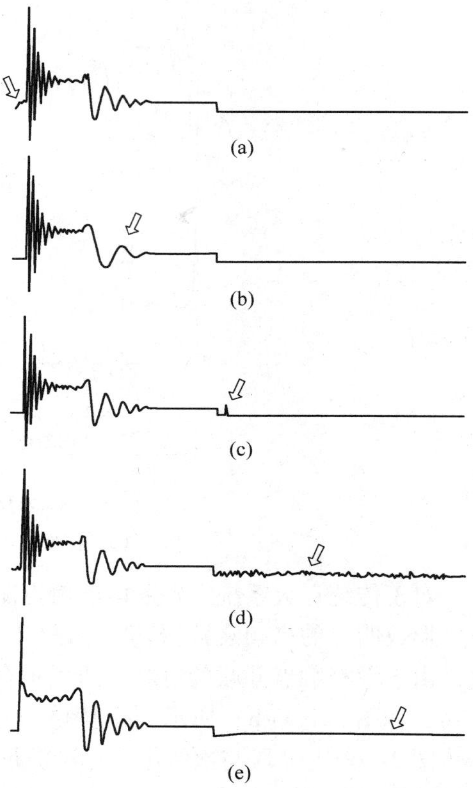

图 2-18　初级电压的故障波形

2.3.3　点火提前角的测试

2.3.3.1　有关基本概念

发动机内可燃混合气的燃烧是需要一定时间的。从火花塞开始点火，到燃烧结束，大约需要 2～3ms。为了使活塞到达上止点时，混合气已经充分燃烧，以便发出最大功率，显然应使火花塞到达上止点之前点火。从点火开始到活塞到达上止点的这段时间，曲轴转过的角度就是点火提前角。

调整正确的点火时刻也称“点火正时”。点火正时对于发动机的动力性和经济性有很大影响。最佳点火提前角并非定值，而是应随转速、负荷和汽油辛烷值的改变而变化。在传统点火系统中，提前角随转速的变化是通过分电器中的离心提前机构控制；随负荷的变化由真空提前机构调节；而随汽油辛烷值的变化则是在静态条件下，通过调整分电器壳与分电器轴的相对位置而实现的。在现代电子点火系统中，尤其是无分电器点火系统中，转速和负荷提前量是由微处理器根据发动机转速传感器、节气门位置传感器，以及进气真空度、凸轮位置和水温等信号，从预先存储的数据中选定最佳点火提前角，再由微处理器向电子点火器发出指令送到各气缸的点火线圈。

2.3.3.2　点火提前角的测试原理

目前一般是用点火正时灯和发动机综合分析仪（或汽车专用示波表）来测试点火提前角。点火正时灯是一种频率闪光灯，可以按照给定信号（第 1 缸火花塞点火信号）频率同步闪光。一般在发动机的旋转部件（齿轮或曲轴皮带）上，刻上正时标记，在相邻的固定机壳上也有一个标记。当曲轴转到两个标记对齐时，第 1 缸活塞正好达到上止点位置。假如没有点火提前，每次活塞到达上止点时点火，并让触发点亮的正时灯照射有标记处，那么正时灯会照亮两个对齐的标记。反之，若有点火提前，正时灯将提前点亮，此时第 1 缸活塞未到上止点，所以两个标记也还未对齐。两个标记之间的角度差，就是点火提前角。

实际测试时发动机高速运转，闪光和点火频率高达每秒几百到上千次，每次闪亮时两个标记的相对位置几乎都相同。这样，只要发动机转速不变，频闪效应使人们看到旋转体上的转动标记几乎是不动的，它与固定标记之间有一个稳定的角度，如图 2-19 所示。若在闪光灯电路中安装一个电位器，用来调整闪光时刻，那么调节电位器时，可以看到转动标记在前后移动。当调节到使两个标记对齐时，电位器所转过的角度，就是与点火提前角成比例的信号。将此信号送入计算机，即可计算出点火提前角。

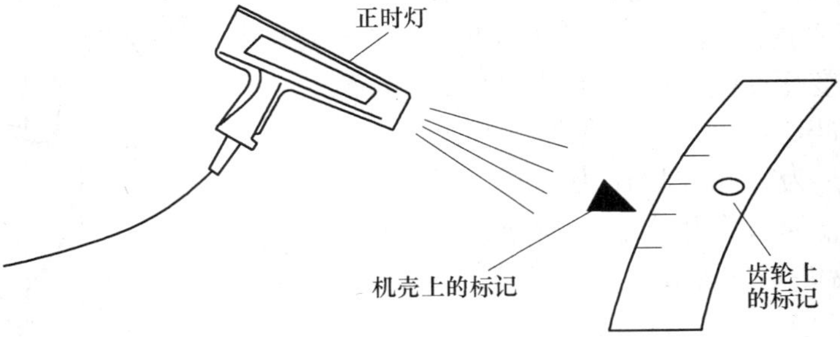

图 2-19　正时灯测试点火提前角示意图

汽车在怠速时，离心提前和真空提前基本未起作用，此时测得的点火提前角为初始提前角。为了能够测量不同负荷和转速下的点火提前角，就需对发动机加载，因此需在底盘测功机上进行。在拆去真空管路后，发动机在各种转速下所测得的提前角减去初始提前角，即可得到相应转速下的离心提前角。在连接了真空管路后，在同样转速下测得的提前角减去离心提前角和初始提前角，又可得到真空提前角。测得的各种工况下的提前角应与规定数值比较，以判断是否正常和做必要调整。电控点火系统中的点火提前角是不可调整的，但应用上述方法检测后，可以确定是否有故障，以及故障原因是微处理器损坏还是传感器失效。

2.3.3.3　点火提前角的检测步骤

用正时灯进行点火正时的步骤如下：

(1) 擦拭曲轴带盘或飞轮上的标记处，使标记清晰可见。

(2) 运转发动机至正常工作温度。

(3) 将正时灯的两个电源夹，红色的夹在蓄电池的正极，黑色的夹在负极。

（4）将正时灯的外夹式传感器夹在一缸的高压线上，同时将正时灯上的电位器旋钮旋到“0”。

（5）在发动机怠速稳定运转情况下，将正时灯打开并对准飞轮或曲轴上的标记。

（6）调整正时灯上的电位器使两标记对齐。此时，正时灯上指示的读数即为发动机怠速时的点火提前角。

（7）其他转速时点火提前角的检测方法类似，待发动机的转速稳定时方可进行检测。

任务 2.4 柴油机燃料供给系的检测

2.4.1 柴油机的供油压力及波形分析

柴油机燃料供给系工作性能的好坏，在很大程度上取决于喷油泵及喷油器的工作质量。喷油泵和喷油器的工作质量，可通过高压油管中的压力变化情况及针阀升程情况反映出来。因此，用示波器观测高压油管中的压力波形与喷油泵凸轮轴转角的对应关系，观测喷油器针阀升程与凸轮轴转角及高压油管中压力的对应关系，就可以判断柴油机供给系的工作是否良好。

图 2-20 所示为在柴油机有负荷情况下实测的某缸高压油管内压力 p 和针阀升程 S 随凸轮轴转角 θ 的变化曲线，图 2-20 中可以看出针阀升程 S 与压力 p 的对应关系。其中：p_r为残余压力，p_o为针阀开启压力，p_b 为针阀关闭压力，p_{max} 为最大压力。在横坐标方向上，整个曲线可划分为三个阶段，其中：Ⅰ为喷油延迟阶段，若调高针阀开启压力 p_o，高压油管渗漏，出油阀偶件或喷油器针阀偶件不密封，随意增加高压油管的长度或增加高压油系统的总容积（如漏装减容体）等，都会使这个阶段延长。Ⅱ为主喷油阶段，该阶段的长短主要与柴油机负荷有关，对于柱塞式喷油泵来说，即与柱塞的供油有效行程长短有关，供油有效行程越长，该阶段越长。Ⅲ为自由膨胀阶段，若高压油管内最大压力 p_{max}不足，可使该阶段缩短，反之使该阶段延长。

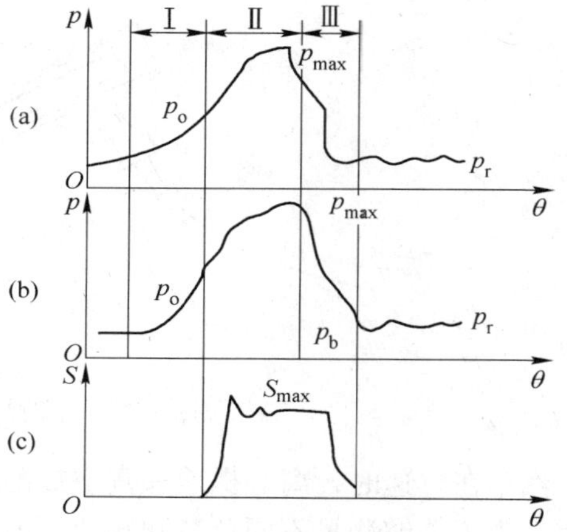

图 2-20 高压油管内压力曲线和喷油器针阀升程曲线

（a）喷油泵端压力曲线；（b）喷油器端压力曲线；（c）针阀升程曲线

从图 2-20 中可以看出，第Ⅰ、Ⅱ阶段为喷油泵的实际供油阶段，第Ⅱ、Ⅲ阶段为喷油器的实际喷油阶段。在循环供油量一定的情况下，若Ⅰ阶段延长和Ⅲ阶段缩短，则喷油器针阀升程所占凸轮轴转角减小，使喷油量减少。反之，若Ⅰ阶段缩短和Ⅲ阶段延长，则使喷油量增大。因此，曲线上三个阶段的长短，对该缸工作的好坏是有影响的。多缸发动机各缸对应的Ⅰ、Ⅱ、Ⅲ阶段如果不一致，则对发动机工作性能的影响更大。所以，必须将各缸的压力波同时取出，以多种形式进行对比观测。

2.4.1.1　波形分析

高压油管内的压力波形，可用全周期单缸波、多缸平列波、多缸并列波和多缸重叠波四种形式进行观测，以下以 CFC-1 型柴油发动机测试仪所测波形为例介绍。

全周期单缸波为：将某一缸高压油管中的压力随喷油泵凸轮轴转过360°时的变化情况显示出来的波形，如图 2-21 所示。波形上有一个人工移动的亮点，指针式表头可以指示出亮点所在位置的瞬态压力。因此，移动亮点可测出某缸高压油管中的残余压力 p_r、针阀开启压力 p_o、针阀关闭压力 p_b和最大压力 p_{max}等。

多缸平列波：以各缸高压油管内的残余压力 p_r为基线，将各缸波形按着火次序从左向右首尾相连的一种排列形式，如图 2-22 所示。利用该波形可观测到各缸 p_0、p_b和 p_{max}点在高度上是否一致，因而可用于比较各缸 p_0、p_b和 p_{max}值的大小。

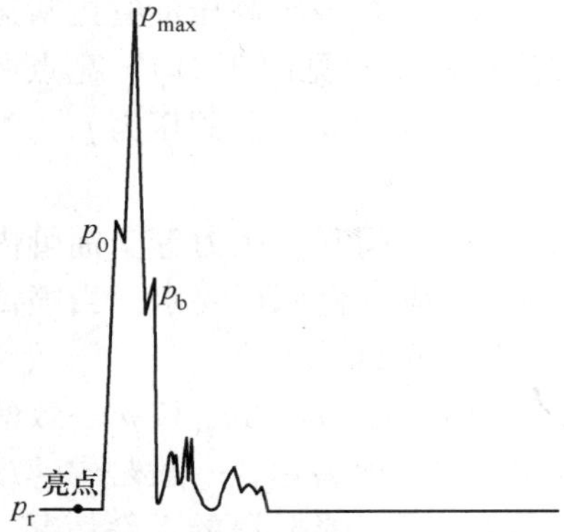

图 2-21　全周期单缸波

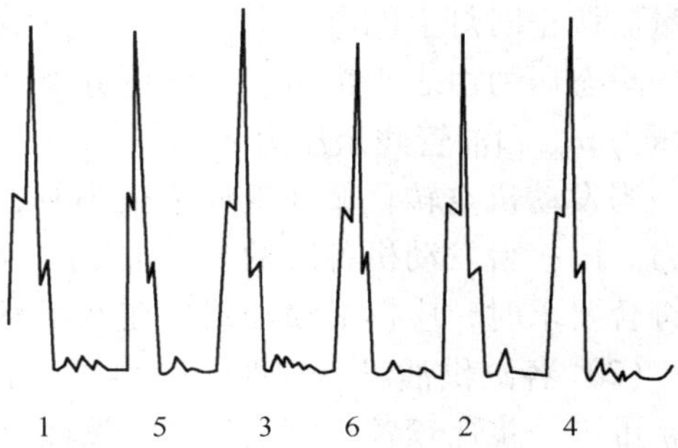

图 2-22　多缸平列波

多缸并列波：将各缸波形按着火次序自下而上单独放置并将其首部对齐的一种排列形式，如图 2-23 所示。通过观测各缸波形三阶段面积的大小，即可用于比较各缸供油量、喷油量的一致性。必要时可将某缸波形单独选出观测。

多缸重叠波将各缸波形之首对齐并重叠在一起的一种排列形式，如图 2-24 所示。利用该波形可观测到各缸波形在高度、长度和面积上的一致程度，可用于比较各缸 p_0、p_b、p_{max}、p_r和供油量、喷油量的一致性。

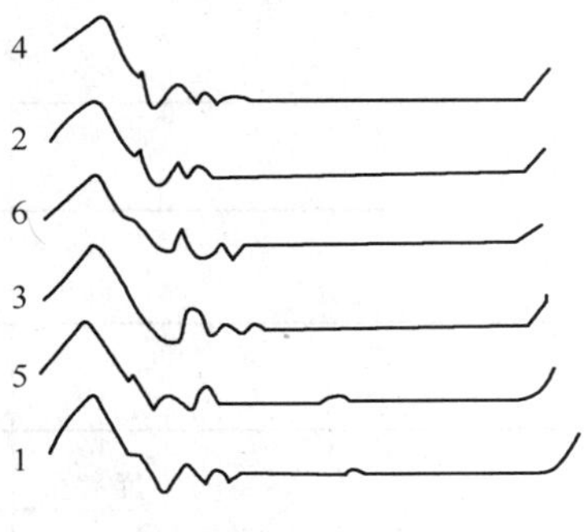

图 2-23　多缸并列波

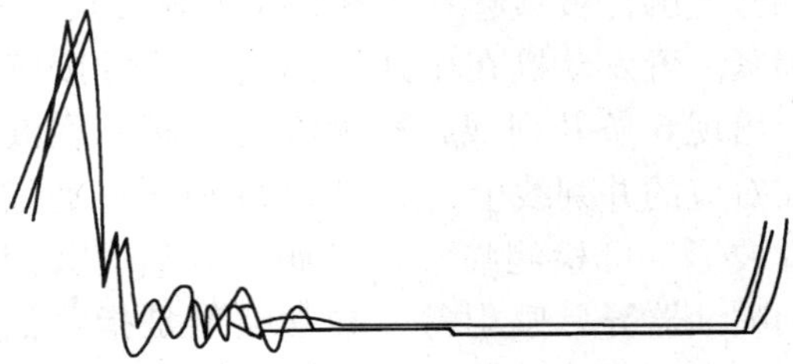

图 2-24　多缸重叠波

除了压力波形的观测外，还可进行针阀升程波形的观测。针阀升程是判断实际喷油情况的重要参数。通过对针阀升程波形的观测，可发现喷油器有无二次喷射、间断喷射和停喷等故障。针阀升程与凸轮轴转角及高压油管中压力的对应关系如图2-24所示。

2.4.1.2 波形检测的方法

以CFC-1型柴油发动机测试仪为例，介绍波形观测方法，被测柴油机为6缸发动机，着火次序为1-5-3-6-2-4。按仪器使用说明书要求，将示波器预热、自校、调试后，将串接式油压传感器按要求安装在高压油管与喷油器之间，或将外卡式油压传感器按要求卡在高压油管上。经过预热的柴油机处于工作状态，然后通过按键选择，即可在屏幕上出现被测的多缸平列波、多缸并列波、多缸重叠波或全周期单缸波，并可进行以下检测：

（1）高压油管内瞬态压力的检测柴油机在800～1000r/min下稳定运转，通过按键选择，使屏幕上出现稳定的多缸平列波；再通过选缸键，从多缸平列波上选出被测缸的全周期单缸波。此时，屏幕上仅存被测缸的全周期单缸波，即可进行该缸高压油管内瞬态压力测量。调正时灯上的电位器，有一亮点沿全周期单缸波形移动（见图2-21），亮点所在位置的瞬态压力由表头指示。由此可分别测出喷油器针阀开启压力p_0、关阀压力p_b、油管最大压力p_{max}和油管残余压力p_r。

当发动机空转且循环供油量很小时，有时$p_0=p_{max}$，即针阀开启压力等于油管内最大压力。同一台发动机各缸的p_0、p_b、p_{max}和p_r应该相等，并应符合原厂要求。当喷油压力不符合要求时，应拆下喷油器，在专用喷油器试验器上进行调试。

（2）各缸供油量一致性的检测经过上一项检测，在各缸p_0、p_b、p_{max}和p_r一致的情况下，可进一步比较各缸供油量的一致性。先将发动机调到需要的转速，一般是中速或中高速。然后通过按键选择调出该机多缸重叠波，观测波形Ⅰ、Ⅱ、Ⅲ阶段的重叠情况。若波形三阶段重叠较好，说明各缸供油量比较一致；若波形三阶段重叠不好，说明各缸供油量不一致。其中，波形三阶段窄的缸供油量小，波形三阶段宽的缸供油量大。通过选缸键，可以找出是哪一缸的供油量不正常；也可以调出多缸并列波进行比较，但波形幅度要适当调小些。

应当指出，当各缸供油间隔不一致时，应先按下述（4）检测并调整好供油间隔后，再进行各缸供油量一致性的检测。

（3）针阀升程的检测将被测缸喷油器顶部的回油管拆下，把针阀传感器旋在喷油器上，当传感器上触杆被顶起时（从方孔中观看），将传感器锁紧。置发动机在中速下运转，通过按键使屏幕上出现6条并列线，被测缸的针阀升程波形出现在对应的并列线上，如图2-25所示。通过针阀升程波形，可检测喷油器针阀的开启、关闭、跳动和喷油器异常喷射等。异常喷射是指喷油器间隔喷射、二次喷射、停喷和针阀抖动等不正常喷射现象。间隔喷射和停喷等现象常在喷油量很小的怠速或低速情况下出现，此时的针阀升程波形变得时有时无或升程时大时小。

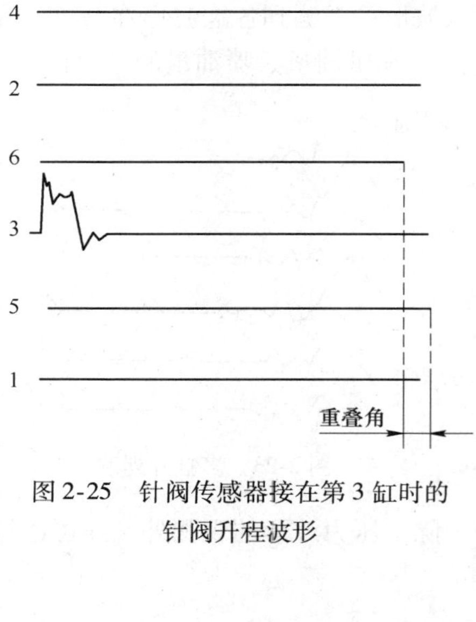

图2-25 针阀传感器接在第3缸时的针阀升程波形

（4）各缸供油间隔的检测第 1 缸供油提前角检测（在后面“供油正时的检测”中介绍）出来后，按工作顺序各缸供油间隔应相等，即各缸的供油提前角均等于第 1 缸供油提前角。利用 CFC-1 型柴油发动机综合测试仪检测各缸供油间隔时，应在检测针阀升程波形之后接着进行，仍保持原来的操作键位。检测时，通过操作有关旋钮使屏幕上的并列线首端与屏幕左边的横标尺零线对齐，而尾端处于屏幕右边横标尺的 60°（喷油泵凸轮轴转角）左右。读取各线所占屏幕横标尺度数，即为各缸实际供油间隔。各并列线的长度可能是不相等的，其中最短并列线与最长并列线之间的重叠区所占凸轮轴转角，称为喷油泵重叠角，如图 2-25 所示。重叠角以接近零为好，亦即各缸供油间隔的误差越小越好。

柴油机按工作顺序的各缸供油间隔用下式计算：

$$供油间隔角 = 360°/气缸数$$

可以看出，6 缸柴油机的各缸供油间隔为 60°凸轮轴转角，而 4 缸、8 缸柴油机的各缸供油间隔分别为 90°和 45°凸轮轴转角，因此读数时要注意选择横标尺。

各缸供油间隔也可以用曲轴转角表示。根据规定，实际供油间隔与标准供油间隔相比，其误差应在 ±0.5 曲轴转角范围内。

如果各缸供油间隔不符合要求，可通过调整喷油泵柱塞与滚轮体之间的调整螺钉高度或更换不同厚度的调整垫块解决。

（5）压力波形的检测压力波形可判断柴油机燃料系的技术状况。当使用 WFJ-1 型微电脑发动机检测仪，将油压传感器串接在被测缸的高压油管与喷油器之间并按下规定的操作码时，所测单缸典型供油压力波如图 2-26 所示。

常见的几种故障波形如下：

（1）喷油泵不供油或喷油器针阀在开启位置“咬死”的故障波形如图 2-27 所示。

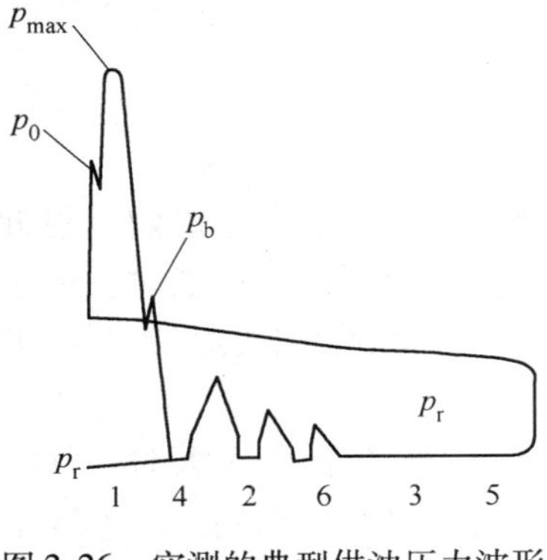

图 2-26　实测的典型供油压力波形

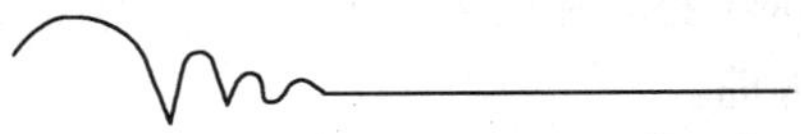

图 2-27　喷油泵不供油或喷油器在开启位置“咬死”的故障波形

（2）喷油器针阀在关闭位置不能开启的故障波形如图 2-28 所示。

（3）喷油器喷前滴漏的故障波形如图 2-29 所示。

（4）高压油路密封不严时的故障波形如图 2-30 所示。

（5）残余压力上下抖动的故障波形如图 2-31 所示。残余压力上下抖动，说明喷油器有隔次喷射现象，这是因为当喷油器不能喷油时残余压力升高，而在喷油时降低的缘故。

用 WFJ-1 型微电脑发动机检测仪检测柴油机燃料系的参数和波形，除示波器显示外，尚能打印。

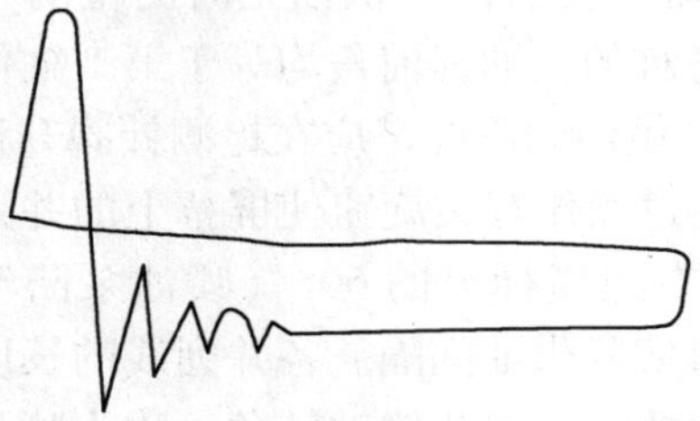

图2-28 喷油器在关闭位置不能开启的故障波形

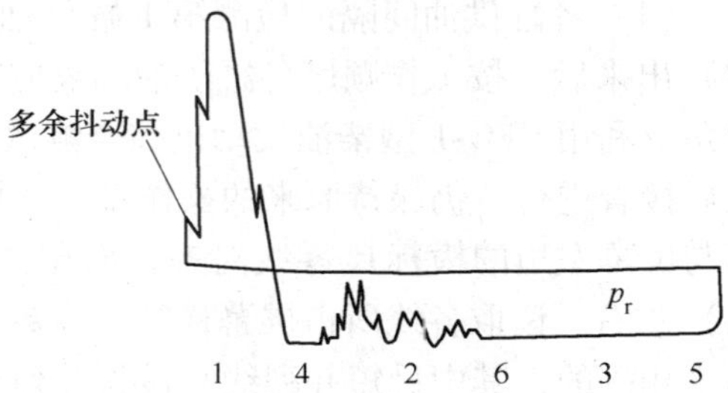

图2-29 喷油器喷前滴漏的故障波形

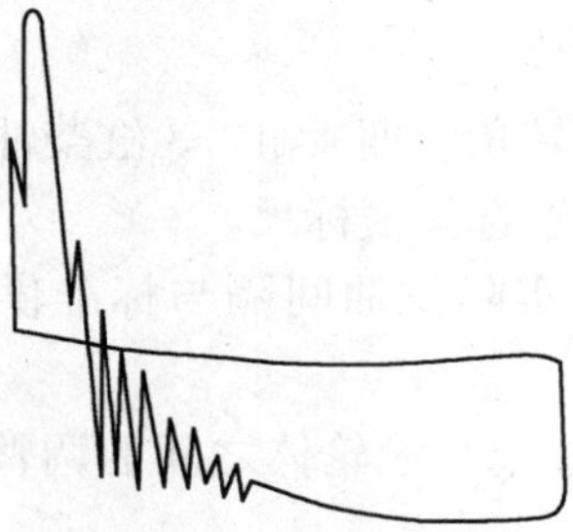

图2-30 高压油路密封不严时的故障波形

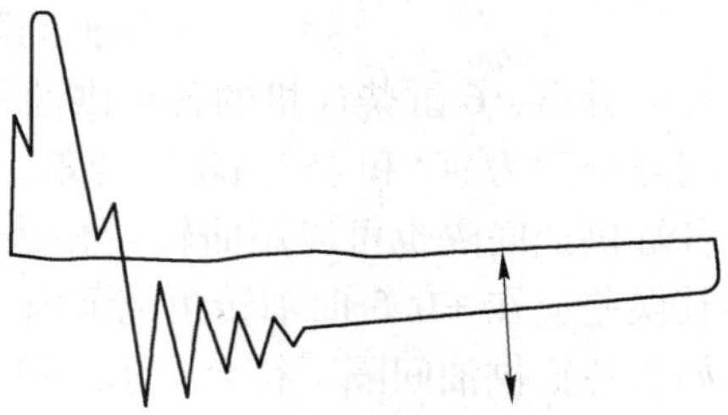

图2-31 残余压力上下抖动的故障波形

2.4.2 柴油机供油正时检测

供油正时是指正确的供油时间，一般用供油提前角表示。对于柱塞式喷油泵来说，供油提前角，是指喷油泵1缸（或最末缸）柱塞开始供油时，该缸活塞距压缩终了上止点的曲轴转角或凸轮轴转角。

2.4.2.1 概述

柴油在气缸中燃烧存在着着火落后期。要想使活塞在压缩终了上止点以后附近获得最大爆发压力，喷油器必须在该上止点以前提前喷油。喷油泵向喷油器供油时，由于高压油管的弹性变形和压力的升高以及传递都需要一定时间，因而开始供油时间比开始喷油时间还要提前。

供油提前角的大小对柴油机的工作过程影响很大。当供油提前角过大时，气缸内的速燃期在压缩终了上止点以前发生，亦即气缸内爆发压力的峰值在活塞到达压缩终了上止点以前发生，将出现功率下降、工作粗暴、油耗增加、着火敲击声严重、怠速不良、加速不灵及起动困难等现象；当供油提前角过小时，气缸内的速燃期在压缩终了上止点以后较远处发生，使爆发压力的峰值降低，同样出现功率下降、油耗增加、加速不灵等现象，且会引起发动机过热和排气管冒白烟。因此，柴油发动机具有一个最佳供油提前角是非常重要的。所谓最佳供油提前角，是指转速和供油量一定的情况下，能获得最大功率、最小燃料耗油量和符合排烟要求的供油提前角。运行中的柴油车，其发动机的最佳供油提前角应随着转速和供油量的变化而变化。当转速愈高、供油量愈大时，最佳供油提前角也应愈大。为此，有些柴油机的喷油泵上装有供油提前角自动调节器，能在初始供油提前角的基础上，随转速的变化自动调节。也有些柴油机仅能根据常用工况（转速和供油量）确定一个固定的最佳供油提前角，使用中不再发生变化。

2.4.2.2　用经验法检查并校正供油正时（以柱塞式喷油泵为例）

（1）用手摇把摇转柴油机曲轴，使1缸活塞处于压缩行程中，当飞轮或曲轴传动带轮上的供油提前角标记（或规定角度）对准固定标记时，停止摇转。

（2）检查喷油泵联轴器从动盘上刻线标记是否与泵壳前端面轴承盖上的刻线标记对正，如图 2-32 所示。若两刻线标记正好对正，说明喷油泵1缸柱塞开始供油时间是准确的；若联轴器从动盘刻线标记还未到达泵壳前端面上的刻线标记，说明1缸柱塞开始供油时间晚；反之，若联轴器从动盘上的刻线标记已越过泵壳前端面上的刻线标记，说明1缸柱塞开始供油时间早。若喷油泵1缸柱塞开始供油时间过早或过晚，应松开联轴器固定螺钉，在上述一对刻线标记对正的情况下紧固。若联轴器从动盘和泵壳前端面上没有标记，应拆下喷油泵1缸高压油管，用手摇把摇转曲轴。当1缸柱塞快要供油时，缓慢摇转曲轴并注视1缸压紧螺母出油口液面。当液面刚刚向上一动时，停止摇转，此时即为1缸开始供油位置。为了以后检查方便，应在联轴器从动盘上和泵壳前端面上补做一对标记。

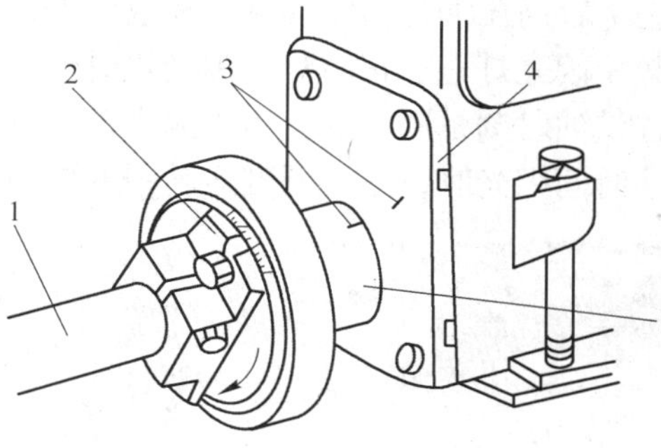

图 2-32　喷油泵1缸柱塞开始供油标记

1—驱动轴；2—联轴器主动盘；3—1缸开始供油标记；4—泵壳上的轴承盖；5—联轴器从动盘

（3）进行路试。为检验柴油机供油正时而进行路试时，应选择平坦、坚硬的直线道路或专用汽车跑道，汽车运行至正常工作温度后以最高挡最低稳定车速行驶，然后将加速踏板一下踩到底，使汽车急加速运行。此时，若能听到柴油机有轻微的着火敲击声，且随着车速的提高而逐渐消失，则为供油时间正确；如果听到的着火敲击声强烈，且车速提高后长时间不消失，则为供油时间过早；如果听不到着火敲击声，且加速不灵、动力不足、排气管冒白烟，则为供油时间过晚。当供油时间过早或过晚时，只要停车松开喷油泵联轴器紧固螺钉，使喷油泵凸轮轴顺转动方向或逆转动方向转动少许，反复调试几次就可使供油时间变得正确。检查喷油泵1缸柱塞开始供油时间，也可以使用下述方法：摇转曲轴使联轴器从动盘上的刻线标记与泵壳前端面的刻线标记对正（此时1缸柱塞开始供油），然后观察飞轮或曲轴传动带盘上的供油提前角标记（或规定角度）与固定标记的相对位置。若供油提前角标记（或规定角度）正好与固定标记对正，说明1缸柱塞开始供油时间是正确的；若供油提前角记号（或规定角度）还未转到固定标记，说明1缸柱塞开始供油太早；反之，若供油提前角标记（或规定角度）已转过固定标记，说明1缸柱塞开始供油太迟。

当把喷油泵总成从车上拆下检修、调试后重新装回时，只要摇转曲轴使供油提前角标记（或规定角度）与固定标记对正，再使联轴器从动盘与泵壳前端面的两刻线标记对正，在此情况下把联轴器装复并旋紧固定螺钉，就能保证1缸柱塞供油时间正确。如果还有差异，可在路试中调试解决。

以上是喷油泵1缸柱塞供油提前角的检查和校正，其他各缸的供油时间是否正确，则决定于按着火顺序各缸间供油间隔是否符合要求。

2.4.2.3　用闪光法检测供油正时

用闪光法制成的供油正时检测仪，其组成、结构、工作原理和使用方法，与检测汽油机点火正时的闪光正时检测仪基本相同。常见的柴油机供油正时检测仪，其油压传感器是串接在1缸高压油管与喷油器之间或外卡在高压油管上，可使油压信号转变为电信号，并触发频率闪光灯——正时灯。闪光正时灯每闪光1次表示1缸供油1次。因此，闪光时刻与1缸供油时刻是同步的。当用闪光正时灯对准柴油机1缸压缩终了上止点标记，并按实际供油时间闪光时，可以看到运转中的柴油机在闪光的照耀下，其运转部分（飞轮或曲轴传动带盘）上的供油提前标记还未到达固定标记，即1缸活塞还未到达压缩终了上止点。此时若调整正时灯上的电位器，使闪光时刻逐渐延迟至转动部分上的供油提前标记正好对准固定标记时，那么延迟闪光的时间就是供油提前的时间，经变换、处理后将其显示到正时仪的指示装置上，便可读出要测的供油提前角。柴油机专用闪光正时检测仪如图2-33所示。该检测仪为数字显示，车用蓄电池作为电源。

图2-33　柴油机专用闪光正时检测仪

2.4.2.4　用缸压法检测供油正时

用缸压法制成的供油正时检测仪，与用缸压法制成的汽油机点火正时检测仪的结构、工作原理和使用方法是基本相同的，不同之处在于供油正时检测仪使用的传感器是油压传感器。用缸压法检测柴油机供油正时时，必须拆下被测气缸的喷油器，在其孔上安装缸压传感器。但拆下的喷油器仍应连接在原来的高压油管上，并在两者之间串接上油压传感器或在高压油管上卡上外卡式油压传感器。对于有些型号的柴油机，缸压传感器也可以装在预热塞孔或起动活门处。检测中，缸压传感器采集被测缸的压缩压力信号，其最大压力点就是活塞压缩终了上止点；油压传感器采集供油开始信号，两者之间的曲轴转角或凸轮轴转角即为供油提前角。柴油机的供油提前角应符合原厂规定。

任务2.5　机油品质检测与分析

在机油使用过程中，由于杂质污染、燃油稀释、高温氧化、添加剂消耗等原因，其品质会逐渐变坏。在外观上，还表现为颜色变黑、黏度上升或下降。

引起机油污染的杂质主要来自摩擦表面的磨损微粒、外界尘埃以及积炭等；发动机工作不正常、不完全燃烧或缺火可使未燃燃油流入油底壳使机油受到稀释；发动机工作过程中产生的高温，特别是当发动机气缸活塞组磨损严重而间隙增大，在燃烧行程有高温、高压气体窜入曲轴箱时，会加剧机油氧化，生成氧化产物和氧化聚合物而使机油变质。机油中的清净分散剂是机油的一种重要添加剂，具有从发动机摩擦表面分散、移走磨损微粒、积炭等的能力，使之悬浮在机油中而不沉淀在摩擦表面，以减轻摩擦表面的磨损。由于机油在使用过程中清净分散剂的消耗及性能降低，也会逐渐失去其清净分散作用。

机油品质变坏会使发动机润滑变差、磨损加剧，甚至引发严重机械故障，因而应加强对发动机机油品质的定期检测与分析，实行按质换油，以保证发动机良好润滑。更为重要的是，通过对机油品质的检测，可分析并监控发动机技术状况的变化。

机油品质检测与分析的常用方法有，机油不透光度分析法、介电常数分析法、滤纸油斑试验法和光谱分析法等。

2.5.1　机油不透光度分析法

发动机在使用过程中，润滑油的品质逐渐变坏，杂质含量增多，黏度下降或增加，添加剂性能丧失。从外表看，润滑油会逐渐变黑。机油污染程度越大，变黑的程度也越大。根据这一现象，可通过测量一定厚度机油膜的不透光度来检测机油的污染程度。

机油污染测定仪的结构原理如图2-34所示。稳压电源、保证光源和电桥电路的电压稳定。油池由两块玻璃构成，具有确定的间隙，以放入机油样形成确定厚度的机油膜。电桥的一个臂上装有光导管，当电源发出的光线透过油膜照射到光导管上时，作为一个桥臂的光电管电阻发生相应变化。

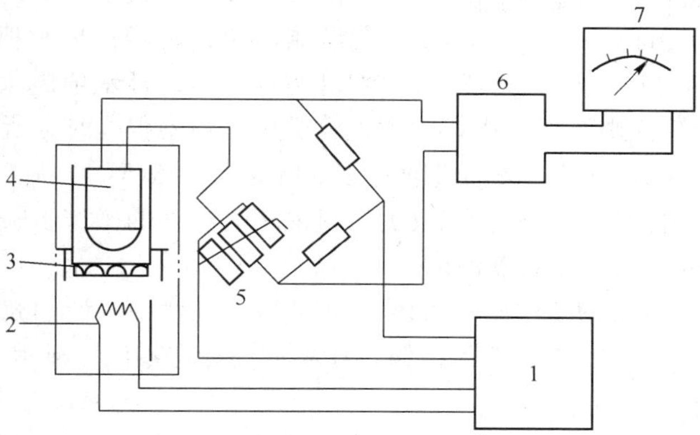

图2-34　机油污染测定仪结构原理

1—稳压电源；2—光源；3—油池；4—光导管；5—参比电阻；6—直流放电器；7—透光度计

测定机油污染程度时，首先在油池内放入所测机油的标准油样（清洁机油），调整参比电阻使电桥平衡，此时透光度计指示为零，然后把发动机刚停车后曲轴箱油尺上的机油作为测试油样滴入油池，由于测试油样已受到污染，油池内测试油样油膜与标准油样有差异，光源照到光导管上的光线强度也有差异，从而引起光导管阻值的变化使电桥失去平衡。测试油样污染程度越大，电桥不平衡程度越大，电桥输出的电流越强，透光度计指针偏转越大，从而就反映出了机油的污染程度。

2.5.2　介电常数分析法

电容的电容值除与两极板间的面积和极板间的距离有关外，还与极板间填充的物质有关。对于一个已经确定了极板面积和距离的电容，极板间充填物质对于电容值的影响可用一个系数反映，称为介电常数 ε，即：$C=\varepsilon \cdot S/\delta$，式中 C 为电容；S 为极板间相互覆盖的面积；δ 为极板间距离；ε 为介电常数。

每种物质都有其自身的介电常数，润滑油也不例外。清洁机油不含有杂质，有其较为稳定的介电常数，而使用中的机油，由于污染程度不同，机油中所含杂质成分和数量不同，其介电常数也会发生变化。因此，介电常数值可反映润滑油的污染程度。被测机油的介电常数与清洁机油介电常数的差别越大，表明机油的污染程度越大。

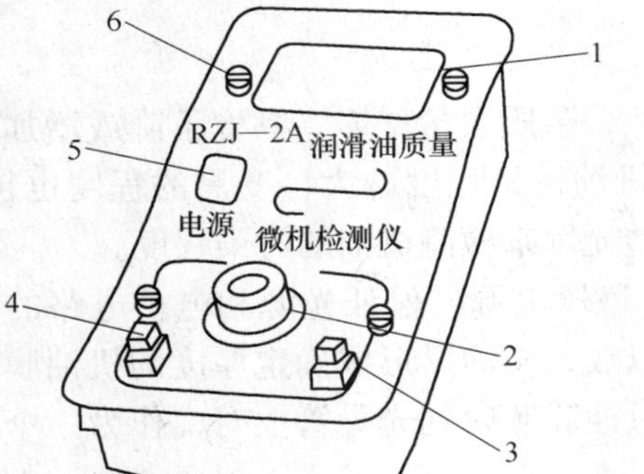

图 2-35　机油介电常数分析仪面板

1—数字显示屏；2—机油传感器；3—清零按键；4—测量按键；5—电源开关；6—固定螺钉

国产 RZJ-2A 型润滑油质量微机检测仪是按上述原理制成的，其外形如图 2-35 所示。该检测仪的关键元件为安装在油槽底部的螺旋状电容。测试时，机油作为电容介质。当机油污染后，其介电常数发生变化，引起该电容的电容值变化。以该电容作为传感器并使其作为检测仪测试电路的一部分，传感器电容的变化引起测试电路中电量的变化，电信号通过专用数字电路转变为数字信号，送入微机处理并与参考信号比较。当数字显示屏显示值为零时，表明所测机油无污染；显示值不为零时，表明所测机油有污染；显示值越大，表明机油污染程度越大。用 RZJ-2A 型润滑油质量微机检测仪测试机油污染程度时，所推荐的换油标准为：汽油机油的显示值 >4.2 ~4.7；柴油机油的显示值 >5.0 ~5.5。

用 RZJ-2A 型润滑油质量微机检测仪测试机油污染程度的操作步骤为：

（1）用脱脂棉彻底清洁传感器油槽。

（2）将 3 ~5 滴与被测机油同牌号的清洁机油置于油槽中，使油充满油槽底部。

（3）等油扩散完后，按“清零”按钮，仪器自动标定零位，显示“ ±0.00”。

（4）再次清洁传感器油槽。

（5）将 3 ~5 滴被测机油置于油槽中，等油扩散完后，按“测量”按钮，即可显示出测量值。

以上两种润滑油品质检测分析方法的共同特点是，仅能检测润滑油的污染程度，但不能反映机油清净性分散剂的消耗程度及其性能，也难以判断引起机油污染杂质的种类。

2.5.3　滤纸油斑试验法

滤纸油斑试验法利用现代电测方法可快速测定机油的污染程度和清净性添加剂的消耗程度及性能，但不能对机油中各种杂质的成分进行测定。

滤纸油斑试验法是把使用中的机油按规定要求滴在专用滤纸上，油滴逐渐向四周浸润扩散，最终形成中央有深色核心的颜色深浅不同的多圈环形油斑，如图 2-36 所示。若机油所含杂质的浓度和粒度不同及清净分散能力不同，所形成油斑每一环形区域的颜色深浅也有不同。如果机油中杂质粒度小，且清净分散剂性能良好，则杂质颗粒就会扩散到较远处，中心区与扩散区的杂质浓度及颜色深浅程度差别较小；若机油中杂质粒度大，且清净

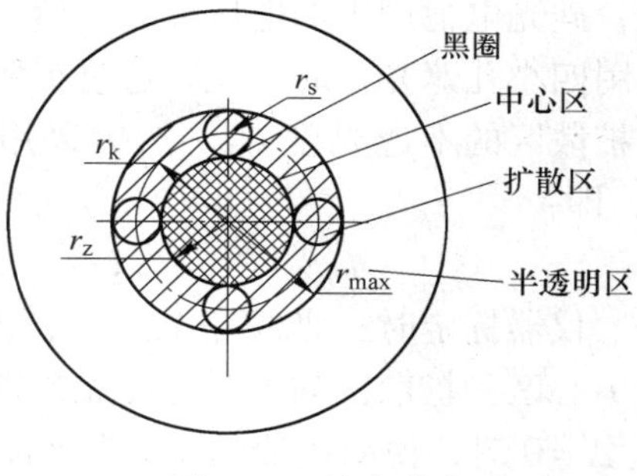

图 2-36　油斑痕迹

分散剂性能丧失，则机油中杂质就越来越集中于中心区，中心区与扩散区的杂质浓度和颜色深浅程度的差别也就越大。因此，油斑上中心区杂质浓度反映机油的总污染程度，而中心区单位面积的杂质浓度与扩散区单位面积杂质浓度之差可反映机油中残余清净分散剂的清净分散能力，为了实际测定机油油斑中心区杂质浓度及扩散区杂质浓度，必须控制油斑尺寸并确定油斑的尺寸规律。对实际油斑尺寸的统计分析表明，油滴在滤纸上扩散终了时，扩散区的最大半径 r_{max} 取决于滴棒的尺寸（直径），所以应使用统一规格的滴棒，并使滴棒尺寸保证使油斑的尺寸等于光度计的感光内半径。

为了比较中心区杂质浓度和扩散区杂质浓度，根据试验确定中心区中心圆半径 r_z，一般略小于中心区平均尺寸。同时在扩散区上确定四个均匀分布的半径为 r_s 的小圆，其圆心都在 $r_z \sim r_{max}$ 之间，同心圆半径为 r_k 的圆周上，四个小圆的面积之和等于中心圆的面积，即：

$$\pi r_z^2 = 4\pi r_s^2$$

中心区杂质平均浓度为 δ_1，扩散区杂质平均浓度为 δ_2。$\delta_1 = \delta_2$ 时，表明机油的分散清净性极好；而 $\delta_1 \gg \delta_2$ 时，表示机油的分散清净能力不佳；$\delta_1 + \delta_2$ 则反映总杂质浓度。

设定义清净性系数 D_d 为：

$$D_d = (\delta_1 - \delta_2)/(\delta_1 + \delta_2)$$

定义清净性质量系数 Δ 为：

$$\Delta = 1 - D_d = 2\delta_2/(\delta_1 + \delta_2)$$

当 $\delta_1 = \delta_2$ 时，$D_d = 0$、$\Delta = 1$，表示机油的分散清净性极好；而 $\delta_2 = 0$ 时，$D_d = 1$、$\Delta = 0$，表示机油的分散清净性极差。因此，机油的分散清净性好坏可用 0 ~ 1 间的数字表示。

油斑中心区和扩散区的杂质浓度可用两区域的不透光度评价。不透光度小，则杂质浓度小；反之，则杂质浓度大。测试两区域不透光度所采用的滤纸油斑检验光度计的原理如图 2-37 所示。

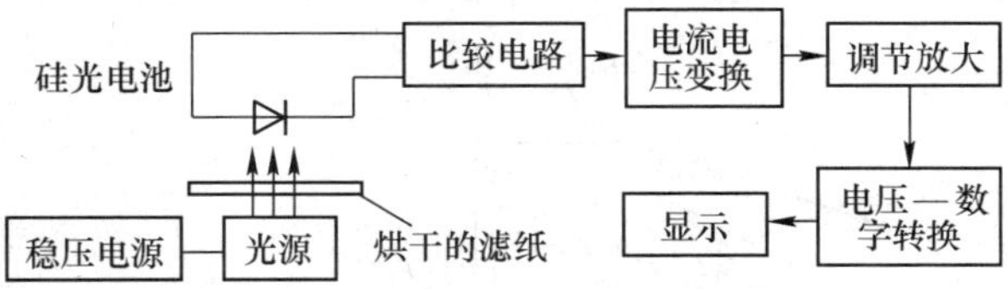

图 2-37　滤纸油斑检验光度计框图

测试时，从发动机正常热工况下取出油样放入试管，用规定尺寸的滴棒（直径 2mm、长度 150mm 尖端光滑的金属棒）插入试管油面下一定深度，取出滴棒后，把第三滴油滴在专用滤纸上，形成油斑并置于烘干箱中保温以加速油滴扩散，待油滴扩散终了滤纸烘干后，把滤纸放在光度计测试平台上压紧，硅光电池制成的传感器正对油斑。传感器可装两种遮光片，一种具有直径为 r_z 的中心孔，另一种具有圆心在半径为 r_k 的圆周上、半径为 r_s 的均布小孔。使用中心孔半径为 r_z 的遮光片时，光源发出的光线透过中心区照在硅光电池上，硅光电池产生的电压经放大后在显示器上显示出来，从而测得中心区的不透光度 N_1，采用四小孔遮光片时，光线透过扩散区上与中心区相同面积的区域照在光电池上，从而测得扩散区的不透光度 N_2。然后采用下式计算出机油用不透光度表达的清净性质量系数 Δ，即：

$$\Delta = 2N_2/(N_1 + N_2)$$

仪器标定时，光线完全通过，不透光度为0；光线被完全阻挡时，不透光度为100。当中心区和扩散区的不透光度无差别时，$\Delta = 1$，表示机油的分散清净性好；反之，当 $N_2 = 0$，$\Delta = 0$ 时，说明机油已无分散清净能力。

关于清净性质量系数 Δ 的诊断标准，则应通过试验确定。即利用大量达到换油污染程度的机油样品实际测定 Δ 的值，然后经统计分析合理确定其许用值。

2.5.4 光谱分析法

发动机工作时，摩擦表面的磨损微粒被循环工作的机油带至油底壳并悬浮在机油中，其磨损微粒在机油中的含量与机件磨损量直接相关。因此，检测机油中金属微粒的含量，不仅能表明机油被机械杂质污染的程度，还可用来确定机件磨损的程度，同时，机油中金属微粒含量的变化速度又可反映有关零件摩擦表面的磨损速度。

由于机油中金属微粒的含量很低且种类多，一般采用灵敏度高的光谱分析法测定机油中的金属微粒含量。

光谱分析法是利用机油中金属元素微粒受电能或热能激发后发出特征光谱的性质，根据金属元素发射出的相应特征光谱光线的强度，对机油中金属元素的种类和含量进行定量分析的方法。在这里，不同金属元素激发后发出的特征光谱是分辨机油中金属微粒种类的基础，而所发出特征光谱光线的强度是确定相应金属微粒在机油中含量的依据。

图2-38所示为机油光谱测定分析仪原理图。测试时，被测油样放于油样槽中，回转石墨圆盘浸入油样并作为高压激发源的一个电极，其外圆表面距高压激发源杆式电极的距离为1.5～2mm，当石墨电极回转时，机油不断地被带入到两电极之间，在高压激发源高电压（15000V）作用下，两电极间隙被击穿，产生电弧，使处于电极间电弧区的机油及其所含杂质一起焚烧，每种金属元素在焚烧中都发出具有一定特征光谱的光或辐射能。发

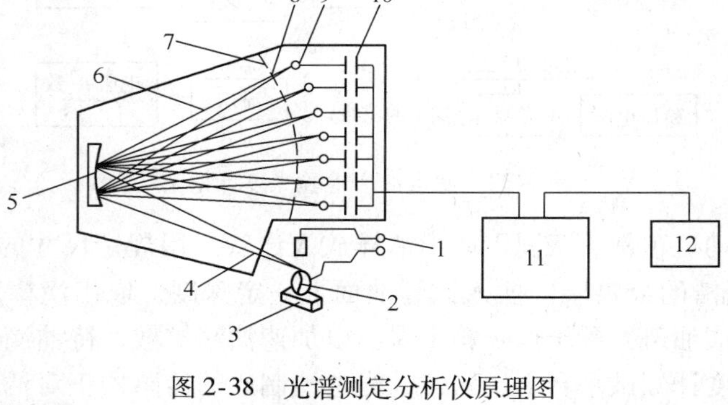

图2-38 光谱测定分析仪原理图

1—高压激光源；2—回转石墨盘；3—油样池；4—入口缝隙；5—光源；6—特征光谱；7—焦点曲线；8—出口缝隙；9—光电传感器；10—信号积分仪；11—信号处理仪；12—打印机

射出的光谱由入口缝隙照射到凹面衍射光栅上，经光栅反射后把入射光线分解成具有不同特征光谱的单色光光线，每种特征光谱对应于一种金属元素焚烧时发出的光谱。反射分解后的不同单色光线聚集于焦点曲线，经出口缝隙照在相应光电传感器上，传感器输出的电信号强度与具有相应特征光谱的光线强度有关，而不同特征光谱的光线强度取决于焚烧机油中相应金属元素的浓度。因此，传感器输出的电信号可反映机油中相应金属元素的浓度。光电传感器输出的电信号传输到信号积分仪、信号处理仪放大并处理后，可由打印机打印出油样中每种金属的含量。

光谱分析的测试步骤如下：

（1）按使用说明书的要求对仪器预热、调零。

（2）发动机运转至正常热工况后停车。

（3）用专用注射器从机油加注口吸取 100～150g 油样，放入量筒中，并贴上标签，写明油样黏度、汽车车牌号和行驶里程等。

（4）测试前，反复摇晃油样或用超声波处理使所含杂质在机油中均匀分布，然后取 6～8g机油油样放入油样池。

（5）按使用说明书的要求操作仪器，打印出测试结果。

光谱分析仪能确定所测油样中金属元素的种类和含量，并不能反映金属微粒产生的原因、部位及有关摩擦表面的磨损程度。因此必须对测试结果进行进一步的分析。

试验表明，发动机气缸与活塞环配合副的磨损产物，约占机油中全部金属微粒的85%。所以，机油中铁含量过高时，说明气缸与活塞环磨损严重；其次，当曲轴、凸轮轴的各轴颈和挺杆与凸轮配合副磨损时，也使机油中铁含量增加；若缸套镀铬或活塞环镀铬，则当机油中铬含量增加时，也可表明气缸、活塞环的磨损情况。但铬含量远比铁含量要小。活塞磨损使机油中铬含量增加。

发动机曲轴和凸轮轴使用的滑动轴承多为锡基、铅基、铜基、铝基铸造合金，当机油中锡、铅、铜、铝等元素增多时，若可知发动机的轴承材料配方，即可判断滑动轴承的磨损情况。机油中硅含量增多时，表明发动机空气滤清器和曲轴箱强制通风滤清器工作欠佳。

机油中某金属元素含量突然增加时，说明发动机内有关摩擦副异常磨损，应视为紧急情况进行处理，待排除故障后，发动机才能继续使用，以免引起破坏性故障或使发动机寿命急剧缩短。

定期用机油中金属微粒含量多少评价发动机磨损速度和磨损程度是有效的，但该法对磨损程度的评价，只能表明摩擦表面磨损量的总值，而无法确切知道磨损量在具体部位的分布情况和磨损部位尺寸、形状及强度等方面的变化情况。

任务 2.6　发动机异响的检测

发动机运转过程中，允许有轻微均匀的排气声和噪声，但发动机技术状况不良时，会产生与发动机正常运转时发出的噪声有所不同的异常声响，这表明发动机某部位发生了故障，必须尽快根据故障类型分析产生原因找出故障部位，予以排除。

2.6.1　发动机异响概述

2.6.1.1　异响类型

发动机运转时的声音不是纯声，而是一组复杂噪声，称发动机噪声。声响超过技术文件的规定，称为发动机的异响。依照噪声的来源可分为机械噪声、燃烧噪声、空气动力噪声和电磁噪声。发动机种类、转速和负荷不同时，占主导地位的噪声成分也不同。无负荷时，汽油机的主要噪声是机械噪声，而柴油机由于燃烧过程工作粗暴，主要噪声是燃烧噪声。各种噪声尽管来源不同，却都混杂在一起。发动机技术状况不正常时，即发出的异常声响与各种噪声叠加在一起，形成了连续声谱。

发动机的工作过程是周期性循环的，因此发动机工作时发出的各种噪声和异响也是周期性重复出现的，发动机工作时发出的各种噪声在向外传播过程中，若遇到缸体、缸盖、气门罩、油底壳的阻挡，不可避免地会转化为这些部件外表面的振动。由于各种噪声混杂在一起，由此引起的表面振动也是交织在一起的。

机械异响主要是运动副配合间隙太大或配合面有损伤，运动中引起冲击和振动造成的。因磨损、松动或调整不当造成运动副配合间隙太大时，运转中将引起冲击和振动，产生声波，并通过机体和空气传给人耳，于是听到了响声。如曲轴主轴承响、连杆轴承响、凸轮轴轴承响、活塞敲缸响、活塞销响、加速踏板响、定时齿轮响等，多是因配合间隙太大造成的。有时有些异响也可能是配合面（如定时齿轮齿面）有损伤或其他原因造成的。

燃烧异响主要是发动机不正常燃烧造成的。如汽油发动机产生爆燃或表面点火时，柴油发动机工作粗暴时，气缸内均会产生极高的压力波。这些压力波相互撞击并撞击燃烧室壁和活塞顶，发出了强烈的类似敲击金属的声响，是典型的燃烧异响。空气动力异响主要是在发动机进气口、排气口和运转中的风扇处，因气流振动而引起的。

电磁异响主要是发电机、电动机和某些电磁器件内，由于磁场的交替变化，引起机械中某些部件或某一部分空间产生振动而造成的。

2.6.1.2　异响的影响因素和诊断条件

发动机的异响与其转速、温度、负荷和润滑条件等有关。

一般情况下，转速越高机械异响越强烈（活塞敲缸响是个例外）。尽管如此，在高速时各种响声混杂在一起，听诊某些异响反而不易辨清。所以，诊断时的转速不一定是高速，要具体异响具体对待。如听诊气门响和活塞敲缸响时，在怠速下或低速下就能听得非常明显；当主轴承响、连杆轴承响和活塞销响较为严重时，在怠速和低速下也能听到。总之，诊断异响应在响声最明显的转速下进行，并尽量在低转速下进行，以便于听诊并减小不必要的噪声和损耗。

有些异响与发动机温度有关，而有些异响与发动机温度无关或关系不大。在机械异响诊断中，对于线膨胀系数较大的配合副要特别注意发动机的热状况，最典型的例子是铝活塞敲缸。在发动机冷起动后，该异响非常明显，然而一旦温度升高，响声即减弱或消失。柴油发动机温度过低时，往往产生着火敲击声（工作粗暴）。

许多异响与发动机的负荷有关。如曲轴主轴承响、连杆轴承响、活塞销响、活塞敲缸响、气缸漏气响、汽油机点火敲击响等，均随负荷增大而增强，随负荷减小而减弱，柴油机着火敲击声随负荷增大而减小。但是，也有些异响与负荷无关，如气门响、凸轮轴轴承响和定时齿轮响等，负荷变化时异响并不变化。

润滑条件对于机械异响影响很大，当润滑条件不良时，异响一般都显得比较明显。发动机异响，是发动机内声源发生振动产生声波而传播的。在发动机内，不同的机件、不同的部位和不同工况下，声源所产生的振动是不相同的，因而发出的异响在音调、音高、音频、音强，出现的位置和次数等方面也是不相同的。利用异响的这些特点和规律，在一定的诊断条件下，即可将发动机异响诊断出来。

发动机发生异响的部位由发动机的结构确定，但异响的能量随离开声源的距离越远越弱，即声波的声强或声波在发动机外表面所引起的振动的振幅，随检测点距声源的远近而变化。因此，为了准确测得异响信号或获得足够强的异响信号，异响检测点应距声源越近越好。此外，测量点变化后所测得的振动信号的强弱变化，也有助于判断异响产生的部位。

2.6.2　发动机异响的检测

使用发动机异响诊断仪可以用来检测发动机的异响，它主要是根据异响的振动波形、振幅、频率来进行诊断的。如采用带相位选择的示波器显示异响诊断仪或具有异响诊断功能的发动机综合检测仪检测，通过对异响振动波形的检测对发动机异响故障进行诊断。

2.6.2.1　便携式异响诊断仪

便携式异响诊断仪由传感器、前置放大器、双 T 发动机型选频网络、功率放大器和显示仪表五部分组成，其方案框图如图 2-39 所示。

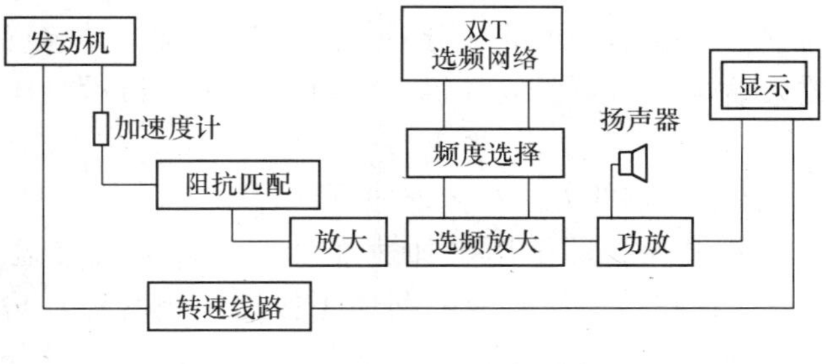

图 2-39　便携式异响诊断仪方案框图

异响诊断仪的传感器通常采用压电式加速度计，其结构如图 2-40 所示。传感器中由两片压电材料（如石英晶体或锆钛酸铅压电陶瓷）组成。压电材料片上置一铜制质量块，并用弹簧对质量块预加负荷。整个组件装于金属壳体内，壳体和中心引出端为二输出端。

当压电材料受到外力作用时，不仅其几何尺寸发生变化，而且内部极化，表面上有电荷出现，形成电场，当外力去掉时，其又恢复到原来状态，这种现象称为压电效应。当加速度计受到振动时，质量块随之振动，同时会有一个因振动而产生的惯性力作用于压电材料片上，其惯性力 F 的大小与振动加速度 a 与质量块的质量 m 有关，即：

$$F = ma$$

作用于压电材料片上的惯性力使表面产生电荷。在表面所积聚的电荷量与惯性力成正比，即

$$q = DF$$

式中，q 为电荷量；F 为惯性力；D 为压电常数。

因此

$$q = Dma$$

传感器结构一定时，D 和 m 均为常数，因此电荷量 q 与振动加速度成正比。显然，对于振动加速度来说，其大小、方向是周期性变化的，因此电荷量 q 也是周期性变化的。这样，带电表面与壳体间就会出现周期性变化的电压。其变化频率取决于振动频率，振幅越大，振动加速度越大，压电材料表面产生的电荷量越大，输出电压越高。因此，输出电压信号的变化频率可表示振动频率，而电压高低反映振动幅度。若振动由异响引起，则电压值就可反映异响的强弱。

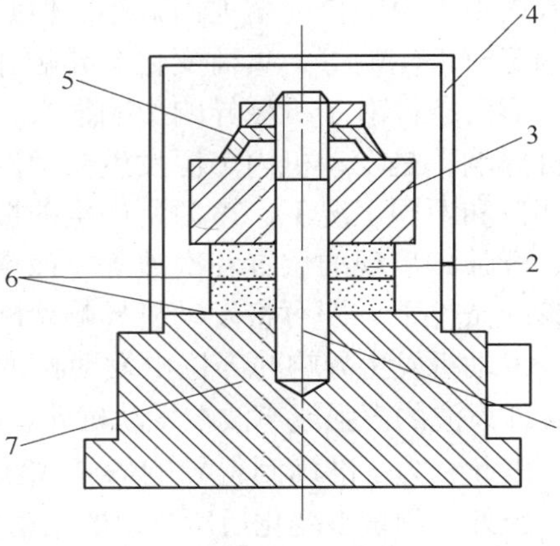

图 2-40　压电加速度计结构示意图

1—螺栓；2—压电片；3—质量块；4—壳体；5—弹簧；6—输出端；7—磁性基座

压电加速度计常制成两种类型：一是具有磁座，可将其吸附在发动机壳体上；二是制成手握式，通过与加速度计相连的探棒接触检测部位并传递振动。

为了诊断异响，必须把异响振动所产生的电压信号从各种不同噪声振动所产生的信号中分离出来。为此，压电加速度计输出信号经屏蔽导线连接到有高输入阻抗的前置放大器输入端，再经差动放大器放大后输入双 T 形选频网络。该网络实质上是一组具有不同中心频率的选频放大器，而且中心频率可用琴键开关变换对应于经试验研究确定的发动机各主要异响的特征频率。选频放大器的功能是放大电压信号中与中心频率相一致的部分，削弱或滤去与中心频率不一致的成分。经过选频放大，异响特征频率电压信号强度加强，再经功率放大输送给扬声器或耳机，同时由电压表指示电压信号峰值，电压表又用作转速表。

便携式异响诊断仪诊断异响的方法和步骤如下：

(1) 发动机预热过程开始，即把压电加速度计放在发动机缸盖上部气缸轴线位置（或用探棒顶在该位置），在怠速下用直放电路（不接通选频网络）检测有无金属敲击异常声响。

(2) 左右移动加速度计，观察显示仪表指示值有无明显增加的异常部位。

(3) 在异常部位上，依次按下琴键开关，观察在何种异常的特征频率下，仪表指示值显著增大。若检测部位与中心频率对应的异响部位相对应，则可初步判断该异响由该特征频率对应的部件引起。如果仪表读数较大，但检测部位与中心频率所对应的异响部位不符，可上下移动加速度计，直至二者相符。

(4) 在异响最为明显的转速、温度测试条件下及最有利的检测位置，仪表读数超过正常统计数据的位置即为异响振源。

2.6.2.2　示波器显示异响诊断仪

图 2-41 所示为带相位选择的示波器显示异响诊断仪方案框图，其特点是相位选择在一定时刻让信号通过诊断装置，该时刻对应于故障机件出现异响振动的时刻，即把异响振动与曲轴转角联系起来，同时，异响振动波形可在示波器上显示出来。

由于某缸配合机件的敲击振动总在该缸点火后发生，某一时刻结束，因此对于汽油机而言，可用转速传感器从1缸点火高压线上获得点火脉冲信号，用点火脉冲信号触发示波器的扫描装置，在开始点火的时刻使经选频后的异响振动电压信号导通。导通的相位和导通的时刻可以均匀调节。这样，相位选择装置便从时间及相位上的差异分辨异响得以实现，通过选频的振动信号输送到示波器垂直偏转放大器输入端，同时来自1缸高压线的点火脉冲信号触发相位选择器以控制示波器的扫描装置，从而在示波器屏幕上显示出经过相、频选择的振动波形，可用于直接观察振动波形的振动、相位和延时。

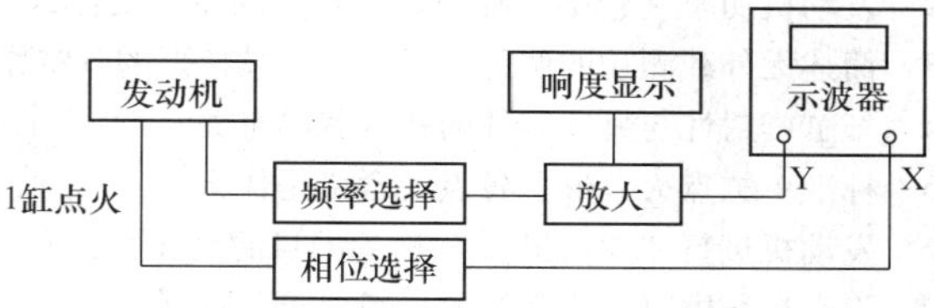

图2-41　相位选择示波器异响诊断原理框图

国产QFC-3型、QFC-4型和WFJ-1型等发动机综合检测仪，均带有示波器，具有显示发动机异响振动波形的功能。一般情况下，在点火提前角正常时，活塞销响的异响故障波形出现在整个波形的前部（或中部），活塞敲缸异响故障波形出现在整个波形的中部（或前部），连杆轴承响出现在中后部，曲轴轴承响出现在波形最后部。因各种异响对应着不同振动频率，同时振动中的振幅大小变化过程存在差异，因此显示在示波器上的振动波形所对应的凸轮轴转角和形状有所不同。图2-42所示为活塞销响、活塞敲缸、连杆轴承响和曲轴主轴承响的故障波形。

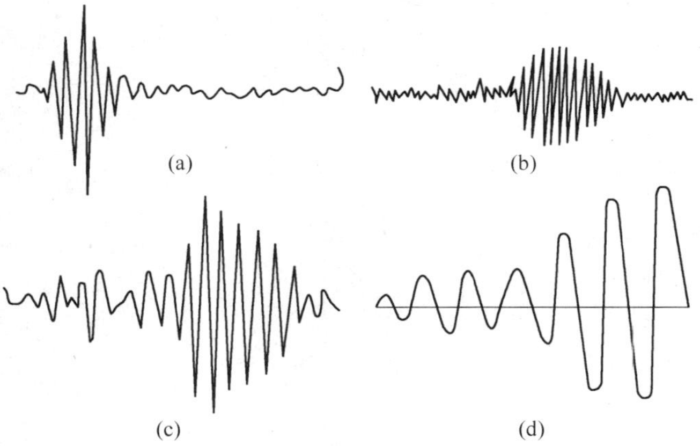

图2-42　常见发动机异响故障波形

（a）活塞销响；（b）活塞敲缸；（c）连杆轴承响；（d）曲轴主轴承响

采用带相位选择的示波器显示异响诊断仪或具有异响诊断功能的发动机综合检测仪，可通过对异响振动波形的检测对发动机异响进行诊断。在检测异响振动波形前，应首先阅读所使用仪器的使用说明书，按说明书的要求进行操作。

思　考　题

2-1　什么是发动机输出的有效功率？检测发动机有效功率的意义是什么？

2-2　发动机功率（包括单缸功率）过低的原因是什么？
2-3　简述无外载测功的两种测量方法及其依据的基本原理。
2-4　气缸密封性与哪些零件的技术状况有关？
2-5　标准单缸点火波形上各点的含义是什么？
2-6　发动机进行“单缸断火”试验的目的是什么？
2-7　汽车运行中对点火系统的一般要求是什么？
2-8　次级点火电压波形中，对点火效果影响最大的是哪些部分？
2-9　点火波形上有几个故障反应区？各反映什么器件的故障？
2-10　在次级点火电压的平列波形中，若某缸击穿电压过高或过低，各可能有什么问题？
2-11　简述点火提前角的测试原理。
2-12　机油品质检测的方法有哪些？
2-13　发动机异响有哪些类型？
2-14　什么叫压电效应？简述压电加速度计的原理。

学习情境3　汽车安全与环保检测技术

【知识目标】

1. 了解前照灯检测仪的结构原理；掌握前照灯的检测方法及标准。

2. 了解侧滑检验台的结构原理；掌握转向轮侧滑量的检测方法及标准。

3. 了解轴重仪、制动检验台及路试设备的结构原理；掌握制动力、制动距离及制动减速度的检测方法和标准。

4. 了解车速表检验台的结构原理；掌握车速表校验的检测方法及标准。

5. 了解五气分析仪的结构原理及检验标准；掌握五气分析仪的使用、检测方法和校准方法。

6. 了解烟度计和不透光度计的结构原理；掌握烟度计、不透光度计的使用和检测方法。

【技能目标】

1. 能熟练使用前照灯检测仪、侧滑检验台、制动检验台、车速表检验台、五气分析仪对来检车辆进行检测，并判断合格与否。

2. 能够依据柴油车的出厂日期选择正确的检测设备（烟度计或不透光度计）进行检测，并判断合格与否。

3. 当对制动检验台的检测数据有质疑时，会使用路试设备进行检测并判断合格与否。

【本章导语】

汽车的安全与环保检测，是指在不解体情况下定期或不定期对汽车的制动与转向性能、排放与噪声、前照灯以及车速表等进行测试的技术。它主要包括前照灯、制动性能、转向轮侧滑、车速表校验、排气污染物的检测、车辆噪声和喇叭声级测试等。

任务3.1　前照灯检测

3.1.1　前照灯光束照射位置检测

3.1.1.1　前照灯光束照射位置的检测标准

根据《机动车运行安全技术条件》(GB 7258—2004）的规定，机动车前照灯的检测指标为光束照射位置的偏移值和发光强度（坎德拉）。前照灯光束照射位置应符合以下要求：

（1）机动车在检验前照灯的近光光束照射位置时，前照灯在距离屏幕10m处，光束明暗截止线转角或中点的高度应为0.6～0.8H（H为前照灯基准中心高度），其水平方向位置向左向右偏移均不得超过100mm。

（2）四灯制前照灯其远光单光束灯的调整，在屏幕上光束中心离地高度为0.85～0.90H，水平位置左灯向左偏移不得大于100mm，向右偏移不得大于170mm；右灯向左或向右偏移均不得大于170mm。

（3）机动车装用远光和近光双光束灯时以调整近光光束为主。对于只能调整远光单光束的灯，调整远光单光束。

3.1.1.2 屏幕法检测前照灯光束照射位置

A 检测条件的准备

《机动车运行安全技术条件》(GB 7258—2004）规定，用屏幕法检测前照灯光束照射位置时，车辆应停放在水平场地上，轮胎气压正常、乘坐1名驾驶员，在距前照灯10m处设置一个屏幕，如图3-1所示，屏幕与地面垂直，屏幕上画有三条垂直线和三条水平线。三条垂直线的中间垂直线$V-V$与被检测车辆的纵向轴线对正，两边的垂直线$V_{左}-V_{左}$和$V_{右}-V_{右}$分别为被检测车辆左右前照灯的中心线；三条水平线的h—h线与被检测车辆前照灯的中心线等高，距地面高度为H（mm）；中间水平线与被检测车辆前照灯的远光束中心等高，距地面高度为H_1为（0.85～0.9)H；下水平线与被检测车辆前照灯的近光束中心等高，距地面高度为H_2为（0.6～0.8)H。

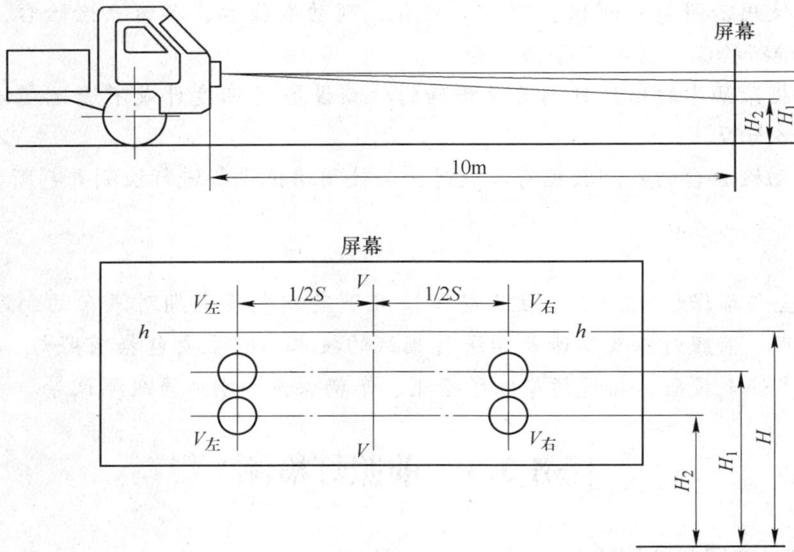

图3-1 屏幕法检测前照灯光束照射位置

B 检测方法

检测时，先遮住一边的前照灯，然后打开前照灯的近光，未被遮住的前照灯的近光明暗截止线转角或光束中心应落在图中下边水平线与$V_{左}-V_{左}$或$V_{右}-V_{右}$线的交点位置上，否则为光束照射位置存在偏斜。其偏斜方向和偏斜量可在屏幕上直接测量。用同样方法，检测另一边前照灯近光光束照射位置。一般对于双光束前照灯主要检测近光束的照射位置，因为质量合格的灯泡，只要近光束的位置合格时，远光束的位置也合格。如果近光束的位置合格，而检测远光束的位置不合格，则说明前照灯的灯泡质量不合格，应更换灯泡。检测远光束位置的方法与检测近光束位置的方法相同。

3.1.2　前照灯发光强度检测

3.1.2.1　前照灯发光强度的检验标准

《机动车运行安全技术条件》(GB 7258—2004) 规定：测试时，在电源系统处于充电状态状态下，机动车每只前照灯的远光光束发光强度应达到表 3-1 的要求。

表 3-1　前照灯远光光束发光强度最小值要求　　　　（坎德拉（cd））

检测车辆类型	新注册车			在用车		
	一灯制	两灯制	四灯制①	一灯制	两灯制	四灯制①
三轮汽车	8000	6000		6000	5000	
最高设计车速小于 70 开门 km/h 的汽车		10000	8000		8000	6000
其他汽车		18000	15000		15000	12000
摩托车	10000	8000		8000	6000	
轻便摩托车	4000			3000		
拖拉机（标定功率大于 18kW）		8000			6000	
运输机组（标定功率小于等于 18kW）	6000②	6000		5000②	5000	

① 采用四灯制的机动车其中两只对称的灯达到两灯制的要求时视为合格；

② 手扶拖拉机采用一灯制。

3.1.2.2　检测前照灯发光强度和光轴偏斜量

各种类型的前照灯检测仪的原理基本相同，都是采用可把吸收的光能转变为电流的硅光电池或硒光电池作为传感器，按前照灯主光束照射光电池所产生电流的大小和比例，来测量前照灯的发光强度和光束偏斜量。

A　发光强度检测原理

测量前照灯发光强度的电路由光度计、可变电阻和光电池等组成，如图 3-2 所示。按规定的距离使前照灯照射光电池，光电池便按受光强度的大小产生相应的光电流使光度计指针摆动，指示出前照灯的发光强度。

B　光轴偏斜量的检测原理

图 3-3 所示的光轴偏斜量的测量电路，由四块硒光电池组成，其中上下的一对光电池 $S_{上}$、$S_{下}$之间接有上下偏斜指示计，用于测量光轴的上下偏斜量；左右的一对光电池 $S_{左}$、$S_{右}$之间接有左右偏斜指示计，用于测量光轴的左右偏斜量。当光电池受到前照灯光束照射时，如果光束照射方向偏斜，将分别使光电池的受光面不一致，因而产生的电流大小也不一致。光电池产生的电流差值分别使上下偏斜指示计及左右偏斜指示计的指针摆动，从而检测出光轴的偏斜方向和偏斜量。

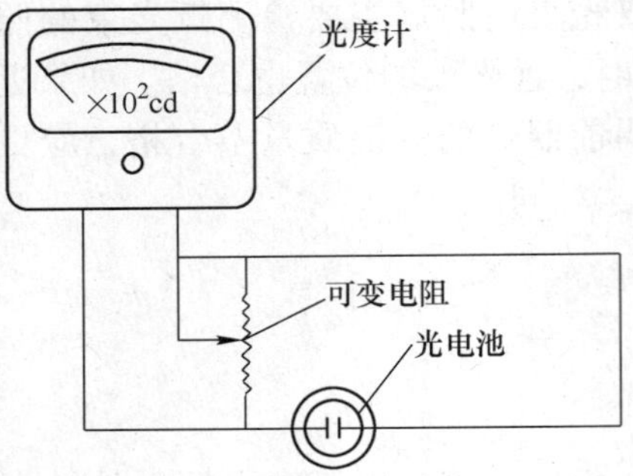

图 3-2　发光强度的检测原理

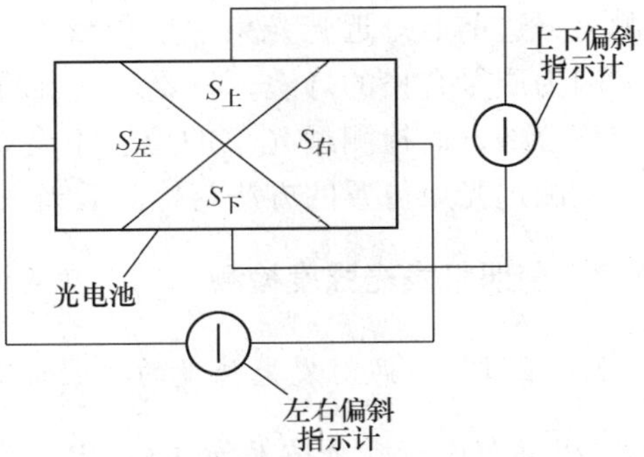

图 3-3　光轴偏斜量检测原理

3.1.3　前照灯发光强度和光轴偏斜量的检测方法

按照前照灯检测仪的结构特征与测量方法不同，常用汽车前照灯校正仪可分为聚光式、屏幕式、投影式和自动追踪光轴式四种类型。在使用时，应根据相应检测仪规定的步骤进行检测，下面以聚光式前照灯检测仪为例介绍机动车前照灯的检测方法。

3.1.3.1　检测前的准备

检测前做以下准备：

(1) 在前照灯检测仪不受光的状态下下，调整光度计和光轴偏斜量指示计是否对准机械零点。若指针失准，可用零点调整螺钉调整在零点上。

(2) 检查聚光透镜和反射镜的镜面上有无污物或模糊不清之处，若有，可用柔软的布料或镜头纸擦拭干净。

(3) 检查水准器的技术状况，若水准器无气泡，应进行修理或更换。若气泡不在红线框内时，可用水准器调节器或垫片进行调整。

(4) 检查导轨是否沾有泥土等杂物，若有，应扫除干净。

(5) 清除被检机动车前照灯上的污垢，保持轮胎气压符合汽车制造厂的规定。前照灯开关和变光器应处于良好状态。汽车蓄电池和充电系统应处于良好状态。

3.1.3.2　检测方法

检测方法有以下几步：

(1) 将汽车沿前照灯检测仪导轨垂直方向驶近检测仪，直到前照灯与检测仪受光器达到规定的检测距离（3m）。

(2) 用汽车摆正照准器使检测仪与被检汽车对正。

(3) 打开前照灯，用前照灯照准器使检测仪与被检前照灯对正。

(4) 将“光度·光轴”转换开关拧向光轴一边。

(5) 转动光轴刻度盘，使光轴偏斜指示计的指示值为零，此时光轴刻度盘上的指示值即为光轴偏斜量，如图 3-4 所示。

(6) 保持光轴刻度盘的位置不动，将“光度·光轴”转换开关拧向光度一边，此时光度计的指示值即为被检前照灯的发光强度。

3.1.3.3　检测注意事项

检测注意事项分以下几步：

（1）检测时，必须使前照灯检测仪与被检车辆对正，否则会引起较大的测量误差。

（2）检测时，应按照前照灯检测仪的使用要求，使仪器与前照灯的距离符合规定。

（3）检测调整双光束前照灯时，应以近光灯光束为主。

（4）在检测调整光束上下位置时，必须以前照灯的等高线为基准。车辆的高度不同，光束向下的标准偏移量也不同。

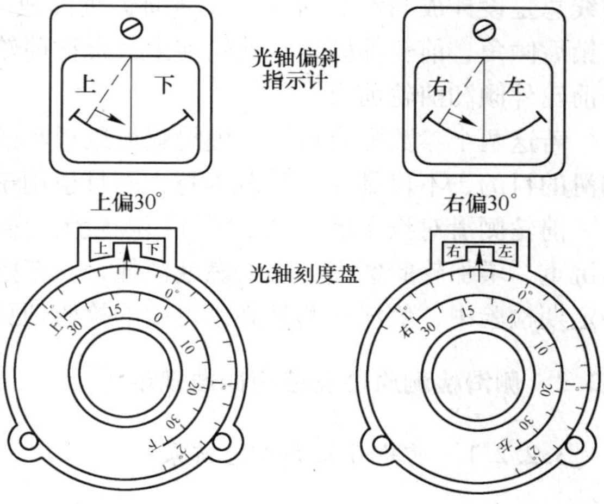

图 3-4　前照灯光轴偏斜量检测

3.1.4　检测结果分析处理方法

前照灯检验结果若符合 GB 7258—2004《机动车运行安全技术条件》的规定，则说明前照灯正常，否则有两种不合格情况：一是前照灯发光强度偏低，二是前照灯照射位置偏斜，应采取如下处理：

（1）左右前照灯发光强度均偏低。

1）检查前照灯反光镜的光泽是否明亮，如昏暗或镀层剥落或发黑应予更换。

2）检查灯泡是否老化，质量是否符合要求，如老化或质量不符合要求，光度偏低者应更换。

3）检查蓄电池端电压是否偏低，如端电压偏低，应先充足电再检测。仅靠蓄电池供电，前照灯发光强度一般很难达到标准的规定，检测时发电机应供电。

（2）左右前照灯发光强度不一致。检查发光强度偏低的前照灯的反射镜光泽是否灰暗，灯泡是否老化，质量是否符合要求，线路接触是否不良，并根据检查结果进行相应的处理。

（3）前照灯光束照射位置偏斜。前照灯安装位置不当或因强烈震动而错位致使光束照射位置偏斜，应予以调整。前照灯光束照射位置偏斜的调整可在前照灯检测仪上进行。

任务 3.2　侧滑量的检测

就一般意义而言，侧滑是指车轮胎面在前进过程中的横向滑移现象。造成侧滑的原因，既可能是由车轮定位（即车轮各个角度参数）不合适所引起，也可能是由于紧急制动时因地面附着力的变化所造成。我们这里仅讨论由于前轮定位不当导致的侧滑问题。

3.2.1　前轮侧滑检测的意义

前轮是汽车的转向轮。为了保证汽车具有良好的操纵稳定性，前轮所在平面以及主销轴线总是设计成与汽车的纵向或横向铅垂面成一定角度。这些角度参数包括主销内倾角、主销后倾角、前轮外倾角和前轮前束，合称前轮定位参数。其中对前轮侧滑起决定作用的是前轮外倾和前轮前束。

若这两个参数配合得好，侧滑就可以很小或者为零；反之侧滑量会比较大。所以检查侧滑的目的，不仅是为了侧滑本身，而且也用于检查前轮定位是否合理。

前轮侧滑对汽车的操纵稳定性影响较大。侧滑量太大，会引起汽车行驶方向不稳、转向沉重、增加轮胎磨损、加大燃油消耗，甚至操纵失准而导致交通事故。因此，在对汽车的定期检验中，侧滑检测是必不可少的检验项目之一。

3.2.2 侧滑检测原理及检测标准规定

3.2.2.1 前轮外倾和前轮前束

首先简单地回顾一下前轮外倾和前轮前束的含义。

前轮外倾角如图3-5所示。其作用一方面是为了避免汽车承重后，前梁变形引起前轮出现内倾，从而加速轮胎的磨损和加大轮毂外侧轴承负荷。同时，车轮有了外倾角也可以适应拱形路面。

车轮有了外倾角后，在滚动时，就会类似于圆锥的滚动，出现两个车轮企图向各自的外侧滚开的趋势。由于转向横拉杆和车桥的约束车轮不可能向外滚开，于是车轮将在地面上出现边滚边滑的现象，从而增加了轮胎的磨损（不过由于轮胎胎面的侧向弹性，一般情况下不一定发生真正的侧滑，只是存在一种侧滑的倾向）。

为了消除前轮外倾带来的不良后果，在安装前轮时，人为地使两轮中心平面不平行。在沿前进方向上，两轮前端距离小于后端距离。如图3-6所示，B与A之差就称为前束值。不过应注意，不同厂家对前束的测量位置有不同的规定，如图3-6中的说明。

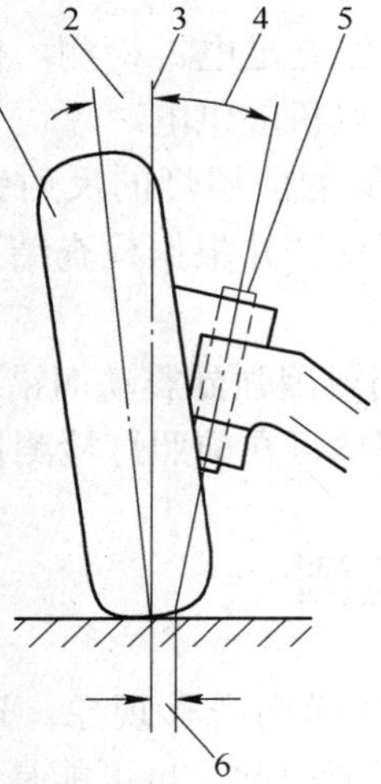

图3-5 主销内倾角与前轮外倾角

1—转向轮；2—前轮外倾角；
3—铅垂线；4—主销内倾角；
5—主销；6—主销偏心距

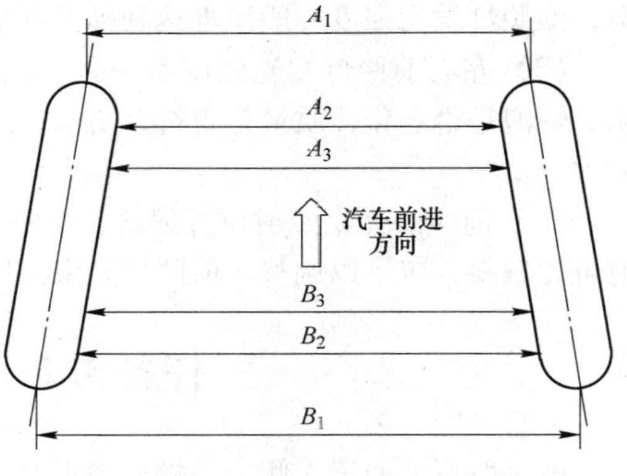

图3-6 前轮前束

B_1-A_1—胎面中心线间测量；B_2-A_2—胎内侧突出点间测量；
B_3-A_3—轮辋内侧外缘间测量

由于前束的作用，车轮在前进时，两轮力图向内侧滚动。同样由于机械上的约束，车轮不可能向内侧滚动，这就又出现了车轮边滚动边向外滑的现象（或存在这种倾向）。

可见，在侧滑或侧滑倾向的方向上，前轮外倾与前束是相反的。若前束调整得合适，可以完全抵消前轮外倾引起的侧滑倾向或作用，使总的侧滑量为零。

由于前轮侧滑是前轮外倾与前轮前束共同作用的结果，为此在测量时，可以让汽车通过只能横向移动的滑板，观察前轮外倾和前束对滑板的横向推动作用。

人们会很自然地想到让两个前轮分别通过各自的滑板。其实，理论分析证明，只设置一块滑板，让其中一个车轮通过这块滑板（另一个车轮就在地面上走过）也是可以的。相应地就有两种侧滑试验台——双滑板试验台和单滑板试验台。

3.2.2.2　双滑板侧滑试验台的测量原理

为了分析方便，首先分别研究前束和前轮外倾对侧滑的影响，再看二者共同作用的综合效果。

A　由前束引起的侧滑作用

如图 3-7 所示，让带有前束的前轮驶过只能横向移动的滑板。由于前束的存在，每个车轮都将一边滚动、一边向外侧推动滑板。滑板被横向推动的距离应该与前束值的大小有关，又与车轮走过的距离有关。若在车轮滚过一段距离 D（m）之后，两块滑板外侧之间的距离由 L_1（mm）变为 L_2（mm），那么滑板总的滑移量是 L_2-L_1，其中 $L_2>L_1$。平均每个车轮的滑移量就是 $(L_2-L_1)/2$。

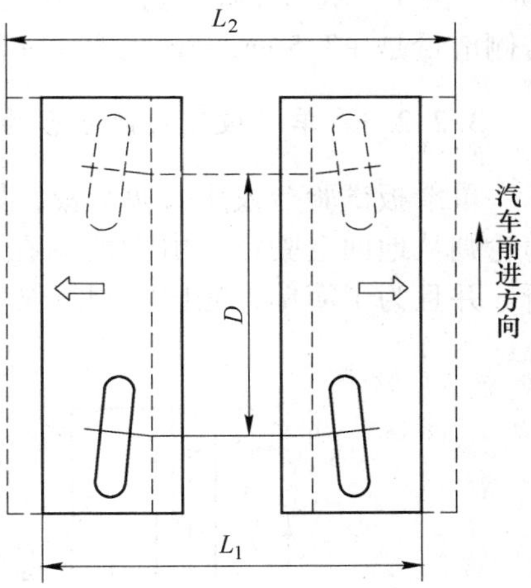

图 3-7　前束引起的侧滑作用

应该指出，滑移量的出现是左右两个车轮共同作用的结果。不论两轮的偏斜情况是否对称，都不会影响以上的分析。

由于滑移量的大小与车轮驶过的距离有关，所以定义侧滑量是每驶过单位距离引起的单轮横向滑移量。从而由前束引起的侧滑量（mm/m）为：

$$S_1=(L_2-L_l)/2D \tag{3-1}$$

上式单位（mm/m）的含义是：每前进 1m 时横向滑移的毫米数。

B　由前轮外倾引起的侧滑作用

如图 3-8 所示，若让仅有前轮外倾而无前束的车轮驶过滑板，由于前轮外倾力图使车轮边滚边散开的作用受到约束，前轮只能边滚边向内侧滑移，从而推动滑板向内侧移动。

与前面的分析相似，若车轮驶过距离为 D（m），滑板外侧间的距离由 L_1（mm）缩短为 L_2（mm）那么滑板总的滑移量是 L_2-L_1，注意其中 $L_2<L_1$。平均单边的滑移量仍是 $(L_2-L_1)/2$。则前轮外倾引起的侧滑量（mm/m）为：

$$S_2=(L_2-L_1)/2D \tag{3-2}$$

其中，S_2 为负值。

C　总的侧滑量

由前轮外倾和前束引起的侧滑作用相反，总的侧滑量（mm/m）为：

$$S = S_1 + S_2 \quad (3\text{-}3)$$

由于 S_1 为正而 S_2 为负，故总的侧滑量为二者的代数和。

这里请注意：

（1）侧滑现象是左右两个车轮共同造成的，侧滑量规定为每个轮侧滑量的平均值。

（2）侧滑量是有符号的。滑板向外滑时为正，表示前束的影响较大；反之若滑板向内滑为负，表示前轮外倾的影响较大。

（3）侧滑量实用单位不是“mm/m”而是“m/km”。两个单位不同，但在数值上是一样的。例如若侧滑量是 +3.5mm/m，也等于 +3.5m/km。

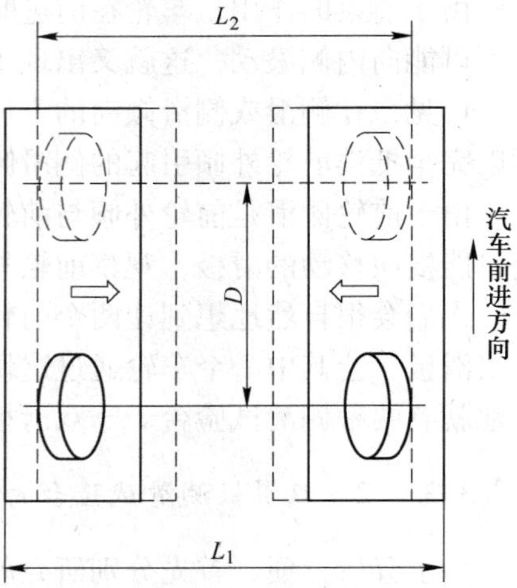

图 3-8　外倾引起的侧滑作用

3.2.2.3　单滑板侧滑试验台的测量原理

单滑板试验台仅用一块滑板，如图 3-9 所示。假设汽车左前轮从这块滑板上驶过，右前轮则从地面上驶过。由于两轮在试验中所处的地位不同，我们分两种极端情况进行分析。并且为了简单，先假定侧滑仅由前束造成。

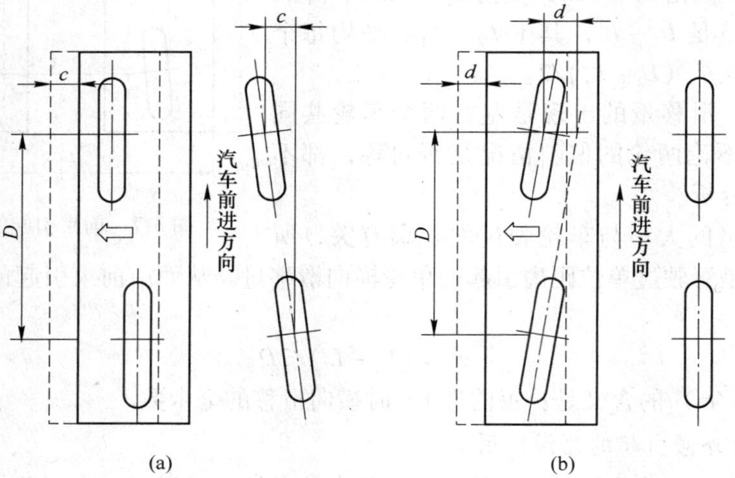

图 3-9　单滑板侧滑试验台工作原理

A　左轮正直，右轮有偏斜

如图 3-9（a）所示，假设左轮与汽车纵向平面完全平行，右轮调前束时有偏斜。这是一种不对称的前束。因右轮行驶时有向内侧滚动的趋势，而左轮走在滑板上，右轮的内滚趋势受不到什么约束（在此忽略一些次要因素，例如汽车行驶的惯性，以及滑板相对底座的摩擦力等），这样，滑板在右侧车轮的侧向推力作用下会向左移动一段距离 c。事实上，在这种情况下，汽车的行驶方向也会向左偏斜。可以认为，此时滑板的滑移是右轮造成的。

B　右轮正直，左轮有偏斜

这种情况如图 3-9（b）所示。由于右轮完全正直，又走在地面上，它与地面之间的附着力远远大于滑板与底座间的摩擦力。于是，毫无疑问，汽车会按照直线行驶。而左轮走在滑板上的这段时间里，左轮向内侧滚动的趋势却受到约束，所以左轮只能边走边将滑板推向左侧，滑板便会形成滑移量 d。这和前面分析前束作用时的道理是一样的。所以在这种情况下滑板的滑移是由左侧车轮造成的。

C　总的效果

在左、右车轮都有偏斜（也不论这种偏斜是由前轮外倾还是前束造成）的一般情况下，据前面分析可知，滑板的总滑移量应是左右两轮共同作用的结果。具体侧滑量（mm/m）的计算方法与双滑板时类似，即有：

$$S = (c + d)/2D \tag{3-4}$$

需要补充说明的是，由于双滑板与单滑板侧滑试验台的结构不同，测量机理也不同，难免造成实际测量时的误差（包括系统误差和随机误差）也常有不同。

3.2.2.4　有关侧滑的检测标准规定

国家标准 GB 7258—2004 中规定，机动车转向轮的横向侧滑量，使用侧滑试验台（包括双板和单板试验台）检测时应不大于 5m/km。

需要注意的是，这里所指的是绝对值，即侧滑量应在 ±5m/km 之间。

3.2.3　侧滑试验台的结构及工作原理

目前双滑板式侧滑试验台，如图 3-10 所示，应用较多，在此重点介绍它的结构原理及使用方法。

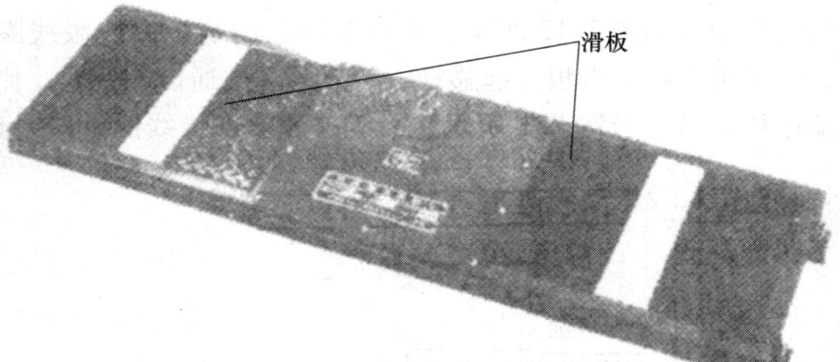

图 3-10　双滑板式侧滑试验台

侧滑试验台主要包括机械和电气两大部分。机械部分主要有滑板、联动机构以及滚轮、弹簧等，电气部分主要有传感器、信号放大处理电路以及指示仪表等。侧滑试验台种类较多，不过其机械部分大同小异，主要差别在于电气仪表部分。

3.2.3.1　机械部分

机械部分的结构原理如图 3-11 所示。两块滑板分别支撑在各自四个滚轮上，每块滑板通过与其连接的导向轴承（图中未画出）在导轨内滚动，保证了滑板能够沿左右方向滑动而限制了其纵向的运动。左右滑板通过中间的三连杆机构连接起来，从而保证两块滑板做同时向内或同时向外的运动。相应的位移量通过位移传感器转换成电信号，经放大处理后送到指示仪表。复位弹簧可以起到自动复位的作用，以使滑板在不受力时能够保持中间位置（零位）。

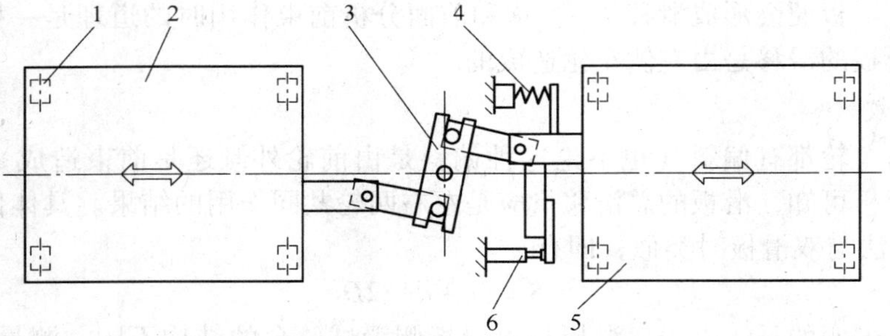

图 3-11　双滑板式侧滑试验台结构示意图

1—滚轮；2，5—滑板；3—连杆机构；4—回位弹簧；6—位移传感器

3.2.3.2　电气部分

电气部分依传感器种类的不同而有不同形式。目前常用的主要有电位计式和差动变压器式。

A　电位计式测量装置

电位计式测量装置的原理非常简单。将一个可调电阻安装在侧滑试验台底座上，其活动触点通过传动机构与侧滑板相连，从而将滑板的位移量变为电位计活动触点的位移。

B　差动变压器式测量装置

差动变压器的工作原理如图 3-12 所示。差动变压器的初级和次级线圈都套在一个可以活动的铁芯上，铁芯可以随着滑板一起移动。初级线圈中通以交流电，则两段次级线圈中都会感应出交流电压信号。当铁芯在中间位置时，两段次级线圈感应电动势大小相等，

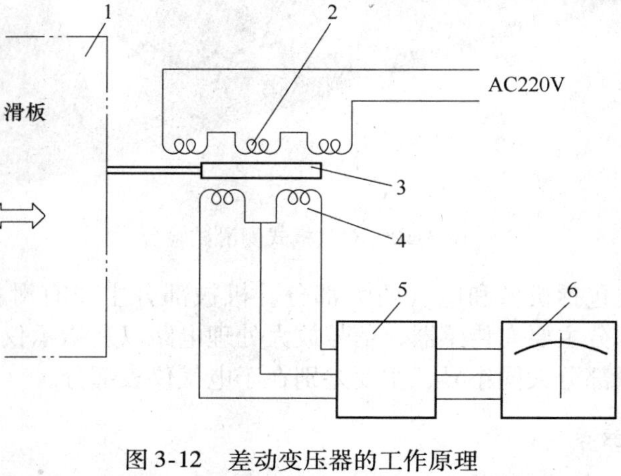

图 3-12　差动变压器的工作原理

1—滑板；2——级线圈；3—电磁铁芯；4—次级线圈；5—信号处理；6—指示仪表

经整流及差动电路处理后输出信号为零。若铁芯往某一方向移动时，则两段次级线圈感应电动势不再相等，经电路处理后便会输出一个直流差动信号，而且信号的极性与铁芯移动方向有关。这种信号送到仪表后，不仅可以指示侧滑数值大小，还可以指示数值的正负，也就是滑板移动的方向。

C　指示仪表

目前检测站普遍不在专设显示仪表，而是将数据直接传到工位机，在工位机上的显示屏上以数字显示。

3.2.4　汽车侧滑的检测与调整

3.2.4.1　侧滑量的检测方法

检测方法如下：

（1）汽车在检测前，应将轮胎充气至规定气压，并清除轮胎表面的泥土、油污、水渍及花纹沟槽内的夹杂物。

（2）打开试验台滑动板的锁止装置，接通电源，检查试验台各装置工作是否正常。

（3）将汽车对正侧滑试验台，并使转向盘处于正中位置，汽车以 3～5km/h 的速度垂直驶向侧滑试验台，使车轮平稳通过侧滑板。此时，不可转动转向盘或制动汽车。

（4）当被测车轮完全通过滑板后，从指示装置上观察侧滑方向并读取最大横向侧滑量。

（5）检测结束后，切断电源并锁止滑动板。

3.2.4.2　侧滑量的调整方法

当侧滑量检测超标时，应根据其侧滑特点调整车轮前束与车轮外倾的匹配情况。如指针指向左边，则表明前束过大或外倾角太小甚至车轮内倾；若指针指向右边，则表明车轮外倾角太大或前束过小甚至负前束，此时应加以调整。

通常车轮的外倾角不可调整，因此调整时只能调前束，若调整前束后仍无法达到侧滑量的要求，则可判定是外倾角变化太大所致，此时需进一步用静态车轮定位仪检测各定位参数，找出故障原因并予以排除。

任务 3.3　制动性能检测

3.3.1　制动性能检测的意义

制动作用主要用在以下三种场合：第一，强制正在行驶的车辆减速以致停车；第二，使静止的汽车保持不动（即驻车制动），防止汽车停在坡路上自行下滑；第三，限制下坡行驶的汽车车速。其中第一种作用是最主要的。

汽车制动性能的好坏对行车安全有重要的影响。据统计，某市一年内发生的 250 起重大交通事故中，因制动距离太长和跑偏所造成的事故有 100 起，占事故总数的 40%。近年来，随着城市立体交通和城间高速公路的发展改善了道路条件，汽车平均车速在逐渐提高，从而制动性能对道路交通事故的影响也在加大。

可以说，保证良好的制动性能是安全行车的第一要求，制动性能的检验是汽车安全检测中最基本和最重要的一个检测项目。

3.3.2 对制动系统的基本要求及评价指标

3.3.2.1 对制动系统的基本要求

为保证行车和停车的安全，对制动系统有以下基本要求：

（1）要有足够的制动力，以保证汽车能够迅速、平稳地停车。

（2）制动操作要轻便，不论踏板力或手刹力都不应过大，否则容易引起驾驶员的疲劳，降低制动操作能力。国家标准对驾驶员在进行制动时的施力大小作了规定。

（3）应具有停车制动的功能（即驻车制动）。使用驻车制动器应能保证车辆停放在停车场或一定坡度的坡路上原地不动而不至于下滑。

（4）汽车应具有应急制动功能。应急制动必须能在行车制动失效之后，在规定的制动距离内将车辆停住。

（5）不能自行制动。在不需制动时，不能因车体振动或转向等引起制动作用；放松制动踏板后，制动力应能迅速消失，不应出现残余制动力（这种现象称为拖滞或阻滞），以免造成行车阻力。

（6）应具有制动方向稳定性。即在紧急制动时，汽车能够保持稳定的方向，不至于出现跑偏、侧滑（甩尾）之类现象。制动力在前、后轴间的分配，是影响制动方向稳定性的重要因素。只有合理地分配，才能保证后轴不会提前抱死，防止后轴侧滑；与此同时也能充分利用前后轴的附着力以提高整车的制动效果。

（7）应具有制动效能恒定性。也就是指制动器摩擦副的摩擦系数应尽量不受制动器工作时产生的高温和外界进入的水的影响。

3.3.2.2 制动性能的评价指标

这里主要指对行车制动性能的评价。汽车的制动性能是指汽车在行驶中能够强制减速、停车或下坡时限速的能力。可以从制动效能、制动效能的恒定性以及制动时方向稳定性三个方面综合评价汽车的制动性能。

A 制动效能

所谓制动效能，是指制动距离、制动减速度、制动力和制动时间等方面的性能。

（1）制动距离。制动距离指在紧急制动情况下，从驾驶员踩到制动踏板开始，到汽车完全停止所驶过的距离。

制动距离可用以下公式计算（公式推导从略）：

$$s = (1/3.6)(t_2' + t_2''/2)v_0 + v_{20}/25.92\alpha \tag{3-5}$$

（2）制动减速度。由于制动减速度的变化反映了制动力的变化，所以用制动减速度评价制动性能也是可行的。

我国在 GB 7258—2004 标准中，采用了“充分发出的平均减速度”（mean fully developed deceleration，MFDD）的概念。MFDD 的定义是：制动过程中，车速从 $0.8v_0$ 到 $0.1v_0$

时段内的平均减速度。即

$$MFDD = (v_b - v_e)/3.6tb_e \tag{3-6}$$

在国家标准 GB 7258—2004 以及实用中，采用下式计算 MFDD：

$$MFDD = (v_b^2 - v_e^2)/25.92(S_e - S_b) \tag{3-7}$$

（3）制动力。由于制动力是产生制动作用的根本原因，所以制动力是从本质上评价制动性能的一个指标。此处的制动力就是通常讲的地面制动力，即制动时，车轮基本不转或慢速转动而汽车却因惯性作用而有继续前进的趋势，使车轮对地面产生一个向前的作用力，其反作用力就是地面对车轮的制动力。

利用检测制动力来评价制动性能有许多好处。因为可以检查每个轮制动力的大小，因而可以检查前后轴的制动力分配是否合理、制动力左右是否平衡等，对分析制动器的故障和维修也很有帮助。

（4）制动时间。在制动过程中，对制动作用影响较大的是制动持续时间和制动系协调时间。在 GB 7258—2004 标准中，制动协调时间就是指在紧急制动时，从制动踏板开始动作到车辆减速度（或制动力）达到规定的车辆 MFDD（或制动力）的 75% 时所需的时间。

制动协调时间并不作为独立的制动性能评价指标。实际上，只是将制动协调时间作为检测制动力或制动减速度时的一个辅助检测项目。

B 制动效能的恒定性

人们不仅希望车辆具有良好的制动效能，而且希望这种制动作用能够持久。那么良好的制动还应满足以下两点：

（1）要求制动器材料应具有抗热衰退的能力。制动器摩擦材料因制动时摩擦生热，温度升高，可能引起摩擦系数减小，制动力下降，甚至摩擦片磨损烧坏，而影响制动性能。因此摩擦片应具有高的抗热衰退能力，这在汽车高速制动、短时间重复制动或下坡连续制动时是极其重要的。

（2）制动器应具有较好的水湿恢复能力。当制动器被水浸湿后制动力会下降，要求它能够尽快恢复其制动性能。

C 制动时方向的稳定性

制动时车辆不应出现跑偏、侧滑等现象。GB 7258—2004 中要求在检验时，车辆的任何部位都不得超出给定宽度的试车道。

3.3.3 国家标准对检验制动性能的有关规定

国家标准 GB 7258—2004 对检验制动性能的规定，可按检验方法分为路试和台试两类。路试就是在规定的路面上进行的试验项目，台试就是利用试验台进行测试的项目。

3.3.3.1 路试检验

用路试的方法主要检验行车制动性能和应急制动性能。这些检验应在平坦、坚实、清洁、干燥的水泥或沥青路面上进行，并且轮胎与地面的附着系数应不小于 0.7。

A 用制动距离检验行车制动性能

机动车在规定初速度下的制动距离和制动稳定性应符合表 3-2 要求。对空载检验制动距离有质疑时，可用表中满载检验的要求进行。

表 3-2 制动距离和制动稳定性要求

车辆类型	制动初速度 /km·h^{-1}	满载检验制动距离要求/m	空载检验制动距离要求/m	制动稳定性要求车辆任何部位不得超出的试车道宽度/m
座位数≤9 的载客汽车	50	≤20	≤19	2.5
其他总质量≤4.5t 的汽车	50	≤22	≤21	2.51
其他汽车、汽车列车及无轨电车	30	≤10	≤9	3.0

注：对质量大于 3.5t 并小于等于 4.5t 的汽车试车道宽度为 3m。

B 用充分发出的平均减速度 MFDD 检验行车制动性能

在规定的初速度下紧急制动时，MFDD 和制动稳定性应符合表 3-3 的要求。并且汽车单车制动协调时间应不大于 0.6s，汽车列车制动协调时间应不大于 0.8s。

该标准规定，对空载检验制动性能有质疑时，可用表 3-3 中满载检验的制动性能要求进行。

注意这里的制动协调时间就是指在紧急制动时，从制动踏板开始动作到车辆减速度（或制动力）达到表 3-3 规定的车辆 MFDD（或表 3-5 所规定的制动力）的 75%时所需的时间。

表 3-3 制动减速度和制动稳定性要求

车辆类型	制动初速度 /km·h^{-1}	满载检验 MFDD/m·s^{-1}	空载检验 MFDD/m·s^{-2}	制动稳定性要求车辆任何部位不得超出的试车道宽度/m
座位数≤9 的载客汽车	50	≥5.9	≥6.2	2.5
其他总质量≤4.5t 的汽车	50	≥5.4	≥5.8	2.51
其他汽车、汽车列车及无轨电车	30	≥5.0	≥5.4	3.0

注：对质量大于 3.5t 并小于等于 4.5t 的汽车试车道宽度为 3m。

C 应急制动检验

汽车在空载和满载情况下进行应急制动性能检验，应急制动性能应符合表 3-4 的要求。

表 3-4 应急制动性能要求

车辆类型	制动初速度 /km·h^{-1}	制动距离 /m	MFDD /m·s^{-2}	最大允许操纵力/N	
				手操纵	脚操纵
座位数≤9 的载客汽车	50	≤38	≥2.9	400	500
其他载客汽车	30	≤18	≥2.5	600	700
其他汽车	30	≤20	≥2.2	600	700

D 驻车制动性能检验

在空载状态下，驻车制动装置应能保证车辆在坡度为 20%（总质量为整备质量的 1.2 倍以下的车辆为 15%）、轮胎与路面间的附着系数不小于 0.7 的坡道上正、反两个方向保持不动，其时间不少于 5min。检验时手制动操纵为应符合有关规定。

3.3.3.2　台试检验

台试就是在试验台上进行制动性能测试。与路试方法相比，台试方法更省时、省地、也更方便，所以目前应用十分普遍。

A　制动力检验

各种汽车在制动试验台上测出的制动力应符合表 3-5 的要求。其中对空载检验制动力有质疑时，可用表中规定的满载检验制动力要求进行检验。

检验时制动踏板力或制动气压应符合有关规定。

表 3-5　台试检验制动力要求

车辆类型	制动力总和与整车质量的比率/%		轴制动力与轴荷的比率/%	
	空 载	满 载	前 轴	后 轴
汽车、汽车列车、无轨电车	≥60	≥50	≥601	

注：空载和满载状态下测试均应满足此要求。

B　制动力平衡要求

关于左右制动力的平衡要求，在“《机动车运行安全技术条件》（GB 7258—1997）第一号修改单”中，对该标准原文做出如下修改：“在制动力增长全过程中同时测得的左右轮制动力差的最大值，与全过程中测得的该轴左右轮最大制动力中大者之比，对前轴不得大于 20%，对后轴在后轴制动力大于或等于后轴轴荷的 60% 时不得大于 24%；当后轴制动力小于后轴轴荷的 60% 时，在制动力增长全过程中同时测得的左右轮制动力差的最大值不得大于后轴轴荷的 8%。”

C　制动力协调时间

国家标准 GB 7258—1997 规定，普通汽车制动协调时间应不大于 0.6s，汽车列车制动协调时间应不大于 0.8s。

D　阻滞力（拖滞）

如前所述，阻滞力即解除制动后车轮转动时受到的残余阻力。国家标准 GB 7258—1997 规定，各车轮的阻滞力均不得大于该轴轴荷的 5%。

E　驻车制动性能检验

用制动试验台检验驻车制动力时，车辆应空载，乘坐一名驾驶员，驻车制动力的总和应不小于该车在测试状态下整车质量的 20%；对总质量为整备质量 1.2 倍以下的车辆，此值为 15%。

应该指出，上述路试和台试的各种方法，并不需要全部检验。国家标准规定：路试检验行车制动性能时，只要符合表 3-2 或表 3-3 之一者，即为合格。并且，当车辆经台试检验后，对其制动性能有质疑时，可用路试检验进行复检，并以满载路试的检验结果为准。

由此可见，要全面评价行车制动系的制动性能，只要选择检验以下三项之一即可：

（1）制动距离及制动方向稳定性（路试）。

（2）制动减速度、制动协调时间及制动方向稳定性（路试）。

（3）制动力、制动协调时间及阻滞力（台试）。

3.3.4　制动检测设备及检验原理

以下介绍一些常用的制动性能检测设备的结构原理及检验原理。

3.3.4.1　第五轮仪

第五轮仪能够测量时间、速度和行程等参数，所以它常用以测量制动距离来检验制动性能。它由机械和电子两部分组成。其机械部分，如图 3-13 所示，主要就是一个车轮，使用时拖在车后，故称为第五轮。为保证车轮转动时与地面可靠接触而不致跳动，轮旁装有储气筒、气缸、活塞杆等装置，以保持车轮和地面间的压力。

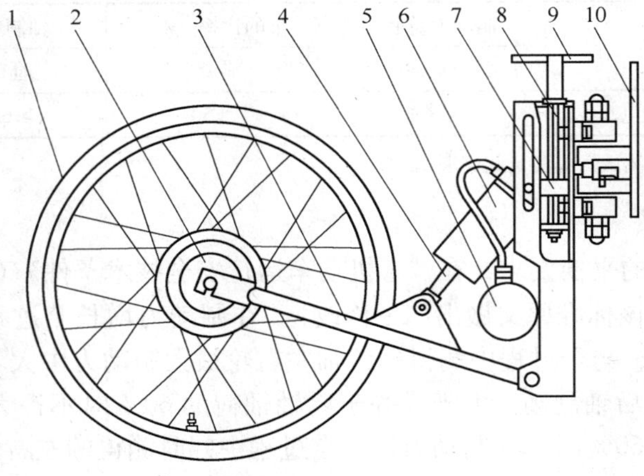

图 3-13　五轮仪的机械结构图

1—第五轮；2—传感器；3—叉架；4—活塞杆；5—储气筒；6—气缸；7—螺母；8—丝杠；9—手柄；10—固定安装盘

电子部分包括传感器和单片机等信号采集和处理装置。电磁传感器装在第五轮轴上，它由磁环、内外齿轮和线圈等组成。当车行驶时，第五轮跟随转动，内外齿轮相对运动，引起磁路磁阻发生变化，线圈内便感应出交变电压信号。经放大处理后，形成频率与车轮转速成正比的脉冲信号。由于车轮外径是固定的，所以根据单片机在一定时间内记录的脉冲数，就可以计算出汽车的车速以及走过的路程。例如在检测制动性能时，可以首先监视车速使之达到规定的速度，然后立即踩制动踏板，同时记录脉冲个数，直到车停下为止。通过制动过程中记录的脉冲个数就可以算出该车的制动距离。

3.3.4.2　减速度仪

减速度仪通过测量制动减速度来检测制动性能。从机械结构方面看，减速度仪有摆锤式和滑块式两种。二者所依据的基本原理，都是牛顿第二定律——一定质量物体的加（减）速度与所受的力成正比。通过直接或间接测量所受的力的大小，就可以计算出物体的减速度。从仪表显示方面看，即可通过机械指针直接读数，也可采用数字方式显示，还可以将数据记录和打印出来。

下面以图 3-14 所示摆锤式减速度仪为例，说明其工作原理。

如果把减速度仪安装在汽车内，当汽车处于静止或匀速运动时，摆锤会保持铅垂位置。若汽车做加速或减速运动，则摆锤会因惯性作用（可将这种作用称为惯性力）而偏斜一个角度。与摆固定连接的大齿轮以及所啮合的小齿轮都会随之转动，小齿轮又带动指针偏转。利用指针偏转角度即可指示出汽车的减速度值。

若设摆锤质量为 m，所受重力为 G，在匀减速运动时所受惯性力为一恒定值 F，G 与 F 二者沿摆锤运动的切向分力分别为 G_t 和 F_t，则摆锤将在 G_t 和 F_t 平衡时保持一个固定位置。

根据力的平衡关系，可以得到：

$$G\sin\theta = F\cos\theta$$

因 $G = mg$，$F = ma$（其中 g 为重力加速度，a 为制动减速度），故有：

$$mg\sin\theta = ma\cos\theta$$

因此可以得到：

$$a = g\tan\theta \tag{3-8}$$

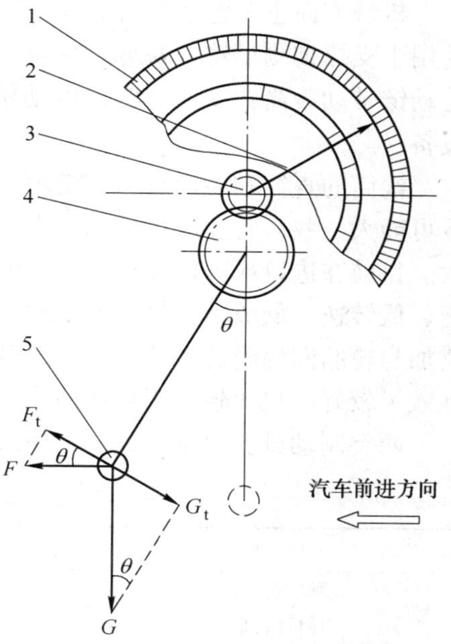

图 3-14　摆锤式减速度仪结构示意图

1—仪表板；2—指示针；3，4—齿轮；5—摆锤

可见，减速度与摆的偏斜角的正切成正比。所以只要测量出摆的偏斜角 θ，就可以计算出减速度的大小。

3.3.4.3　反力滚筒式制动试验台

A　基本结构

反力滚筒式制动试验台结构上可以分为机械装置和智能仪表两大部分，如图 3-15 所示。

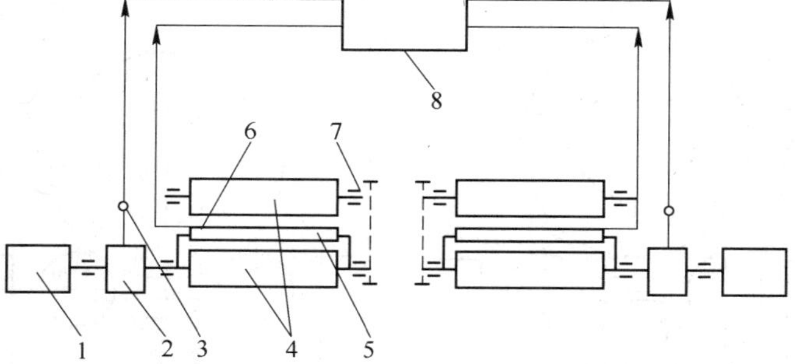

图 3-15　反力滚筒式制动试验台结构图

1—电动机；2—减速器；3—压力传感器；4—滚筒装置；5—第三滚筒；6—转速传感器；7—链传动；8—测量指示装置

机械方面主要包括左右对称布置的两套滚筒（每套两个人电动机、减速器等部件。滚筒用于支撑被测车轮，并承受制动力。电动机一方面提供试验台的驱动力，通过减速器和传动链带动滚筒转动；同时，电动机也是接受制动反作用力并将其传递给传感器的重要设备。

滚筒的直径和表面材料直接影响到测量的精度。从模拟路面的角度看，滚筒的直径应尽可能大一些，转速应尽量高一些。但直径太大、转速太高则设备费用较高，且占地也大。目前在进口或国内开发的产品中，大体上可划分为两类：一类是日本式，特点是小滚筒、低转速、低成本；另一类是欧洲式，产品倾向于大滚筒和高转速，成本也比较高。为增加与轮胎间的附着系数，钢制滚筒表面多用刻槽、堆焊或黏砂等方法处理。其中表面黏砂效果较好、也比较受用户欢迎。

两类制动试验台主要性能规格对比见表 3-6。

表 3-6　日式与欧式制动试验台主要技术参数对比

项　目	日本式	欧洲式
滚筒直径/mm	105～120	170～320
表面材料形状	钢板表面刻槽	钢板表面黏砂或堆焊
滚筒与车轮间附着系数	干态：0.65 湿态：0.45	干态：0.9 湿态：0.7～0.9
检测车速/$km \cdot h^{-1}$	0.1～0.2	2.5～5.0
测试精度/%	±5	±(0.5～1.5)

图 3-15 所示的试验台在前后滚筒之间还有一个细长的“第三滚筒”或称“第三轴”。

它本身可以滚动，又可以上下摆动，其一端装有转速传感器。检验时被测车轮支撑在前后滚筒之间，并将第三滚筒压下，第三滚筒随车轮一起转动。当车轮制动接近抱死时，控制装置根据传感器发出的信号及时使驱动电机停止转动，从而保护电机，也保护车轮避免过度磨损。

也有的试验台没有第三滚筒，而是在前后滚筒之间安装举升机，如图 3-16 所示。举升机是一套气动装置。在测试前和测试后，举升器支撑板处于升高位置，以便抬起车轮，帮助汽车驶入和驶出试验台。在测试中则是处于下降位置，使车轮落到两滚筒之间。

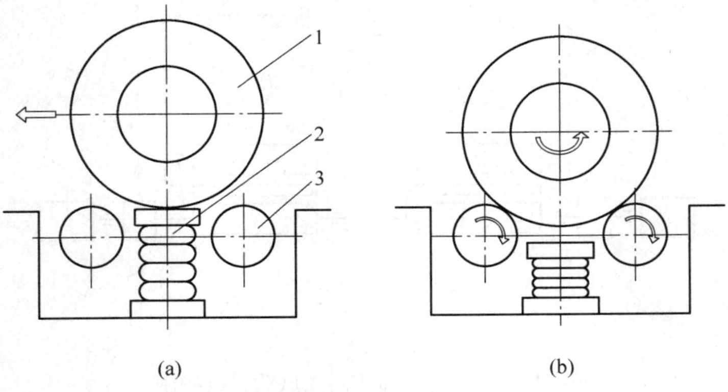

(a)　　(b)

图 3-16　举升机示意图

1—被测车轮；2—举升机；3—滚筒

在仪表方面，目前多用配有单片机的智能控制仪表。它将来自传感器的信号经放大处理后，送到数显装置上显示检测结果。这种数显仪表可以同时显示被测轴的左右轮制动力、左右制动力的平衡性以及制动协调时间等。配用打印机时还可以打印制动过程曲线。

B　检测原理

这种制动试验台不是直接测量滚筒所受的制动力，而是测量电动机所受的反作用力。所以它被称为“反力式”制动试验台。电动机的定子机壳并不固定，而是在定子机壳上安装一个测力臂，力臂另一端则压在传感器上，如图 3-17 所示。这样，当电动机通电后，转子转动时，因定、转子的相互作用，定子所受反作用转矩将会通过测力臂对传感器施加一个压力。图中的虚线箭头分别表示定、转子相互作用时的转矩方向。若压力为 F(N)，力臂长度为 L(m)，转矩（N · m）则为

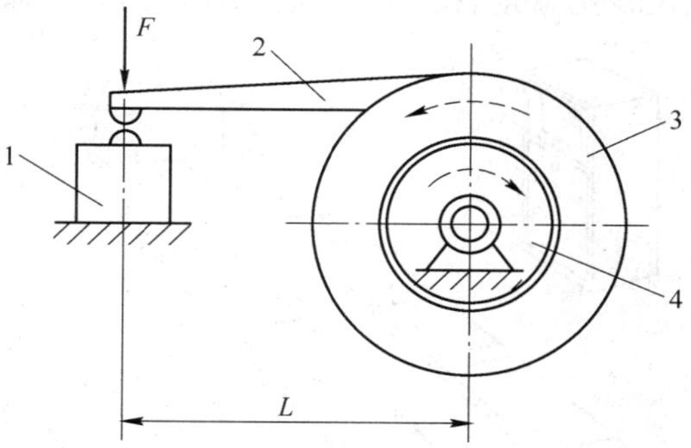

图 3-17　制动力测试原理
1—传感器；2—力臂；3—电动机定子；4—电动机转子

$$T = FL$$

测量时，将被测车轮置于滚筒上，由电动机驱动滚筒及车轮一起转动。当汽车制动时，车轮受到很大制动力，它也对转动的滚筒产生了制动作用。对驱动滚筒的电动机而言，则相当于增大了负载，也就是增大了定、转子相互作用转矩，最终是加大了对传感器的压力。通过测量此压力，就可以计算出汽车的车轮制动力。

传感器一般使用压力或拉力传感器均可，也可以用类似于弹簧秤之类的测力器件来代替。

3.3.4.4　平板式制动试验台

以上分析说明，滚筒试验台自身的检测能力已难以适应现代汽车结构的发展。由于滚筒试验台有时不能如实地测量前轴最大制动力，近年来人们研制了平板式制动试验台，从根本上解决了这个问题。

A　平板式制动试验台的结构原理

平板式制动试验台是一种新型的制动检测设备，它利用汽车低速驶上平板后突然制动时的惯性力作用，来检验制动效果。这是一种综合性试验台，除了能检验制动性能外，还可以测试轮重和前轮侧滑量等参数。

这种试验台结构比较简单，主要由几块表面轧花的测试平板、传感器以及数据采集系统等组成，图 3-18 表示出一种常用结构。平板共六块，其中四块为制动—悬架—轴重测试用，一块为侧滑测试平板，还有一块为空板（不作测试用）。数据采集系统由力传感器、放大器和多通道数据采集板组成。来自各传感器的模拟量信号经放大后进入数据采集板，再由计算机进行数据处理，以显示和打印数据结果。

平板试验台的工作原理如图 3-19 所示。检验时，车辆以 5 ~ 10km/h 的车速驶上测试

平板并进行紧急制动。显然，汽车因惯性作用有继续前进的趋势，于是平板将受到来自车轮的向前的作用力 F_μ。在车轮未抱死时，F_μ 就是所要测的制动力；当车轮抱死之后，F_μ 就是所能测到的最大制动力即附着力。拉力传感器可以感受到此拉力信号，同时承重传感器能够感受制动过程中各轮的动态载荷，如图 3-19 所示。这些信号经放大处理之后，智能仪表就能够记录或显示各轴制动力和动态载荷的变化过程。

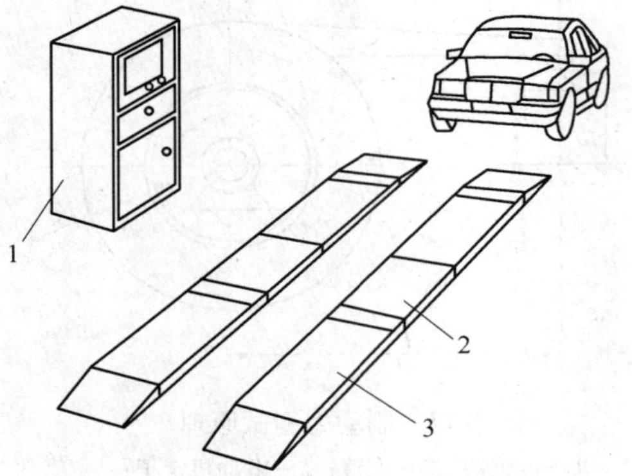

图 3-18 平板式制动试验台

1—数据采集系统；2—侧滑测试平板；3—悬架、制动、轴重测试平板

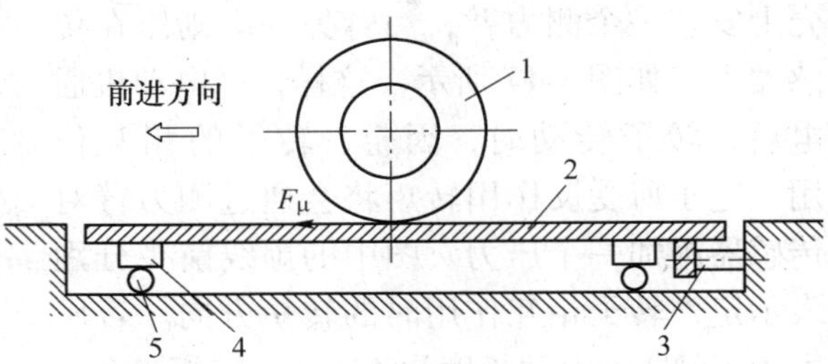

图 3-19 平板式制动试验台原理图

1—制动车轮；2—平板；3—传感器；4—承重传感器；5—钢球

B 平板式制动试验台的主要特点

平板式制动试验台具有以下优点：

(1) 采用动态测试，能够考虑到制动时前后轴动态载荷的变化，从而检测结果更接近路试状况。

(2) 不仅能够测试最大制动力，还能提供各轴载荷、制动力和制动减速度在制动过程中随时间变化的曲线，从而能够更全面地评价车辆的制动性能。

(3) 轴重、制动、侧滑等检验项目一次试验全部完成，提高了检测效率。

(4) 结构简单、安装方便，不需专门的混凝土基础；几乎不需要日常维护，维护成本很低；耗电量小，仅为滚筒式试验台的 1/100。

目前平板试验台存在的主要问题是：

(1) 由于制动动作快，测试时间短，无法测试车轮在转一周过程中制动力的变化，检测结果受当时的情况（如每次踩踏板力的大小等）的影响较大。

(2) 因测试时车辆是移动的，在测试制动协调时间时信号的传输不太方便（可以通过安装制动踏板遥控开关来解决）。

(3) 因汽车在试验台上停留时间很短，测试稳定的制动拖滞力有一定困难。

3.3.5 制动试验台操作方法

3.3.5.1 反力滚筒式试验操作方法

A 测试前的准备

测试前的准备分以下几步：

（1）打开仪表电源和动力电源，检查仪表指示是否为零。

（2）检查轮胎。轮胎表面应清理干净，不要沾有水、砂、石子等。并检查轮胎气压应符合规定值。

（3）若制动试验台具有举升器，则应检查举升器的气压是否正常。

B　试验操作

试验操作分以下几步：

（1）操纵控制机构升起举升器。

（2）摆正汽车位置，使汽车中心线与滚筒轴线垂直。然后将车缓缓驶上试验台，使被测车轮置于举升器上。

（3）降下举升器，使车轮落在前后滚筒之间。

有的制动试验台没有举升器，可以省略以上步骤，直接将被测轴车轮停在前后滚筒之间。

（4）接通驱动电动机使滚筒转动。

（5）进行制动操作（将制动踏板踩到底或拉住驻车制动拉杆）。大约2s后放开，即可读取仪表指示的制动数据结果。制动操作结束后，滚筒将停止转动。

（6）升起举升器，将车驶出试验台，或改测另一轴的制动性能。

有的试验台没有举升器，可以省略相关举升器的操作，但要控制滚筒反转，以便驱动汽车离开试验台。

若试验台是安装在检测线上，用微机控制的，则可以按屏幕的提示进行操作。

全部检测结束后，关闭动力电源和仪表电源。

C　使用注意事项

注意事项有：

（1）被测车型应与试验台允许轴荷相适应。例如大型车不能用小型试验台，反之亦然。否则会损坏试验台，或达不到检测精度。

（2）试验台应及时维护和定期进行标定。标定工作最主要是检查制动力的示值误差。其方法是，利用标准砝码或专用测力器具，分别对左右滚筒或测力传感器施加一定的力，观察制动试验台仪表的指示值，再计算示值误差。标定试验要在加载和减载两个方向分别进行，过程比较复杂。具体可参考有关国家标准的规定。

3.3.5.2　平板式制动试验台操作方法

A　试验操作

试验操作有以下几步：

（1）打开计算机和传感器电源。通电后，计算机将自动进行系统测试和传感器测试。如一切正常，屏幕上将出现首页页面。

（2）按F2键，输入被测车辆的车牌号等信息，然后按回车键确认。屏幕将进入测试画面。

（3）将被测车辆停在距离试验台一个车位以外的位置，方向正对试验台。

（4）检查并确认测试平板上无任何杂物。

（5）将车辆以 5 ~ 10km/h 的速度驶上制动平板。前轮驶上平板后踩下离合器，在 4 个车轮分别驶上各自平板后，提示制动的指示灯会亮。此时急踩制动踏板。画面将显示前后制动力数据。其中，画面左边显示的是制动力的相关数据，右边显示的是各车轮动态载荷数据，中间是侧滑数据，下面显示制动初速度、制动减速度以及前后轴制动力之比。

（6）在指示灯灭后，再起步并拉紧驻车制动拉杆。画面将显示驻车制动力以及侧滑和悬架等项目的数据。

（7）将车辆驶离试验台。

（8）在键盘上按 Page Up、Page Down 键，可翻页查看前后制动力、驻车制动力以及悬架测试的数据及曲线。

（9）按 Esc 键返回画面首页。也可继续测试。

B　其他功能及使用注意问题

平板制动试验台除可进行测试外，还具有打印、数据存储检索和设备标定等功能。

C　测试注意事项

测试注意事项有：

（1）测试前，制动板上不准摆放杂物。测试结束后，制动板上也不准长期停放重物，以免影响测试精度。

（2）测试制动力时，一定要等各轮都驶上制动板后再踩制动踏板。测完前后制动力后，一定要等屏幕画面出现制动数据后，再开车做驻车制动测试。否则都会增加测试误差。

任务 3.4　汽油车排气污染物的检测

3.4.1　汽油车排气污染物检测的意义

汽车的废气是燃料在发动机中燃烧后形成的。燃烧后的生成物中，除了水和二氧化碳外，还含有很多别的化合物，其中不少是对人体有害的。

汽油车排放的尾气中，有害气体成分主要是 CO（一氧化碳）、HC（碳氢化合物的总称）、NO_x（氮氧化合物的总称）等。以前使用含铅汽油作燃料时，废气中还会有含铅化合物。

可见，汽车在给人类带来交通便利的同时，也造成了对环境的污染。

治理汽车尾气污染问题已引起全球的重视。为保护人类生存环境，减少大气污染，各国政府都制定了相应的法律法规。

我国于 1979 年 11 月试行、1989 年 12 月正式颁布了《中华人民共和国环境保护法》，1987 年颁布了《中华人民共和国大气污染防治法》，同时还发布了很多具体法规和标准文件，对汽车尾气中有害气体的排放做出了严格的限制。

为了从根本上减少有害气体排放，各国都致力于研究和推广新技术，并不断取得进展。例如采用 EFI（电控燃油喷射）技术、三元催化技术和 EGR（废气再循环）技术后，与过去传统化油器式发动机相比，排气中 CO、HC 和 NO_x 都减少了很多。又如近年来正逐渐推广的代用燃料液化气、天然气汽车，若采用闭环控制和三元催化，其尾气中 CO 和

HC 含量可降低到很低水平。另外，当前各国大力研究发展的电动汽车、电动机与内燃机共存的“混合动力”汽车和燃料电池汽车等，其主要目的也是为了进一步降低排放污染物。其中，燃料电池汽车甚至可以达到“零排放”，成为真正的清洁汽车。

3.4.2　废气主要污染物产生的原因

如前所述，汽车排气中有害的污染物主要成分是 CO、HC、NO_x、铅化合物以及碳烟等。各种污染物产生的多少，与汽车发动机的种类、使用的燃料和运行工况有很大关系。

由于 CO、HC 和 NO_x 的生成与空燃比、发动机内温度和发动机负荷等有直接关系，所以发动机在不同工况下 CO、HC 和 NO_x 的排放量也不相同。

CO、HC 和 NO_x 的生成与空燃比的定性关系如图 3-20 所示。

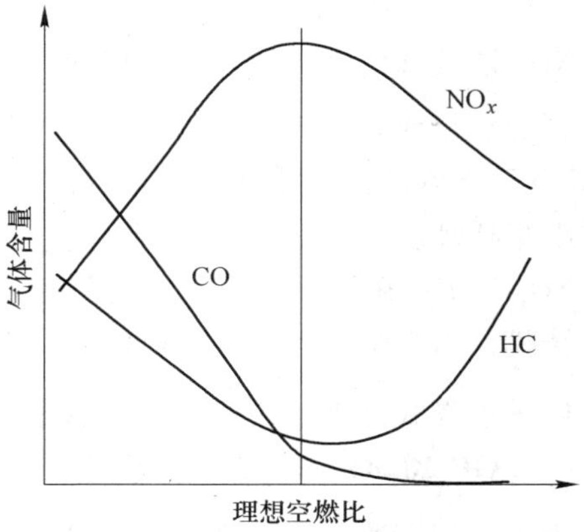

图 3-20　废气的产生与空燃比的关系曲线图

CO 是在燃料缺氧的条件燃烧下生成的。所以空燃比越小，氧气越少时，CO 生成得越多，排气中 CO 的含量也越高。

HC 是废气中多种碳氢化合物的总称，是部分燃料未完全参加燃烧的剩余物。在理想空燃比情况下，燃料燃烧最充分，所生成的 HC 最少。当空燃比较大时，混合气被稀释，火焰传播速度减慢，甚至会断火。此时燃料不能被完全燃烧，故 HC 含量增大。而当空燃比过小时，由于氧气不足，燃料也不能充分燃烧，此时 HC 也会增多。此外，供给系中燃油的蒸发和滴漏，也会导致 HC 气体直接进入大气。

对 NO_x 而言，情况则很不相同。NO_x 是高温情况下空气中的 N_2 参加反应后的产物，所以在理想空燃比条件下，燃料燃烧最完全、温度最高时，生成的 NO_x 也最多。反之，在燃气过浓或过稀时，燃烧温度都偏低，生成的 NO_x 也比较少。

发动机在冷态、怠速或低速、小负荷时，需供给较浓混合气。此时空气不足、燃烧温度低，故 CO、HC 均较多，而 NO_x 较少。发动机在高速、高温、大负荷情况下运行时，空燃比接近理想状态，此时 CO、HC 均较少而 NO_x 较多。

汽车的尾气排放情况，还与车辆使用年限有关。一般来说。车辆排放随着使用年限或行驶里程的增长而逐渐恶化。恶化速度与车的质量和是否经常维修保养有关。因此，加强汽车的维修保养和定期检查，是减少和改善汽车排放的重要措施。有关柴油机排气生成物问题，将在 3.7 节中介绍。

3.4.3　废气主要污染物的危害

3.4.3.1　一氧化碳（CO）

CO 是无色、无味的有毒气体。被人体吸入后，经肺部进入血液。由于 CO 与血红蛋白的结合力是氧与血红蛋白结合力的 250～300 倍，所以 CO 一旦进入血液后，直接阻碍了血红蛋白与氧的结合，亦即影响了血液输送氧的能力，使人体缺氧而中毒。中毒后会引起头晕、呕吐和神经系统障碍等症状，严重时可造成死亡。尤其危险的是，CO 无色无味，往往不易引起人们的注意，而使人在不知不觉中中毒。

3.4.3.2 碳氢化合物（HC）

HC 所包含的成分很复杂，除烃类化合物外，还含少量的醛、醇、酮以及多环芳香烃等。其中烃类化合物对人体健康并无大的影响。但醛类（甲醛、丙烯醛）对人的眼、鼻和呼吸道有明显的刺激作用，多环芳香烃（苯并芘）则是一种致癌物。

3.4.3.3 氮氧化合物（NO_x）

NO_x 是氮氧化合物的总称，包括 NO、NO_2、N_2O 等多种气体成分。NO 本身毒性不大，但它容易氧化成有毒的 NO_2。NO 和 NO_2 被吸入肺部后能与水分结合成 HNO_2（亚硝酸）和 HNO_3（硝酸），对呼吸系统有强烈的刺激作用。亚硝酸盐还能与血红蛋白结合而导致人体组织缺氧。

NO_x 与 HC 在受到阳光紫外线照射后，会发生光化学反应，形成光化学烟雾。它能刺激眼结膜，引起眼流泪并导致红眼病；刺激呼吸系统引起咽喉肿痛以至呼吸困难。

3.4.4 《点燃式发动机汽车排气污染物排放限值及测量方法（双怠速法及简易工况法）》（GB 18285—2005）的规定

为了限制汽油车废气污染物的排放量，我国主要采用《点燃式发动机汽车排气污染物排放限值及测量方法（双怠速法及简易工况法）》(GB 18285—2005)，要求对汽油车废气污染物中的 CO、HC 及 NO 进行检测，并且同一地区只能采用双怠速法及简易工况法中的一种。

3.4.4.1 《点燃式发动机汽车排气污染物排放限值及测量方法（双怠速法及简易工况法）》(GB 18285—2005）出台的背景

对照 GB 14761.5—1993，此次标准 GB 18285—2005 将原怠速法改为现在的双怠速法。为什么检测废气要选定怠速状态呢？这是因为，发动机在怠速工况下转速低，节气门开度小，混合气较浓，发动机燃烧温度低，排气中 CO、HC 等含量比较多的缘故。

美国早期对在用车进行排气检测时，也是采用怠速法（或双怠速法），但是怠速法有一定的局限性。例如它难以检验 NO_x 的排放情况（因 NO_x 在高温、大负荷时排放较多）；对于 EFI 发动机，由于其怠速控制部分是相对独立的，所以怠速测试合格并不能说明各种工况下都合格等。后来美国研究发展了一系列负荷检测方法，其中加速模拟工况法（Acceleration Simulation Mode，ASM）被认为是适用于在用车检测的最佳方法之一。美国国家环保局（EPA）于 20 世纪 90 年代确认了这种方法，并被广泛采用。

为了进一步严格控制汽车排气污染物的排放，并靠拢国际标准，国家质量技术监督局于 2000 年 12 月 28 日发布了《在用车排气污染物限值及测试方法》（GB 18285—2000）。它参照了美国国家环保局 1996 年 7 月颁布的一个相关标准《加速模拟工况试验规程、排放标准、质量控制要求及设备技术要求技术导则》（EPA-AA-RSPDIM-96-2）而制定。该标准在测量项目、测量方法和使用设备方面的规定与原标准有很大不同，其中最大的区别是引入了加速模拟工况试验方法。接着在 2005 年国家质量技术监督局又发布了《点燃式发动机汽车排气污染物排放限值及测量方法（双怠速法及简易工况法）》（GB 18285—2005），明确了地方可根据自己的实际情况选择双怠速法或简易工况法对车辆进行检测，此处的简易工况法即为 GB 18285—2000 中的加速模拟工况试验方法。目前我国的北京、沈阳等地已采用了简易工况法对车辆进行检测。首先我们来认识我国大多地区采用的双怠速法。

3.4.4.2　双怠速法

双怠速法即指车辆在高怠速和怠速状态下分别进行测量。双怠速法的测量程序为：发动机从怠速状态加速至 70% 额定转速，运转 30s 后降至高怠速状态。将取样探头插入排气管中，深度不少于 400mm，并固定在排气管上，维持 15s 后，取其 30s 内平均数。对于使用闭环控制电子燃油喷射系统和三元催化转化器技术的汽车，还应同时读取过量空气系数的数值。发动机从高怠速降至怠速状态 15s 后，取其 30s 内平均数。汽油车双怠速污染物的排放限值规定见表 3-7 和表 3-8。

表 3-7　新生产汽车排气污染物排放限值（体积分数）

车　型	类　别			
	怠　速		高怠速	
	CO%	HC	CO%	HC
2005 年 7 月 1 日起生产的第一类轻型汽车	0.5	100×10^{-6}	0.3	100×10^{-6}
2005 年 7 月 1 日起生产的第二类轻型汽车	0.8	150×10^{-6}	0.5	150×10^{-6}
2005 年 7 月 1 日起生产的重型汽车	10	200×10^{-6}	0.7	200×10^{-6}

表 3-8　在用汽车排气污染物排放限值（体积分数）

车　型	类　别			
	怠　速		高怠速	
	CO%	HC	CO%	HC
1995 年 7 月 1 日前生产的轻型汽车	4.5	1200×10^{-6}	3.0	900×10^{-6}
1995 年 7 月 1 日起生产的轻型汽车	4.5	900×10^{-6}	3.0	900×10^{-6}
2000 年 7 月 1 日起生产的第一类轻型汽车	0.8	150×10^{-6}	0.3	100×10^{-6}
2000 年 10 月 1 日起生产的第二类轻型汽车	1.0	200×10^{-6}	0.5	150×10^{-6}
1995 年 7 月 1 日前生产的重型汽车	5.0	2000×10^{-6}	3.0	900×10^{-6}
1995 年 7 月 1 日起生产的重型汽车	4.5	1200×10^{-6}	3.0	900×10^{-6}
2004 年 9 月 1 日起生产的重型汽车	1.5	250×10^{-6}	0.7	200×10^{-6}

3.4.4.3　简易工况法

该标准规定，若该地区采用了简易工况法，那么该方法仅对于通过 B 类认证，设计乘员数不超过 6 人，且最大总质量不超过 2500kg 的 M1 类车辆和设计乘员数超过 6 人，或最大总质量超过 2500kg 但不超过 3500kg 的 M1 类车辆和 N1 类车辆，大体上可以说，对于轻型汽车（最大总质量小于或等于 3500kg 的汽车），进行加速模拟工况（ASM）试验。除上述规定的其他 M、N 类车辆则进行双怠速试验。

3.4.4.4　简易工况法

所谓简易工况法，即加速模拟工况（ASM），是指车辆预热到规定的热状态后，加速至规定车速，根据车辆规定车速时的加速负荷，通过底盘测功机对车辆加载，使车辆保持等速运转的运行状态。在这样的工况下测试汽车尾气的排放情况。进行 ASM 试验需要使用两种设备：底盘测功机和排气分析仪。加速模拟工况试验方法简称工况法。工况法由两个试验工况组成，分别称为 ASM5025 和 ASM2540。试验过程如图 3-21 所示。表 3-9 给出了具体试验循环说明。

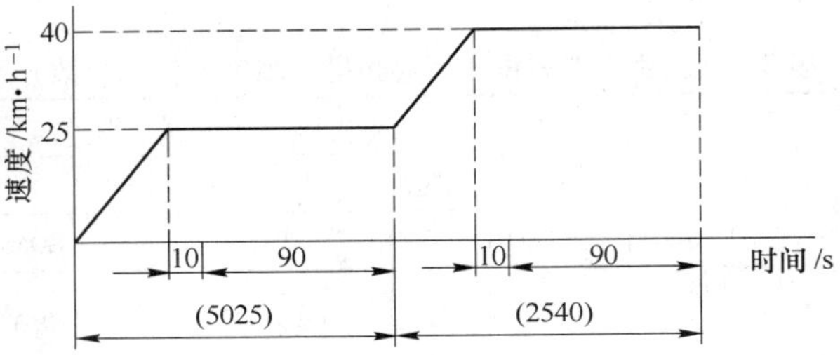

图 3-21　加速模拟工况（ASM）实验过程

表 3-9　加速模拟工况（ASM）试验运转循环

工　况	运转次序	速度/km · h^{-1}	操作时间/s	测试时间/s
5025	1	0 ~ 25	3.5 ~ 8.5	
	2	25	10	
	3	25	90	90
2540	1	25 ~ 40	2.3 ~ 5.6	
	2	40	10	
	3	40	90	90

A　ASM5025 工况

经预热后的车辆加速至 25.0km/h，测功机以车速为 25.0km/h，加速度为 1.475m/s^2 时的输出功率的 50% 为设定功率对车辆加载。车辆以（25.0 ± 1.5）km/h 的速度持续运转 10s 后，开始计时测试。持续运行测试时间为 90s。

B　ASM2540 工况

在 ASM5025 工况试验结束后，车辆立即加速至 40.0km/h，测功机以车速为 40.0km/h，加速度为 1.475m/s^2 时的输出功率的 25% 作为设定功率对车辆加载。车辆以（40.0 ± 1.5）km/h的速度持续运转 10s 后，开始计时测试。持续运行测试时间为 90s。

该标准指出，若 ASM5025 工况下检测合格，则判定车辆合格，不用再进行

ASM2540 工况试验；若 ASM5025 工况下检测不合格，则要求继续进行 ASM2540 工况试验，并以 ASM2540 工况试验结果作为此次检测结果。第一次试验不合格，可进行复检试验。

GB 18525—2005 规定的模拟工况法试验排气污染物限值，与车辆的基准质量有关。详见表 3-10。

表 3-10　车辆加速模拟工况试验排气污染物限值

车辆类型	基准质量/kg	ASM5025			ASM2540		
		HC	CO/%	NO	HC	CO/%	NO
2001 年 1 月 1 日以后上牌照的 M1 类车辆	<1050	260×10^{-6}	2.2	2500×10^{-6}	260×10^{-6}	2.4	2300×10^{-6}
	<1250	230×10^{-6}	1.8	2200×10^{-6}	230×10^{-6}	2.2	2050×10^{-6}
	<1470	190×10^{-6}	1.5	1800×10^{-6}	190×10^{-6}	1.8	1650×10^{-6}
	<1700	170×10^{-6}	1.3	1550×10^{-6}	170×10^{-6}	1.5	1400×10^{-6}
	<1930	150×10^{-6}	1.1	1350×10^{-6}	150×10^{-6}	1.3	1250×10^{-6}
	<2150	130×10^{-6}	1.0	1200×10^{-6}	130×10^{-6}	1.2	1100×10^{-6}
	<2500	120×10^{-6}	0.9	1050×10^{-6}	120×10^{-6}	1.1	1000×10^{-6}
2002 年 1 月 1 日以后上牌照的 N1 类车辆	<1050	260×10^{-6}	2.2	2500×10^{-6}	260×10^{-6}	2.4	2300×10^{-6}
	<1250	230×10^{-6}	1.8	2200×10^{-6}	230×10^{-6}	2.2	2050×10^{-6}
	<1470	250×10^{-6}	2.3	2700×10^{-6}	250×10^{-6}	3.2	2600×10^{-6}
	<1700	190×10^{-6}	2.0	2350×10^{-6}	190×10^{-6}	2.7	2200×10^{-6}
	<1930	220×10^{-6}	2.1	2800×10^{-6}	220×10^{-6}	2.9	2600×10^{-6}
	<2150	200×10^{-6}	1.9	2500×10^{-6}	200×10^{-6}	2.6	2300×10^{-6}
	<2500	180×10^{-6}	1.7	2250×10^{-6}	180×10^{-6}	2.4	2050×10^{-6}
	<3500	160×10^{-6}	1.5	2000×10^{-6}	160×10^{-6}	2.1	1800×10^{-6}

注：1. M1 类指车辆设计乘员数（含驾驶员）不超过 6 人，且车辆的最大总质量不超过 2500kg。

2. N1 类包括设计乘员数（含驾驶员）超过 6 人，或车辆的最大总质量超过 2500kg 但不超过 3500kg 的 M 类车辆。

3.4.5　废气检测原理

测量某种气体含量的仪器称为气体分析仪。根据测量原理的不同，气体分析有很多种方法，如红外线气体分析方法、电化学分析方法等。我国相关标准中明确应采用不分光红外线气体分析仪检测汽油车的 CO 和 HC 等。

人们知道，光是一种电磁波，不同光线都有自己的波长范围。红外线的波长要比可见光更长一些。另一方面，不同气体具有吸收不同波长红外线的特性。例如，汽车排放废气中的 CO、HC、NO 和 CO_2 等气体，看来（在可见光范围内）都是透明的。但在某种波长红外线照射下就好像不那么透明了，好像红外线被吸收或被挡住了一部分。事实上，当红外线穿过这些气体时，它的能量确实是被吸收了一部分。而且所吸收能量的大小，与该气体的浓度有一定关系。

不同的气体对应吸收红外线的波长也不相同，如图 3-22 所示。

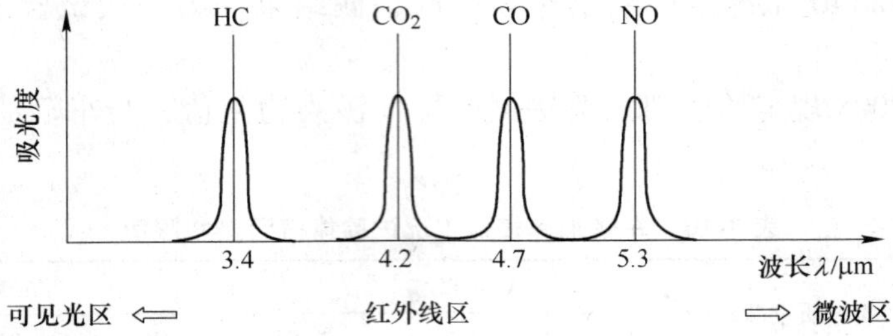

图 3-22 不同气体吸收红外线的情况图

举例来说，CO 主要吸收 4.7μm 附近的红外线。为此可以让红外线通过一定量的汽车尾气，根据对比 4.7μm 红外线经过尾气前后能量的变化，来测定尾气中 CO 的含量。这就是不分光红外线气体分析方法的基本原理。

需要说明的是，由于废气中 HC 含有多种成分，不同的碳氢化合物吸收红外线的波长也有些差别。图 3-22 中，HC 对应的曲线是正己烷（C_6H_{14}）的特性，它吸收的红外线波长为 3.4μm。检测汽车废气时所说的 HC 浓度，都是以正己烷为基准。

3.4.6 气体分析仪的结构和工作原理

从标准要求及使用功能上看，用于汽车排气分析的仪器，目前常用的主要五气分析仪。它可全面分析废气成分和评价发动机的工作状况，尤其是 EFI 发动机的三元催化反应器的工作状况。五气分析仪可以同时测量废气中 CO、HC、CO_2 和 O_2 及 NO 含量，对于采用电喷及三元催化装置的汽油车还可测出过量空气系数。

图 3-23 所示为五气分析仪结构示意图。用探头、导管、泵从排气管采集尾气。排气中的粉尘和碳粒用过滤器滤除，水分用水分离器分离出去。最后将气体成分输送到分析部分。

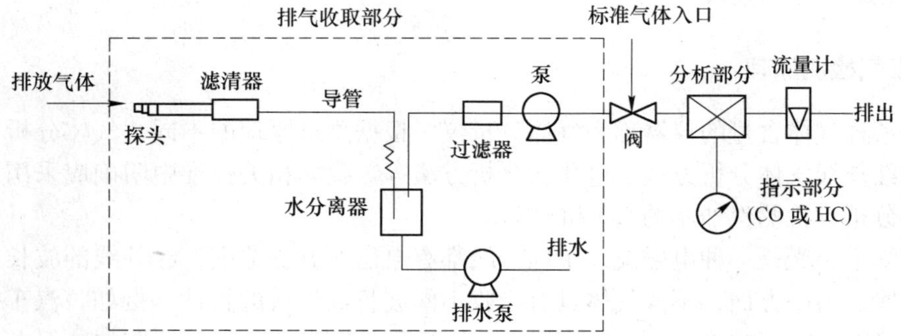

图 3-23 汽油汽车废气分析仪结构示意图

这种仪器主要由废气取样装置、废气分析装置、仪表显示和校准装置等部分组成。以下以图 3-24 所示部分光红外线气体分析仪为例，介绍其结构原理。

3.4.6.1　废气取样装置

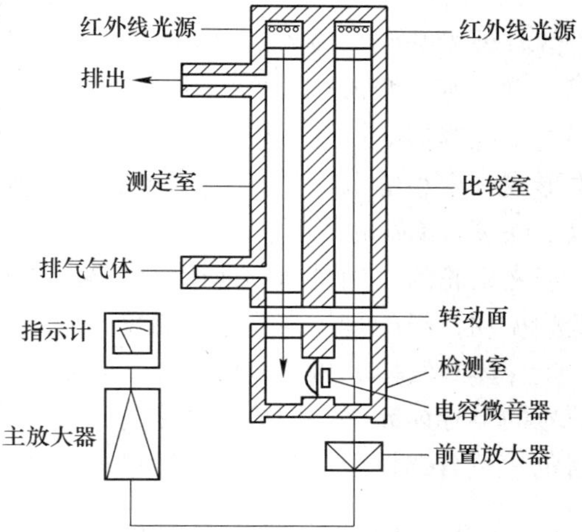

图 3-24　废气分析原理图

短导管、前置过滤器、取样管、取样探头、转速测量钳、油温探头、氧传感器、分水过滤器、粉尘过滤器等，气泵测试时，取样探头深入排气管内收集的废气，经滤清器和水分离器滤去灰尘、杂质和水分后，进入分析装置。取样探头由铜管制成。因受排气管形状和高温的影响，取样探头容易变形，所以使用时要小心。同时要注意避免油污、灰尘和水被气泵吸入仪器内。

在气路中，分水过滤器起排出冷凝水的作用。因汽车废气中含有较高的水分，它进入仪器后温度降低，冷凝变成水滴，从排气口排出，避免进入废气分析装置。

粉尘过滤器是对进入仪器中废气的粉尘和污物进行精细过滤的元件。因为红外线分析仪对气体中的粉尘污物非常敏感，少许尘埃进入气室都将会使指示不稳定，甚至无法工作。滤清器的滤芯使用一段时间后会变黑，需要更换新的滤芯。

3.4.6.2　废气分析装置

气体分析装置按传感器的类型不同，可分为电容微音器式和半导体式等形式。

该装置主要由红外光源、测量气样室、标准气样室、遮光扇轮和检测室等部分组成。其中标准气样室内充满不吸收红外线的清洁气体如 N_2 气，两个检测室中则充以一定浓度的同种被测气体（如测 CO 的分析仪，两个检测室都充以 CO；测 HC 的分析仪则都充以 C_6H_{14}）。

测量时，两个红外光源发出等量的红外光，一束穿过测量气样室，另一束穿过标准气样室，最后分别达到两个相同的检测室，当红外线穿过废气时，其能量会被吸收一部分，并且吸收的能量与废气中 CO 含量有关。而另一束红外光穿过标准气样室时，因 N_2 不吸收红外线，所以其能量未受损失。这样，两束红外线到达检测室时，其能量就有了差异。不同能量的红外光被两个检测室中 CO 吸收后，引起不同的热膨胀，结果使得分隔两个检测室的膜片发生弯曲变形。

该装置主要由红外光源、测量气样室、标准气样室、遮光扇轮和检测室等部分组成。其中标准气样室内充满不吸收红外线的清洁气体如 N_2 气，两个检测室中则充以一定浓度的同种被测气体（如测 CO 的分析仪，两个检测室都充以 CO；测 HC 的分析仪则都充以 C_6H_{14}）。

测量时，两个红外光源发出等量的红外光，一束穿过测量气样室，另一束穿过标准气样室，最后分别达到两个相同的检测室。由于测量气样室在测量过程中不断地流过来自汽车的废气，所以当红外线穿过废气时，其能量会被吸收一部分，并且吸收的能量与废气中 CO 含量有关。而另一束红外光穿过标准气样室时，因 N_2 不吸收红外线，所以其能量未受损失。这样，两束红外线到达检测室时，其能量就有了差异。不同能量的红外光被两个检测室中 CO 吸收后，引起不同的热膨胀，结果使得分隔两个检测室的膜片发生弯曲变形。

由于电容器的一个电极是与膜片做在一起的，膜片的变形将引起电容变化，在内部电路中形成一个小的电信号。放大器将这种小信号放大后送入显示仪表。显然，仪表的指示可以反映废气 CO 的浓度。

遮光扇轮的作用是断续地遮住红外线，从而引起检测室膜片周期性地变形和电容极板的低频振动，目的是提高测量灵敏度。

半导体式气体分析仪与电容器式相似。不同的是传感器采用能按红外线能量强度改变电信号的半导体元件。因该元件本身不具备光线波长的选择性，所以在它前面放置一片光学滤色片，有选择地让被测气体吸收的光通过。

3.4.6.3　仪表显示与校正装置

仪表显示包括 CO、HC、CO、CO_2、O_2 及过量空气系数 λ 的显示，采用液晶显示屏，以数字显示，其中，CO、CO_2、O_2 均以“容积百分数（%）”计，HC 指示仪表以“容积百万分数（10^{-6}）”计。

为了保证仪表的准确度，需要经常进行校正工作。校正装置主要是标准气样校正装置包括仪器附带的标准气瓶（内装浓度一定的 CO 或 HC 气体）、调整按钮和内部调整电路等，以标准气的浓度为基准，调整仪表的显示数值。

3.4.7　检测前的准备

3.4.7.1　被检测汽油车的准备

检测前应使被测汽油车运转达到正常使用温度。

3.4.7.2　仪器的准备

准备分以下几步：

（1）用取样软管把测试探头（带前置过滤器）和水分离器连接起来，并用软管夹箍夹紧，防止接头部位漏气。

（2）将水分离器连接到仪器的样品气入口，注意使密封垫圈可靠夹紧。

（3）接通仪器电源，预热 30min，在预热过程中仪器自动调零。

（4）把测试探头置于洁净空气中，将泵开关拨到“开”位，检查流量监测器的指示是否指在黑色区域，在黑色区域正常，表明抽气流量足够大。如果指示落在红色区域，表明抽气流量太小，应检查探头、前置滤清器、粉尘过滤器等是否堵塞。如有堵塞应清洁探头，更换滤芯或滤纸。

3.4.7.3　仪器的校正

仪器的校正必须在电源开关、泵开关拨到“开”位预热 30min 后进行，采用标准气体进，校正分为：

（1）首先要确定校正值。标准气瓶上所标明的 CO 气体浓度就是其校正值；但是标准气瓶上所标明的丙烷（C_3H_8）气体浓度应与仪器上所标明的换算系数（本仪器为 0.51）相乘后的值作为正己烷（C_6H_{14}）换算浓度，此值作为 HC 气体浓度的校正值。

（2）将泵开关拨到“关”位，使标准气瓶喷嘴对准仪器的标准气体入口，用力压紧直到指示稳定，一般只需 7～8s。取下标准气，密封标准气体入口，用调整按钮调整 CO、HC、CO_2、O_2 示值，使其指示值与标准气瓶标明的气体浓度（或换算浓度）一致。

3.4.8　检测方法及步骤

被检车辆处于制造厂家规定的正常状态，发动机进气系统应装有空气滤清器，排气系统应装有排气消声器，并不得有泄漏。应在发动机上安装转速计、润滑油测温计等测量仪器。测量时，发动机冷却液和润滑油温度应不低于 80℃，或者达到汽车使用说明书规定的热车状态。发动机从怠速状态加速至 70% 额定转速，运转 30s 后降至高怠速状态，即轻型车调至（2500 ± 100）r/min，而重型车调至（1800 ± 100）r/min。

将取样探头插入排气管中，深度不少于 400mm，并固定在排气管上，维持 15s 后，采取其后 30s 内平均数。对于使用闭环控制电子燃油喷射系统和三元催化转化器技术的汽车，还应同时读取过量空气系数的数值。

发动机从高怠速降至怠速状态，即 1100r/min 以下，维持 15s 后，采取其后 30s 内平均数。

若为多排气管时，取各排气管测量结果的算术平均值作为测量结果。

若车辆排气管长度小于测量深度时，应使用排气加长管。

任务 3.5　柴油车烟度检测

3.5.1　烟度检测的意义

人们知道，柴油发动机燃烧的柴油是在高压的气缸中自燃的。由于燃料和工作条件不同，所以柴油机和汽油机排气成分有很大区别。柴油机的排气，主要是排烟问题。

因燃料、天气和发动机工作状况的不同，柴油机排烟有三种形态：

一种是“白烟”。也称为“冷烟”。多发生在冷机起动时。由于发动机气缸内温度较低，燃料未能充分燃烧，部分残余燃油微粒混入排气中；或因天冷气缸内积有冷凝水，起动时遇热汽化，以水蒸气形式排出。

另一种是“蓝烟”。蓝烟是机油参与燃烧的产物。当气缸与活塞磨损严重，彼此间隙过大，或气门与气门导管间隙过大，都会导致部分机油进入气缸混入燃油之中。

第三种是问题最大的“黑烟”，也称为“热烟”。主要是由于混合气过浓，在高温缺氧条件下，燃料未能充分燃烧，而生成一种有机碳颗粒，悬浮于排气中，形成黑色或灰色烟尘。黑烟在发动机大负荷或突然加速时最容易产生。

柴油机排气成分中，虽也含有多种化合物，但其中的 CO、HC 比汽油机少得多，所以柴油机排气污染物主要是炭烟和 NO_x。炭烟会污染大气，影响城市清洁，严重时会妨碍驾驶员视线，影响交通安全，还浪费燃料。所以对柴油机要限制炭烟的排放。

最早的看法是，由于柴油机排放CO、HC比汽油机少，所以柴油机比汽油机“清洁”。但自从1984年研制了汽油机电控与三元催化技术之后，汽油机排气污染情况得到了极大改善，柴油机似乎又不如汽油机了。最近柴油机在解决排气污染物方面也取得了很大的进展。

3.5.2 《车用压燃式发动机和压燃式发动机汽车排气烟度排放限值及测量方法》(GB 3847—2005) 对柴油车尾气排放及测量方法的规定

3.5.2.1 基本概念

按照GB 3847—2005标准的规定，检测柴油车排气可用滤纸式烟度计或不透光度计。采用滤纸式烟度计，“烟度”的定义就是：一定容量的排气所透过的滤纸的黑度。即让一定体积的排气。通过一定面积的滤纸后，测定滤纸被染黑的程度。滤纸被染黑的程度用数量表示，称为FSN（filter smoke number），是没有量纲的数值。有时也称为波许（Bosch）烟度单位，用符号Rb表示。滤纸最白为Rb0，最黑为Rb10。

采用不透光度计，其原理是使被测废气在光源和光接收器之间连续通过，利用炭烟对光的吸收作用，使透光率发生变化而测定气体的烟度。“光吸收系数”的概念是在自由加速工况下，表示光束被单位长度的排烟衰减的一个系数，它是单位体积的微粒数、微粒的平均投影面积和微粒的消光系数三者的乘积。

3.5.2.2 GB 3847—2005 关于柴油车烟度排放限值

A 对于2001年10月1日起生产的在用汽车

自2001年10月1日起生产的在用汽车，采用自由加速排气试验，所测得的排气光吸收系数应不大于以下数值：

(1) 自然吸气式：$2.5m^{-1}$。

(2) 涡轮增压式：$3.0m^{-1}$。

B 对于2001年10月1日前生产的在用汽车

(1) 自1995年7月1日起至2001年9月30日期间生产的在用汽车，采用自由加速排气试验，所测得的烟度值应不大于4.5Rb。

(2) 自1995年6月30日以前生产的在用汽车，采用自由加速排气试验要求，所测得的烟度值应不大于5.0Rb。

可以看出，对不同时间生产和使用的汽车，其检测的设备不同，排放限制值是不同的。

3.5.2.3 GB 3847—2005 关于烟度检测方法的规定

世界各国在对柴油车在用车排放控制的测试方法方面，基本上都是规定在自由加速工况下进行。

所谓自由加速工况，是指发动机在怠速工况下（即离合器处于接合位置，加速踏板位于松开位置，当装用机械式或半自动变速器时，变速杆位于空挡位置，当装用自动变速器时，选择器在停车或空挡位置），将加速踏板迅速踩到底，维持数秒后松开。尽管柴油车在实际使用中并不存在自由加速这一工况，但是由于该测量方法简便易行，因而被各国沿用至今。而且这种测量方法广泛适用于新车出厂、在用车年检以及车辆维修保养调整之后，判定柴油机工作是否正常。

3.5.3　滤纸式烟度计检测原理

图3-25给出了目前使用的滤纸式烟度计的总体结构示意图。

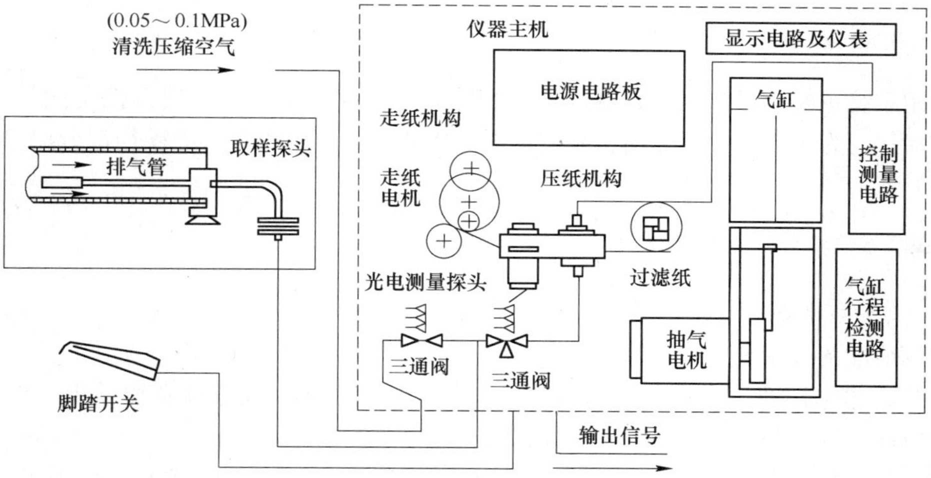

图3-25　滤纸式烟度计总体结构示意图

滤纸式烟度计主要由取样系统、走纸机构、光电检测系统和控制系统四部分组成。

3.5.3.1　取样系统

取样系统包括抽气泵、取样探头、取样软管和电磁阀等部分。抽气泵内有橡胶活塞，取样前将活塞压到底，此时活塞被锁紧机构锁紧，这种状态称为“复位”状态。当踩下踏板或按下“手动抽气”按钮时，活塞在弹簧力的作用下上升到顶端，此时称为“自由”状态。在活塞上升过程中，柴油机的排气经取样管并经滤纸过滤后被吸入抽气泵内。废气透过滤纸时，滤纸就被炭烟染黑。

3.5.3.2　走纸机构

走纸机构主要由走纸电机、走纸轮、走纸电磁铁、微动开关等组成。

取样（即抽取废气）时，滤纸被压紧，以便过滤废气。当抽气泵抽取了一定量的被测气体，透过一定面积的滤纸后，滤纸被染黑。气泵复位时，滤纸被松开，走纸电机转动，带动从动轮转动，滤纸同时移动。但从动轮只转一圈，微动开关即给走纸电机断电。所以滤纸每次仅走一小段距离。滤纸被废气染黑的部分恰好从夹纸机构处移动到光电检测器下方。

3.5.3.3　光电检测系统

光电检测系统主要包括光源、晒光电池和指示仪表等。用光照射在被染黑的滤纸上，滤纸能反射的光强度就与滤纸被染黑的程度有关。当然滤纸越黑，能反射的光就越少。晒光电池是一种光电转换元件，它接收从滤纸上反射的光，转变为相应的电信号，送到指示仪表，表头可以直接指示排气的烟度。烟度值与反射光强度的关系如下：

$$R_b = 10 \times (1 - I/I_0) \tag{3-9}$$

式中　R_b——烟度值；

I_0——洁白滤纸的反光强度；

I——染黑后滤纸的反光强度。

3.5.3.4　控制系统

控制系统主要包括电磁阀、继电器、脚踏开关和控制按钮等。用于控制抽气、清洗、复位等动作。为了操作使用方便，有的烟度计将抽气、清洗和走纸等操作都分成自动和手动两种方式。

3.5.3.5　操作方法及步骤

A　测量前准备

测量前准备步骤如下：

(1) 连接电源线，取样软管和脚踏开关连线到仪器后面的对应插座上，电源线接220V/50Hz交流电源，电源板要有可靠接地。

(2) 装滤纸。将抽气泵活塞压下，把滤纸依次穿过夹纸机构、光电检测器和走纸轮，然后从出纸口导出。

(3) 开启“电源”及“光源”开关，预热5min，用“粗调”、“细调”电位器旋钮将指针调至0波许单位附近（调节电位器旋钮时，必须将旋钮压下）。

(4) 把被测柴油车预热到正常使用温度。

B　仪器校准

将波许单位等于4.5的标准烟度卡从校准口插入，插入前先将拉杆向下拉，烟度卡正面朝上插到底，标准烟度卡必须插在滤纸之上。按下并旋转“粗调”和“细调”旋钮，将表头指针调到标准烟度卡的标称值处，然后取出标准烟度卡，校准工作完毕。取出标准烟度卡后，不管表头指针是否指零，不得再调“粗调”、“细调”旋钮。

C　测量

测量步骤如下：

(1) 安装取样探头，将取样探头固定在排气管内，深度为300mm，并使其中心线与排气管轴线平行。

(2) 测量取样：将抽气泵开关置于油门踏板上，按照自由加速工况，将踏板开关和油门踏板一并迅速踩到底，保持4s后松开。循环测量四次，取后三次读数的算术平均值最为测量值，每两次测量之间的时间间隔应不大于15s。

3.5.3.6　检测中应注意事项

注意事项：

(1) 保证管接头部位密封良好，检测部分与滤纸紧密接触，均无漏气现象。

(2) 踏板触发开关必须可靠地安装在加速踏板上，以保证抽气动作与自由加速工况同步。

(3) 每完成一次测量循环后，应用压力为 0.3～0.4MPa 的压缩空气清洗采样管路。

不透光度计检测原理：

不透光度计是用来测试排气可见污染物试验所使用的仪器。它通过测量气体的不透光程度来确定排气污染的严重性。它通过测量气体的不透光程度来确定排气污染的严重性。其原理是使被测废气在光源和光接收器之间连续通过，利用炭烟对光的吸收作用，使透光率发生变化而测定气体的烟度。

图 3-26 及图 3-27 给出了目前使用的不透光度计的结构示意图及控制面板示意图。

A　基本结构

不透光度计主要由控制单元、测量单元、取样探头及连接电缆等组成，其示意图如图 3-26 所示。

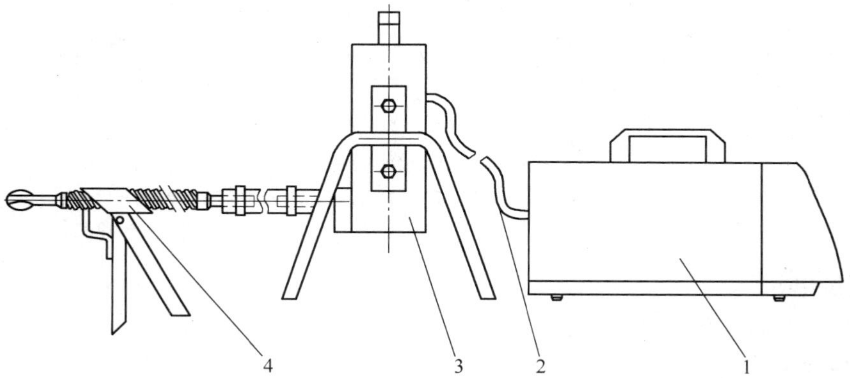

图 3-26　不透光度计的组成

1—控制单元；2—连接电缆；3—测量单元；4—取样单元

a　控制单元

控制单元前面板及各部分的名称如图 3-27 所示。包括 S 键、K 键、液晶显示屏、上翻

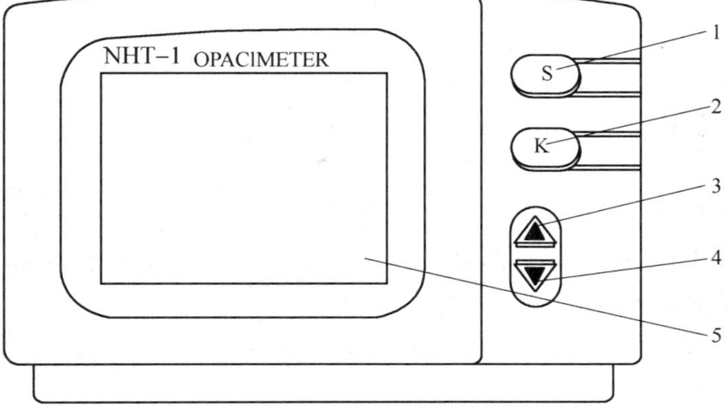

图 3-27　控制单元前面面板布置图

1—“S”键；2—“K”键；3—“▲”；4—“▼”；5—液晶显示屏

下翻键。

控制单元后面板的布置及各部分的名称如图 3-28 所示。

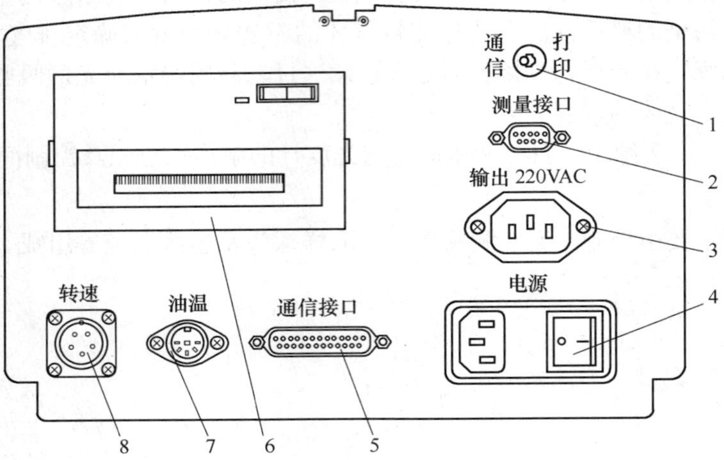

图 3-28　控制单元后面板布置图

1—“打印/通信”转换开关；2—测量接口；3—220V 输出插座；
4—电源插座及开关；5—通信接口；6—微型打印机；7—油温头；8—转速表；

b　测量单元

测量单元顶面和侧面的布置及各部分的名称如图 3-29 所示。

测量单元主要部分的功用如下：

（1）风扇：清洁空气由此进入。

（2）排烟入口：与取样探头的导管相连，被测车辆的排烟由此进入测量单元。

（3）测量信号接口：用于连接信号电缆，向控制单元输出检测数据信号。

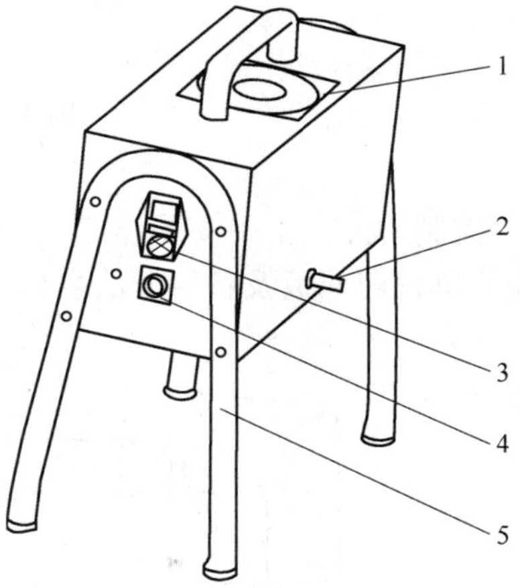

图 3-29　测量单元

1—风扇；2—排烟入口；3—交流电源输入插座；
4—测量信号接口插座；5—支架

B　工作原理

如图 3-30 所示，将被测气体封闭在一个内表面不反光的容器内。在容器两端，分别安装光发射器（光源）和光接收器（光电池）。当容器内充满含有炭烟的气体时，光源发出的光线到达光接收器前，将会被吸收一部分。被测气体含炭烟越多，光电池感受的光强度将会越弱。将光电池感受的信号经转换处理后送入指示仪表，就可以测试气体的不透光程度或对光的吸收程度。

气体对光的吸收能力，用光吸收系数表示。显然，柴油车排气中含炭烟越多，光通过后被吸收得也越多。量程为 0 ~ 16m^{-1}。

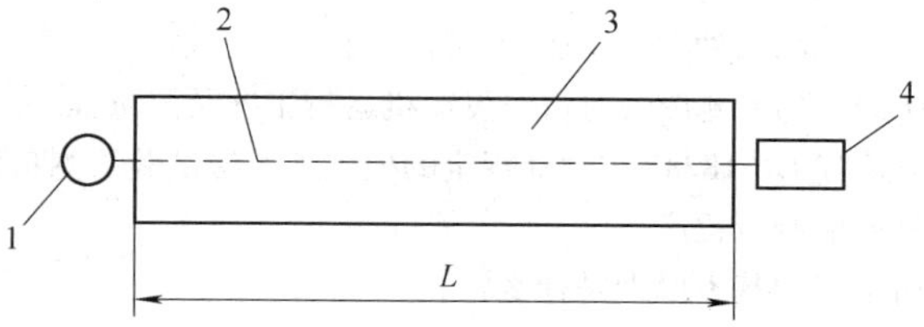

图 3-30 不透光仪原理示意图

1—光源；2—光线；3—被测气体；4—光接收器

C 测量方法

测量方法如下：

（1）仪器接通电源预热 15min。

（2）安装取样探头，将取样探头固定在排气管内，深度为 300mm，并使其中心线与排气管轴线平行。机动车处于怠速状态。

（3）按照自由加速排气试验要求，迅速踩下车辆的油门踏板，使发动机至最高转速，并保持 4s 后松开。循环测量 6 次，若光吸收系数示值连续 4 次均在 0.25 ~ 1.0m 的带宽内，而且没有下降的趋势，则取这 4 次读数的算术平均值作为测量值。

思 考 题

3-1 分别叙述对汽车前照灯近光和远光灯的主要要求。

3-2 夜间行车时，为使驾驶员能够看清汽车前方 120m 处的物体，前照灯光的发光强度至少应为多少 cd？

3-3 国家标准规定，检验前照灯近光照射位置时，前照灯在距屏幕 10m 处，屏幕上光束中点高度应为 0.6 ~ 0.8*H*（*H* 为前照灯基准中心高度）。按照这样规定的照射方向，汽车夜间在水平路面上行驶时，近光灯将照亮前方多远的路面？

3-4 自动跟踪式前照灯检验仪为什么要用两组光电池？它们各起什么作用？

3-5 造成前轮侧滑的主要原因是什么？

3-6 前轮侧滑量正、负号的含义是什么？

3-7 从制动原理上看，用试验台检验制动性能时为什么要测量轴重？

3-8 车轮对地面的制动力，是否会随着制动踏板力的增加而无限制地增长？

3-9 为了提高制动效果，制动力在前后轴间如何分配才是合理的？

3-10 制动过程主要包括哪几个时间段？其中哪个时间段对制动起决定性作用？

3-11 什么是“充分发出的平均减速度”？

3-12 简述对制动系统的基本要求。

3-13 什么是“制动系协调时间”？

3-14 要评价车辆的行车制动性能，可以选择哪些检验项目？

3-15 检验制动性能，可以采用哪两类方法？其中哪类方法应用较多？

3-16 为什么检测制动力的同时还要检测制动协调时间？

3-17 简述反力滚筒式制动试验台在检测能力方面的局限性。

3-18　简述平板式制动试验台的主要特点。

3-19　简述汽油车废气主要污染物的种类、生成的条件及对人体的危害。

3-20　简述 GB 7258—1997 规定的检测废气时汽车发动机运行工况及测量程序。

3-21　什么是模拟工况法？简述 GB 18285—2000 规定的模拟工况法试验及测量程序。

3-22　简述汽油车双怠速试验的测量程序。

3-23　红外线排气分析仪所依据的基本原理是什么？

3-24　为什么柴油机与汽油机尾气检测的项目不同？

3-25　简述 GB 7258—1997 规定的烟度检测时汽车的工况条件及测量的程序。

学习情境4　底盘技术状况检测

【知识目标】

1. 了解汽车底盘测功机的结构原理；掌握驱动轮输出功率的检测方法。
2. 掌握车轮定位及其检测方法。
3. 了解车轮动平衡机的结构；熟悉车轮动平衡的检测方法。

【技能目标】

1. 会使用底盘测功机进行驱动轮输出功率检测并对结果进行判断。
2. 会使用四轮定位仪。
3. 能进行车轮动平衡。

【本章导语】

底盘包括传动、行驶、转向和制动等几个系统。底盘技术状况的好坏，不仅关系到汽车行驶时的安全性和操纵稳定性，而且影响发动机动力传递效率，因而也关系到车辆的动力性和经济性。

一般说来，底盘技术状况检测的项目主要有：

（1）驱动轮输出功率或牵引力。

（2）传动系统检查（游动角度、噪声和异响）。

（3）转向系统检查（转向角和转向间隙）。

（4）四轮定位参数检测。

（5）制动性能检测。

（6）车轮动平衡检验等。

其中制动性能的检测在学习情境3中已有详尽的分析。本章将重点介绍在汽车检测和使用维护部门常用的汽车动力性台架试验、四轮定位以及车轮动平衡检验等项目。

任务4.1　汽车动力性台架试验

4.1.1　汽车动力性台架试验的意义及试验设备

在用车的动力性台架试验一般也称为底盘测功试验。主要的一个试验项目，是测量驱动轮的输出功率和驱动力。通过测量驱动轮的输出功率和驱动力，可以评价汽车的动力性能，同时也可以间接地判断发动机所发出的功率是否有所下降以及下降的程度。另外，如果发动机输出功率是已知的，那么通过底盘输出功率与发动机输出功率的对比，就可以计算出从发动机到驱动轴动力传动的效率以及传动系统的功率损耗，从而判断传动系统的技术状况。

汽车动力性台架试验是在底盘测功机上进行的。底盘测功机也称为转鼓试验台。这是一种滚筒式的试验台，在汽车维修企业和检测站被广泛地应用。

4.1.1.1　底盘测功机的功能

底盘测功机是汽车底盘综合性能诊断设备，其基本功能为：

(1) 测试汽车驱动轮输出功率。

(2) 测试汽车的加速能力。

(3) 测试汽车的滑行能力和传动系统传动效率。

(4) 检测校验车速表。

辅以油耗计、废气分析仪等设备，还可以对汽车的燃油经济性和废气排放性能进行检测。

4.1.1.2　底盘测功机的组成

底盘测功机一般由滚筒装置、测功装置、飞轮机构、测速装置、控制与指示装置等构成。其机械部分的结构如图4-1所示。

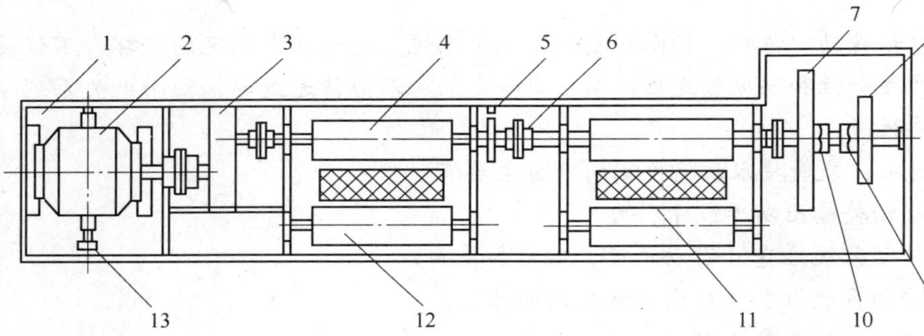

图4-1　底盘测功机械部分结构示意图

1—框架；2—电涡流测功器；3—升速器；4—主动滚筒；5—速度传感器；6—联轴器；7，8—飞轮；9，10—电磁离合器；11—举升器；12—从动滚筒；13—压力传感器

A　滚筒装置和飞轮机构

a　滚筒

底盘测功机滚筒部分的结构形式主要有两种，分别为：

(1) 单滚筒的形式，其滚筒直径多在1500～2500mm之间。滚筒直径越大，模拟路面的效果就越好。但直径过大则设备太笨重，占地面积大，安装也不方便。这种大滚筒的试验台主要在汽车制造厂或科研部门使用，不适用于汽车维修和检测部门。

(2) 双滚筒结构的试验台。滚筒直径比大滚筒要小得多，一般在185～400mm之间。滚筒不能做得太小，否则将会增大滑转率、滚动阻力和滚动损失功率，还会提高轮胎的温度，特别是高速转动时这些不利影响更加显著。因此，在试验车速达到160km/h时，滚筒直径不应小于300mm，当试验车速达到200km/h时，滚筒直径不应小于350mm。这种双滚筒式试验台安装和使用都很方便，在汽车检测维修部门得到了广泛的应用。

b　飞轮

上述测量驱动力和车速主要适用于检测稳态时的功率。为了能够在试验台上检测汽车的加速性能和滑行性能，需要模拟汽车行驶时的惯性。为此可以在测功机上安装一套飞轮组，按照不同汽车的质量配以相应质量的飞轮。

c　举升器

底盘测功机也需要在前后滚筒之间安装举升器，以便汽车平稳进入和离开试验台。举升器可有气压、液压和电动三种动力形式。一般气压举升器应用最多。

B　功率吸收装置

功率吸收装置或测功器是给汽车的驱动轮加载的装置。在做台架试验时，为了模拟汽车在路面行驶时的各种阻力，就必须人为地给汽车驱动轮施加大小可调节的负载。测功器是底盘测功机特有的关键部件。根据负载种类的不同，测功器可分为水力测功器、电力测功器和电涡流测功器三种。其中，水力测功器是以水的阻力做负载的。电力测功器是以发电机做负载，也就是将汽车的驱动功率转变为发电机的电功率。而电涡流测功器则是以转子旋转时产生的涡流阻力矩为负载的装置。以上三者当中，电涡流测功器因具有体积小、运转平稳和测量精度较高等特点，因而在汽车运用检测部门应用最为广泛。

C　测量控制系统

底盘测功机为了测量驱动功率，就必须分别测量驱动力和转速。所以测量控制系统应包括以下几部分：

（1）测力装置。上述转子所受涡流力矩是可以测量的。根据作用力和反作用力的原理，当转子转动受到电涡流的阻力矩时，定子也会受到大小相等、方向相反的力矩。所以只要测得定子所受的反力矩，就可以知道转子受的涡流力矩。

（2）测速装置。底盘测功机在测试功率、加速性能以及油耗等项目时，都需要测试车速。测速的方法很多，常用的有霍尔元件式、光电编码式以及使用测速发电机等。

不论哪种方法，都是先测试滚筒的转速（r/min），再换算成汽车行驶的车速（km/h）。

（3）控制与显示装置。底盘测功机的控制系统与显示装置都集中在一个控制柜内。控制系统的核心是一台计算机。它承担底盘测功机的数据采集、数据处理、显示打印和操作控制等项任务。

上述测力和测速传感器输出的各种信号，凡属模拟量信号的（如压力传感器和测速发电机的信号），都需经过放大和 A/D 转换，再送入计算机进行数据处理。凡属数字信号的（如光电编码器或霍尔元件式速度传感器输出的脉冲信号），则要经过光电隔离等环节后送入计算机处理。

经计算机处理后，可以实用单位直接显示出车速（km/h）、驱动轮的驱动力（N）、驱动轮的输出功率（kW）等。其中，驱动轮输出功率可由驱动力和车速按下式计算：

$$P_k = Fv/3600 \tag{4-1}$$

式中　P_k——驱动轮输出功率，kW；

F——驱动轮的驱动力，N；

v——试验车速，km/h。

D　辅助设备

除上述基本设备外，底盘测功机还需要以下辅助设备：

（1）纵向约束装置。汽车在底盘测功机上试验时，为了使驱动轮稳定地运转在滚筒上，防止汽车可能出现的前后左右移动或者万一冲出试验台，必须加以一定的约束。对于单滚筒试验台，必须用钢索拉紧，使汽车能够在纵向和侧向固定。对于双滚筒试验台，不一定用钢索，但至少需要在从动轮前后用三角术块（或挡铁）顶住。

（2）风冷装置。汽车在底盘测功机上试验时，虽然车轮在运转，但汽车并未行驶，也就没有迎面吹来的风以进一步冷却发动机，靠发动机自身的冷却系统散热就不够了。特别是长时间、大负荷试验时，发动机很容易发热。所以试验时应在车前放置可移动的风机，对发动机强制冷却。连轮胎也存在同样的问题。轮胎周围空气不流通，轮胎长时间在滚筒上转动也容易受热甚至变形。因此在驱动轮附近也应采用风机进行冷却。

4.1.2　在底盘测功机上进行的试验

汽车在道路上运行过程中存在着运动惯性、行驶阻力。要在试验台上模拟汽车道路上的运行工况，首先应解决模拟汽车的运动惯性和行驶阻力问题，这样才能用台架测试汽车运行状态的基本性能。为此，在测功机台架上利用飞轮及其旋转部件的转动惯量，在允许的误差范围内满足汽车的惯量模拟。至于汽车在道路上运行时受到的滚动阻力和空气阻力等，则利用测功器加载装置来模拟。路面模拟是通过滚筒来实现的，即以滚筒来取代路面，滚筒的表面相对于汽车做旋转运动。通过控制系统可对加载装置及惯性模拟系统进行自动或手动控制，实现对车辆动力性，如：驱动轮输出功率、加速性能、滑行性能等项目的检测。

4.1.2.1　汽车驱动轮输出功率的测试原理

A　测试原理

测试输出功率时，汽车驱动轮置于滚筒上，驱动滚筒旋转并通过滚筒带动测功器的转子旋转。当励磁线圈中没有电流通过时，转子不受制动力矩作用；而励磁线圈通有直流电时，所产生磁场的磁力线通过转子、空气隙、涡流环和定子构成闭合磁路。由于通过齿顶和凹槽的磁通量不同，因而当转子在滚筒带动下旋转时，通过涡流环任一点的磁通量呈周期性变化而产生了涡电流，涡电流产生的磁场与励磁磁场相互作用，便产生了与转子旋转方向相反的转矩，从而对滚筒起到了加载作用。测出该转矩和转子转速，便可据此得到由滚筒传递给测功器转子的驱动功率。电涡流测功器具有测量精度高、振动小、结构简单和易于调控的特点，只要使励磁电流的强弱发生变化，就可以改变测功器所产生的制动力矩的大小使之发生变化，因而能比较容易、经济地实现自动控制。作用力与反作用力总是同时产生，同时消失的。对于转子施加制动力矩的同时，定子将受到与制动力矩大小相等、方向相反的力矩的作用，这一力矩力图使可绕主轴摆动的定子顺着转子旋转方向摆动。在测功器定子上安装一定长度的测力杠杆，并在杠杆的端部下方安装压力传感器，该传感器便受到因定子摆动由杠杆传来的压力。压力传感器便会产生与压力大小成正比的电信号，显然，压力与杠杆长度的乘积就是定子（或转子）所受力矩的数值。在滚筒稳定旋转时，该力矩与驱动轮驱动力对滚筒的力矩平衡。因为滚筒的半径是已知的，所以，据此可求出车轮作用在滚筒上的驱动力的大小。

底盘测功机进行测功试验，加速试验、车速表检测、滑行试验、燃油经济性试验时，都需要测得试验车速，因此必须配备测速装置。测速装置多为电测式，所用传感器有磁电式、光电式和测速电机等形式，一般装在从动滚筒一端随滚筒一起转动，并把滚筒转动的角度转变为电信号。

由压力传感器和测速传感器输出的电信号输入到控制装置，经计算机处理后，在指示装置上显示出功率 P_k、驱动力 F 和车速 v 的数值。三者间具有如下关系：

$$P_k = Fv/3600$$

式中　P_k——驱动轮输出功率，kW；

F——驱动轮驱动力，N；

v——试验车速，km/h。

B　试验结果的分析

驱动轮输出功率与发动机的输出功率之间有什么关系？如何根据测试的驱动轮输出功率估计发动机的实际输出功率，从而判断发动机动力性能是否有所下降，或大约下降了多少？这都是人们关心的问题。

由于存在传动功率损耗，所以驱动轮的输出功率总是小于发动机额定功率。例如在额定功率点，两者之间有如下两个关系：

$$P_e = P_k + P_r \tag{4-2}$$

以及

$$\eta = (P_k/P_e) \times 100\% \tag{4-3}$$

式中　P_e——发动机输出功率，kW；

P_k——驱动轮输出功率，kW；

P_r——传动阻功率，kW；

η——驱动轮输出功率与相应的发动机输出总功率的百分比，一般也称为传动效率。

在 GB/T 18276—2000 中，分别规定了在额定转矩工况和额定功率工况下各种车型的 η 的额定值和允许值。

驱动轮输出的功率 P_k 就是平时所说的底盘输出功率。传动阻功率 P_r 对应的传动阻力由三部分组成：汽车传动系的传动阻力、驱动轮在试验台滚筒上的滚动阻力，以及试验台本身的机械传动阻力。试验表明，在一般情况下，各种类型汽车传动系的传动阻力所消耗的功率，约占发动机输出功率的 10%~20%。驱动轮在双滚筒上的滚动阻力所消耗的功率，与滚筒的直径、轮胎的直径、气压及转速有关。有资料表明，这种滚动损耗常可占到所传递功率的 15%~20%。试验台自身的机械摩擦损耗功率所占比例不大，约为所传递功率的 5%。

由此可知，式（4－3）的传动效率，并非汽车传动系本身的传动效率。后者一般为 80%~90%，见表4-1。而前者即式（4－3）所指的传动效率，对于新车只有70%左右，对于在用车则要低得多。GB/T 18276—2000 中规定该传动效率的允许值一般在35%~50%。

表 4-1 汽车传动系的传动效率

汽车类型		传动效率 η_m
轿 车		0.90 ~ 0.92
载货汽车和公共汽车	单级主减速器	0.90
	双级主减速器	0.84
4 × 4 越野汽车		0.85
6 × 4 载货汽车		0.80

能不能测出传动阻功率，因而计算出发动机真正输出了多少功率呢？用上述的电涡流测功机是不行的。但是用带直流电机的电力测功器就可以做到。将直流电机用作电动机，用来拖动试验台和汽车空转（此时发动机不发动），此时直流电动机发出的功率，便是这套传动系统的阻功率。这种测试方法称为测功机的反拖试验。

在难以确定发动机输出功率的情况下，人们常采用“比较法”大致判断发动机的动力状况。首先用标准车（即经过走合的新车）进行实测，要求同一型号的标准车不少于 3 辆。将测量结果平均值作为参考数据。再将被测车测试后的数据与参考值进行比较，以判断发动机的状况。也可以通过实测大量新、旧汽车，积累充足数据之后确定某型号车的参考数据。

有关不同车型在用车驱动轮输出功率的限值，详见 GB/T 18276—2000 中表 1 的具体规定。

4.1.2.2 加速性能试验

加速性能试验是评价汽车动力性能的试验项目之一。

按国家标准《汽车加速性能试验方法》（GB/T 12543—1990）的要求，应先启动汽车，逐步加速并换至直接挡空载行驶，计算从初速度 20km/h 加速到 40km/h 所需的时间，并应符合规定。这本是路试项目，但也可在底盘测功机上测试。在试验台上，驾驶员逐渐提高车速，同时监视显示器屏幕提示的车速。当屏幕显示车速达 20km/h 时，立即将加速踏板踩到底，当屏幕显示车速达到 40km/h 时，就可停止加速，屏幕将显示从 20km/h 加速到 40km/h 所需的加速时间。

按照国家标准 GB/T 18276—2000 的规定，则是要求在汽车逐步加速并换至直接挡后，当车速稳定在 30km/h 时，全力加速至该车最高车速的 80%，并记录累计加速时间。

需要指出，在进行加速性能试验时，为了模拟汽车在路上行驶的惯性，应根据汽车的整备质量，在底盘测功机上选挂相应转动惯量的飞轮。

4.1.2.3 滑行性能测试

通过测试滑行距离，可以检验底盘维修的质量。国家标准《汽车大修竣工出厂技术条件》（GB 3798—1983）对汽车空载滑行距离作了规定：“汽车空载行驶初速为 30km/h，滑行距离应不小于 220m。”

在试验台上测试滑行距离时，驾驶员可逐渐提高车速，超过指定车速后，可按显示屏幕提示中断动力，滑行的车轮逐渐停转。计算机即可根据测得的车速和时间计算出滑行距离。

GB/T 18276—2000 规定的测试滑行距离和时间的方法是，先按表 4-2 设定滑行初速度 v_1 和终速度 v_2，当车速超过 v_1 后，将变速器置于空挡，利用车一台系统储存的动能使系统继续运转直至设定的终速度 v_2，然后记录系统自 v_1 滑行至 v_2 的时间和距离。

表 4-2　滑行速度的设定

车型分类	滑行初速度 v_1/km · h^{-1}	滑行终速度 v_2/km · h^{-1}
轿车	80	50
客车、货车	60	30

与加速性能试验类似，为了模拟汽车在路上行驶的惯性，进行滑行性能测试时，也要在底盘测功机上选挂相应转动惯量的飞轮。

4.1.2.4　经济性能（油耗）试验

在汽车发动机的使用说明书中，都标明了发动机的最低燃料消耗量，其单位是 g/(kW · h)。这是通过发动机台架试验测得的。在实际使用中，人们更多地考虑整车的油耗，而不只是发动机的油耗。

计量燃料消耗的仪器称为油耗计。用油耗计可以检测整车等速行驶时的每百公里油耗值。方法是：汽车在试验台上运转时逐渐给驱动轮加载，以模拟汽车在平直路面行驶时所受阻力。汽车等速行驶时，所受阻力主要包括车轮的滚动阻力和空气阻力，其数值可通过计算取得，或由资料提供经验数据。通过测试车速和试验时间，可以计算出对应行驶里程，同时，油耗计检测出燃料消耗量（L）。由此可以计算出该车的百公里油耗（L/100km）。

从理论上，可以通过测量燃料容积、质量、流量或流速等方法确定燃料消耗量。所以油耗计有很多种。通常油耗计都要配有测量里程的仪表。

油耗计既可单独使用，也可配合底盘测功机做油耗试验。

4.1.2.5　车速表校验

由于底盘测功机已经具备了车速表试验台的功能，所以完全可以用来校验车速表。试验方法也和车速表试验台测试方法相同。

4.1.2.6　里程表校验

用底盘测功机也可以校验汽车的里程表。方法是，预先设定里程数（例如 2km），驾驶员监视车内里程表。当车内的里程表达到 2km 时给控制计算机发出信号，计算机通过测量转速、时间和滚筒直径等数据，可计算出准确的行驶里程，同时给出汽车里程表的误差。

4.1.3　底盘测功机基本操作方法（DCG－10D（A）型汽车底盘测功机）

4.1.3.1　底盘测功试验台的使用方法

A　检测前的准备

按厂家规定的项目对试验台进行检查、调整、润滑，在使用过程中，要注意仪表指针的回位、举升器工作导线的接触情况。发现故障，及时清除。

汽车开上底盘测功试验台以前，调整发动机供油系及点火系至最佳工作状态；检查、调整、紧固和润滑传动系及车轮的连接情况；清洁轮胎，检查轮胎气压是否符合规定；汽车必须运行至正常工作温度 。

B 确定测试项目

（1）功率测量。

（2）加速性能测试。

（3）滑行性能测试。

（4）车速表校验。

（5）里程表校验。

（6）经济性能（油耗）试验。

C 测量操作方法

（1）功率测量。操作计算机系统进入测试状态，起动汽车，由低挡逐步换入直接挡，踩下加速踏板至节气门全开，同时测试将自动进行，汽车被逐渐加载，并可分别测量最大功率和最大转矩（或驱动力）等。测量结束后，可以显示或打印测量结果。

（2）加速性能测试。预先设定初始速度 n_1 和终止速度 n_2，例如选 $n_1 = 20$km/h，$n_2 = 40$km/h。驾驶员逐渐将车速提高到显示屏显示 20km/h 时，即迅速将加速踏板踩到底，当速度升到 40km/h 时，就可停止加速。显示屏将显示出从 20km/h 到 40km/h 的加速时间。

（3）滑行性能测试。先设定滑行初速度，例如 30km/h。驾驶员先提高车速，超过规定速度后，即根据屏幕提示，切断动力，令车轮滑行直到停止。计算机可根据测得的车速和时间计算出滑行距离。

必须指出，为了在试验台上测试汽车的加速性能和滑行性能，需要模拟汽车的惯性。为此可在系统菜单选择中，将离合器置于接合位置，按照汽车的质量，挂上相应质量的飞轮来进行惯性模拟。

（4）车速表校验。驾驶员逐渐提高车速，并同时监视车速表。当车速表达到 40km/h 时，立即按喇叭给出采样信号。计算机将测试实际车速并给出车速表误差。

（5）里程表校验。可预先选择测试里程为 2km。测试时，驾驶员起动汽车，当车上的里程表达到 2km 时，驾驶员按喇叭给出采样信号。计算机可根据测量数据计算出准确的行驶里程，同时给出汽车里程表的误差。

（6）经济性能（油耗）试验。为了测试汽车的每百公里油耗值，需配合使用油耗计。基本方法是：汽车在试验台上运转时逐渐给驱动轮加载，以模拟汽车在平直路面行驶时所受阻力。汽车等速行驶时，所受阻力主要包括车轮的滚动阻力和空气阻力，其数值可通过计算取得，或由资料提供经验数据。通过测试车速和试验时间，可以计算出对应行驶里程，同时，油耗计检测出燃料消耗量 L（升）。由此可以计算出该车的百公里油耗（L/100km）。具体操作可结合油耗计的使用说明书进行。

D 使用注意事项

（1）超过试验台允许轴重或轮重的车辆一律不准上试验台进行检测。

（2）检测额定功率和最大转矩相应转速工况下的输出功率时，一定要开启冷却风扇并密切注意各种异响和发动机的冷却水温。

(3) 走合期间的新车和大修车不宜进行底盘测功。

(4) 试验台不检测期间，不准在上面停放车辆。

(5) 汽车上底盘测功机前，应将轮胎上的泥砂石块清除干净，汽车轮胎气压应达到规定数值。

(6) 被测试汽车一般应为空载状态。

(7) 当汽车为前轮驱动时，应特别注意使汽车保持直线行驶状态。

(8) 当用高速（>80km/h）进行检测时，应特别注意安全操作，高速测试的时间应小于 2min/次。

(9) 测试中，汽车的前、后方严禁站人。

(10) 测试过程中，严禁升起举升器；若进行测功试验，则在试验后应将设备空转 1min 以上再停止，以保证测功机散热；当进行较长时间和大负荷试验时，应打开风机，使风吹向汽车以冷却发动机。

4.1.3.2　影响底盘测功机测试精度的因素

(1) 机械阻力。支撑轴承、联轴器等处的摩擦力。

(2) 风冷式电涡流加载装置的冷却风扇。

(3) 滚动阻力。滚筒对滚动阻力系数的影响滚筒半径；滚筒的椭圆度、同轴度误差；滚筒表面的附着系数；滚筒中心距；轮胎气压。

任务 4.2　四轮定位检测

正确的车轮定位（wheel alignment）是车辆良好的操纵稳定性、直线行驶性能和自动回正能力的保证。定期对车轮定位参数进行检测和调整，使其保持在正常范围内，能够保证汽车有良好的操纵，而且还能够减少轮胎异常磨损，减少悬架系统及转向机构零部件磨损和降低燃油消耗。

车轮定位一般指转向轮前束（或前张）、车轮外倾角、主销后倾角、主销内倾角，统称为前轮定位。现代汽车对后轮前束（或前张）、车轮外倾角参数也提出要求，通常进行四轮定位检测和调整。

4.2.1　车轮定位参数的定义及其作用

4.2.1.1　主销后倾角

转向节主销轴线或假想的主销轴线（某些独立悬架的汽车无实际主销）在纵向平面内向后倾斜，与铅垂线所形成的夹角称为主销后倾角 γ，如图 4-2 所示。主销向后倾斜其角度为正；主销向前倾斜其角度为负。现代汽车的主销后倾角一般在 $2° \sim 3°$ 之间。

主销后倾的作用：

(1) 如图 4-3 所示行驶中的方向跑偏能自动回正，但转向时费力。当主销具有后倾角时，主销轴线延长线与路面交点 a 将位于车轮与路面接触点 b 的前面。当转向轮偶然受到外力作用而稍有偏转，如图向右偏转，将使汽车向右转向，这时由于离心力的作用，在车轮与路面接触点 b 处，路面对车轮作用着一个侧向反作用力 Y，反力 Y 对车轮形成绕主销轴线作用的力矩 YL，其方向正好与车轮偏转方向相反，正是此力矩使车轮回复到原来中间的位置，从而保证汽车稳定的直线行驶，故称此力矩为稳定力矩。但此力矩也不宜过大，否则使转向盘沉重。稳定力矩的大小取决于力臂 L 和离心力 Y，而力臂又取决于主销后倾角的大小。为了不使转向盘沉重，主销后倾角不宜过大，现在一般采用的主销后倾角不超过2°~3°。

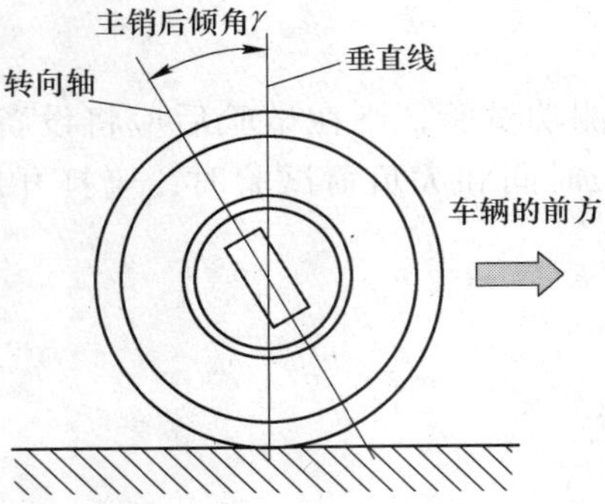

图4-2 主销后倾角图

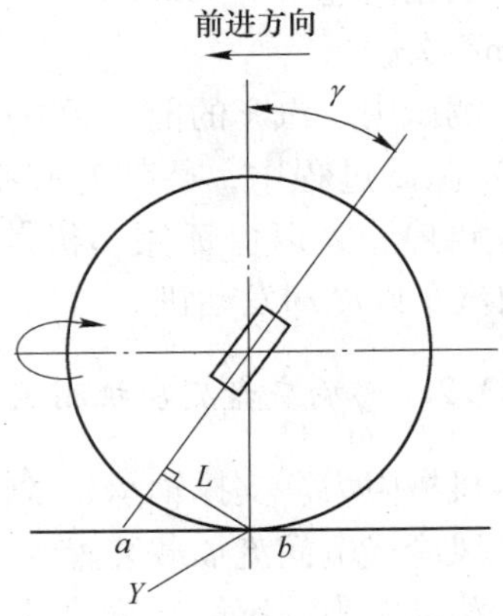

图4-3 主销后倾角作用示意图

（2）不影响轮胎磨损。

（3）动力转向的车，后倾大。

（4）过小易偏摆（摆振），高速摆振。

（5）胎压低后可减小后倾（起后倾作用）。有些汽车主销后倾角可以减少到接近于零，甚至为负值，如红旗牌轿车主销后倾角为 -1°30′。

4.2.1.2 主销内倾角

转向节主销轴线或假想的主销轴线在横向平面内向内倾斜，与铅垂线所形成的夹角称为主销内倾角 β，如图4-4（a）所示。

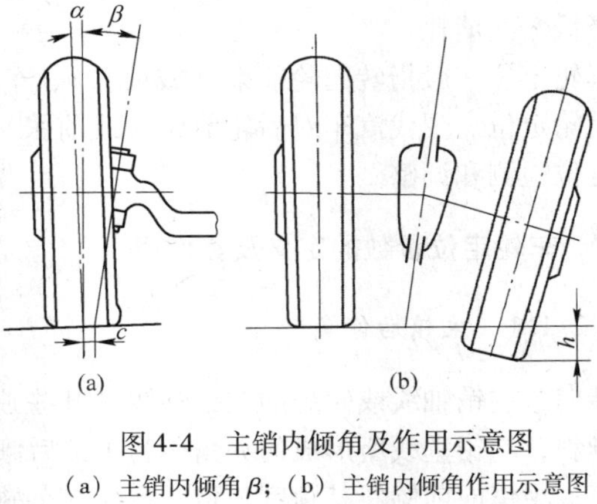

图4-4 主销内倾角及作用示意图

（a）主销内倾角 β；（b）主销内倾角作用示意图

主销内倾角的作用有两个：

（1）主销内倾角也有使车轮自动回正的作用。当转向轮在外力作用下由中间位置偏转一个角度时，转向轮会使整个汽车前部向上抬起一个相应的高度，这样汽车的重力有使转向轮回复到原来中间位置（势能最低状态）的效应，如图4-4（b）所示。

（2）主销内倾角使转向操纵轻便。主销内倾使主销轴线延长线与路面交点到车轮中心面与地面交线的距离 cd 减小，从而可以减少转向时驾驶员加在转向盘上的力矩，使转向操纵轻便，同时也可减少从转向轮传到转向盘上的冲击力。但 cd 值也不宜过小，即内倾角不宜过大，否则在转向时，车轮绕主销偏转的过程中，轮胎与路面间将产生较大的滑动，从而增加了轮胎与路面间的摩擦阻力，使转向变得很沉重，而且加速轮胎的磨损。一般内倾角为 5°~8°。这个角度是由车辆设计决定的，一般是不可调的。

4.2.1.3　前轮外倾角

转向轮安装时并非垂直于路面，而是向外倾斜一个角度，车轮中心平面与铅垂线的夹角称为外倾角 α，如图 4-5 所示。即汽车在横向平面内，车轮几何中心线与地面铅垂线的夹角。有正外倾：铅垂线外侧；负外倾：铅垂线内侧，如图 4-6 所示。

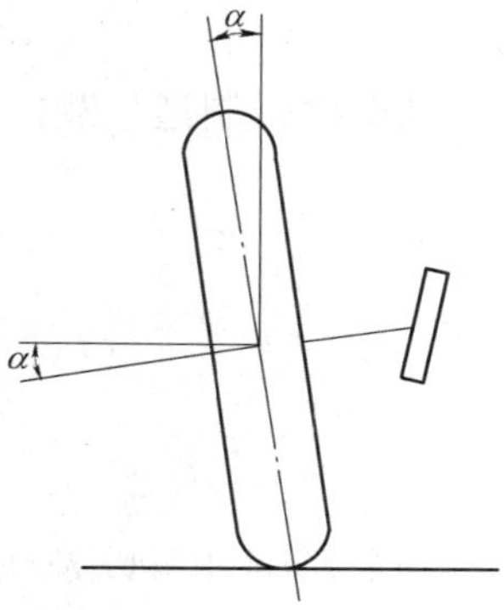

图 4-5　前轮外倾角图

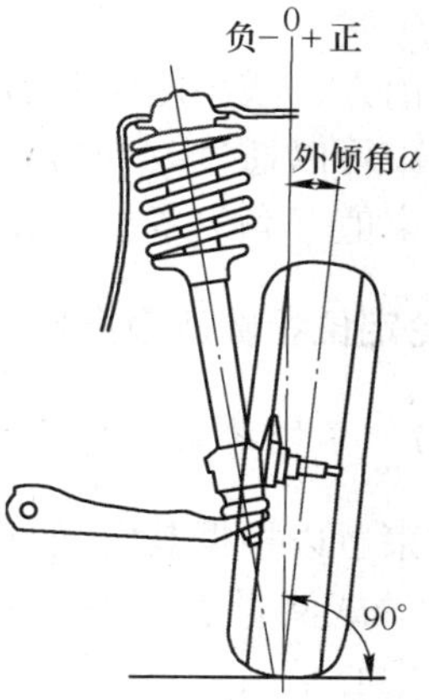

图 4-6　前轮外倾角示意图

如果空载时车轮的安装正好垂直于路面，则满载时，车桥和悬架系统将因承载变形，而可能出现车轮内倾。车轮内倾一方面会加速轮胎的偏磨损，另一方面路面对车轮的垂直反力沿轮毂的轴向分力将使轮毂压向轮毂外端的小轴承，加重了外端小轴承及轮毂紧固螺母的负荷，降低它们的使用寿命。因此，为了使轮胎磨损均匀和减轻轮毂外端小轴承的负荷，以防止车轮出现内倾，安装车轮时预先使车轮有一定的外倾角。

其次，车轮有了外倾也可以与拱形路面相适应，并在不增加主销内倾角的情况下减小转臂，使转向操纵轻便。但是，外倾角也不宜过大，一般为 1°左右，否则，也会使轮胎产生偏磨损。

4.2.1.4　前轮前束

在安装车轮时，使汽车两前轮的中心平面不平行，两轮前边缘距离 B，小于两轮后边缘距离 A，$A-B$ 之差称为前轮前束，如图 4-7 所示。当后边缘的距离比前边缘距离大时，为正前束。反之为负前束，负前束又称为前张。前束亦可用前束角（前张角）来表示。

前束的作用：车轮有了外倾角以后，当车轮滚动时有向外滚开的趋势，由于车桥的约束，车轮不可能向外滚开，车轮将在地面上一边向前滚动，一边侧向滑动，从而加速轮胎的磨损。前束正是为了消除车轮外倾带来的这种不良影响，使车轮在每一瞬间滚动方向接

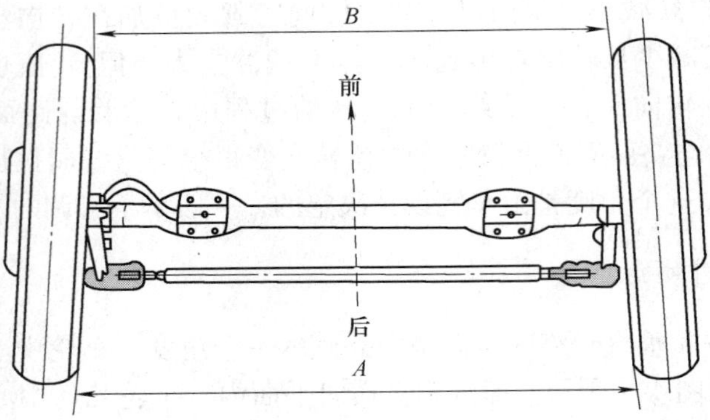

图 4-7　前轮前束示意图

近于向着正前方，减小侧向滑动量。

前轮前束可以通过改变横拉杆的长度来调整，调整时可以根据制造厂规定的测量位置，使其前束值（角）符合规定值范围。

4.2.2　车轮定位参数测量原理

4.2.2.1　车轮前束的测量原理

车轮前束可以根据其定义直接测量，常用的测量方法如下：

（1）拉线式测量法。根据前束的定义，在车轮最前端和最后端（可以是在车轮内侧面上或车轮中心平面上对应点）分别测量 B、A 值，$A-B$ 即得前束值。需要注意的是，在测量前束时，必须使车体摆正，转向盘位于中间位置，最好用锁紧机构把转向盘固定。

（2）光电测量法。在车轮前束检测前，应保证车体摆正且转向盘位于中间位置。传感器机头上的 CCD 传感器的零点位置，表示前束或横角为零时对应传感器机头红外发射管的光点成像位置，其位置在设备标定时已进行确定。

当车轮（如左右前轮）存在前束时，左后轮其传感器机头上红外发射管的光点，在左前轮测量机头的前束 CCD 传感器上的成像位置会偏离零点位置形成一个偏差值，测出左前轮的前束角 α_1；右后轮其传感器机头的光点在右前轮测量机头的前束 CCD 传感器上的成像位置，也形成一个偏差值，同理测出右前轮的前束角 α_2，如图 4-8 所示。

由于车轮前束角很小，一般不超过 1°，前束值不超过 12mm，所以由于基准偏转带来的误差很小，可以忽略不计。

4.2.2.2　车轮外倾角

测量车轮外倾角测量通常采用重力方向作为基准。重力方向可以利用重力摆或气泡水准仪。在测量车轮外倾角时，也必须保证车体摆正，转向盘位于中间位置，因为车轮偏转其车轮外倾角将发生变化。

车轮外倾角的测量方法有：

（1）利用气泡水准仪测量车轮外倾角。水准仪安装到车轮后，如有外倾，气泡位移，调气泡水平后，位移量为外倾角。如图 4-9、图 4-10 所示。

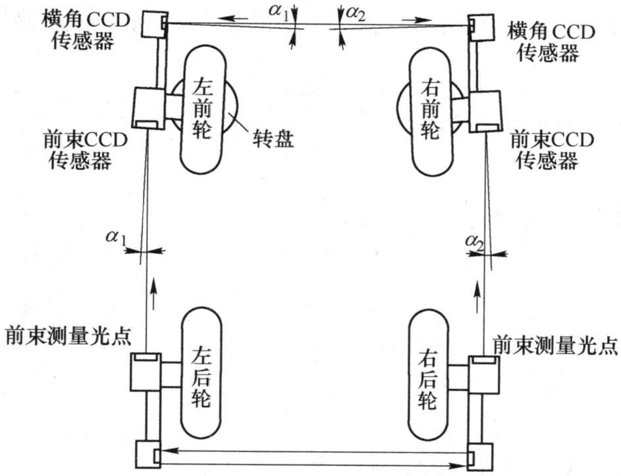

图4-8　前束值光电测量法示意图

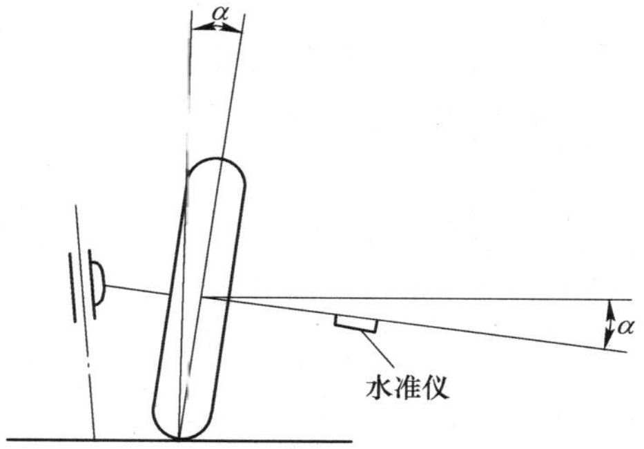

图4-9　气泡水准仪测量车轮外倾角

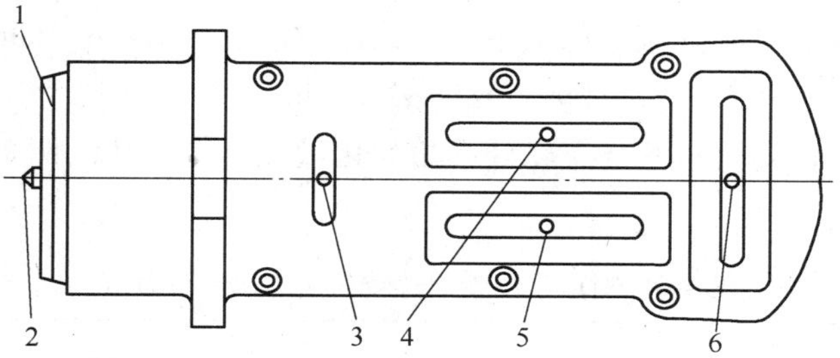

图4-10　适用小型汽车的水准仪

1—永久磁铁；2—定位针；3—校正水平的水泡管；4—后倾角测量水泡管；5—外倾角测量水泡管；6—内倾角测量水泡管

测量时，将水准仪上的测“α、γ”插销插入支架座孔，并使水准仪在垂直于该插销的方向上近似水平，然后拧紧锁紧螺钉把水准仪固定于支架上。此时，水准仪气泡将偏离中间位置，调节“α”调节盘，直到水准仪气泡处于中间位置，其“α”调节盘上红线所示角度值即为该转向轮的外倾角。

（2）利用电子式倾角传感器测量车轮外倾角。光电式四轮定位仪采用电子式倾角传感器测量车轮外倾角，也是以重力方向作为参考基准，利用倾角传感器把角度信号转换成电信号。

4.2.2.3　主销后倾角和主销内倾角的测量原理

主销后倾角 γ 和主销内倾角 β 不能由车轮的静止状态直接测出，只能采用建立在几何关系上的间接测量。

(1) 主销后倾角 γ 的测量原理。由于转向节轴线是车轮的旋转轴线，与车轮中性面垂直，当前轮存在外倾角 α 时，转向节轴线并不与地面平行。当车轮处于直线行驶位置时，转向节轴线与水平面的倾角亦为 α，如图4-11 所示。

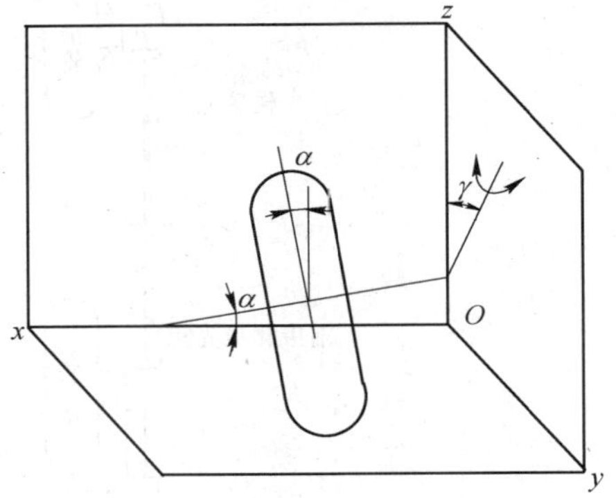

图 4-11　主销后倾角 γ 的测量示意图

根据几何关系可得

$$\gamma = \arctan(\sin\alpha_i - \sin\alpha_0)/(\sin\delta_0 - \sin\delta_i) \tag{4-4}$$

式中　γ——主销后倾角；

α——车轮外倾角；

δ——转向轮转动角度即转向轮底部转盘的转动角度；

i——车轮向内转动时；

0——车轮向外转动时。

为了提高测量精度，减小主销内倾对车轮外倾角变化的影响，可采用相对测量法，即使车轮向内、向外转动角度相同，即 $\delta_0 = -\delta_i = \delta = 20°$ 代入上式有：

$$\gamma = \arctan(\sin\alpha_i - \sin\alpha_0)/2\sin\delta \tag{4-5}$$

因为主销后倾角和车轮外倾角都很小，可以近似地取 $\sin\alpha \approx \alpha$，$\tan\gamma \approx \gamma$。所以有：

$$\gamma = (\alpha_i - \alpha_0)/2\sin\delta \tag{4-6}$$

此式表明主销后倾角近似地与车轮外倾角变化量成正比，其比例系数取决于转向轮转动角度 δ，见表 4-3。

表 4-3　对应不同转向轮转角 δ 的比例系数值

δ/(°)	5	10	14.5	20
$1/2\sin\delta$	5.74	2.88	2.00	1.46

通常转向轮转动角度 δ 为 20°，所以有：

$$\gamma = 1.46(\alpha_i - \alpha_0) \tag{4-7}$$

式中　α_i，α_0——分别为转向轮向内、向外转动到 20°时，车轮外倾角的大小。

式 (4-7) 表明，只要测量出车轮外倾角的变化量 $\alpha_i - \alpha_0$，再乘以 1.46 的比例系数，即可得到主销后倾角。车轮定位仪用 1.46 倍的系数标定仪器，就可直接读出主销后倾角。

(2) 主销内倾角测量与主销后倾角测量在原理上完全相同，只是角度测量平面与主销后倾角测量时旋转了 90°。

4.2.3　汽车四轮定位仪操作步骤

现以美国 HUNTER 汽车四轮定位仪为例，说明其检测方法及操作步骤：

(1) 将汽车驶到升降台上或地沟上，使前轮正好位于转盘中心，当汽车驶入后，则松开转盘锁止销。检查轮胎气压并充至规定值。

(2) 夹具及传感器安装。将爪盘夹具牢固地装夹在轮辋上，然后把测量头（即传感器）安装到夹具上，利用其上的水泡将其调水平。

(3) 用电缆线连接传感器和电脑主机的相应接口，并接通主机电源。

(4) 被测车定位参数的原始资料。按功能键 F3 或用光标选中“资料选择”回车，根据被测车车型、年代在电脑中查出该车原始车轮定位参数（制造厂设计值）允许范围。

(5) 按功能键 F1 或用光标选择快速定位，按 Enter 键进入快速定位主菜单（画面），再选择要测量的参数：如外倾角、后倾角、内倾角、前束值等。

测量前束和车轮外倾时，应把汽车转向盘摆正并用转向盘锁定杆锁止。测量主销后倾角及内倾角时，需要按照画面指示将前轮右转 20°按回车键，再左转 20°按回车键，才能测量出主销后倾角、内倾角。如果实测值超出允许范围应进行调整，外倾角的调整方法有多种，常用的方法是在车架与控制臂之间加减垫片或用旋转偏心螺栓；转向轮前束用调节转向横拉杆的长度来调整。主销后倾角、内倾角一般不可调整。

(6) 按功能键 F9 可打印出各参数的调整前、后数值及设计允许范围。

(7) 测试完毕，应先取下测量头，再卸下夹具。

任务 4.3　车轮动平衡检测

随着高速公路和城市道路立交系统的兴建，过去被道路因素所制约的汽车高速行驶的能力得到了充分发挥，提高了运输效率，但长期掩盖在低速工况下的一些机构装置的隐患，也逐渐暴露出来，车轮不平衡便是其中之一。

由于车轮的不平衡，其不平衡质量在高速旋转时引起车轮的上下振动和横向摆动，不仅影响了汽车的行驶平顺性，也影响了乘客的乘坐舒适性，而且使汽车驾驶员难以控制行驶方向，影响了行车安全。因此，车轮平衡问题，随着汽车行驶速度的不断提高，日益为人们所重视。

4.3.1　车轮不平衡的原因及其危害

4.3.1.1　车轮不平衡的原因

引起车轮不平衡的主要原因如下：

(1) 前轮定位不当，尤其是前束和主销倾角，不仅影响汽车的操纵性和行驶稳定性，而且会造成轮胎偏磨，这种胎冠的不均匀磨损与轮胎不平衡形成恶性循环，因而使用中出现车轮不平衡，也可能是车轮定位角失准的信号。

(2) 轮胎和轮辋以及挡圈等因几何形状失准或密度不均匀而先天形成的重心偏离。

（3）因轮毂和轮辋定位误差使安装中心与旋转中心难以重合。

（4）维修过程的拆装破坏了原有的整体综合重心。

（5）轮辋直径过小，运行中轮胎相对于轮辋在圆周方向滑移，从而发生波状不均匀磨损。

（6）车轮碰撞造成的变形引起的质心位移。

（7）轮胎翻新中因定位精度不高而造成新胎冠厚度不均匀而使重心改变。

（8）高速行驶中制动抱死而引起的纵向和横向滑移，会造成局部的不均匀磨损。

4.3.1.2　国标对车轮的要求

《机动车运行安全技术条件》（GB 7258—2004）中对车轮有如下要求：

（1）轮胎的磨损。乘用车、摩托车及轻便摩托车和挂车轮胎胎冠上花纹深度不允许小于1.6mm，其他机动车转向轮的胎冠花纹深度不允许小于3.2mm；其余轮胎胎冠花纹深度不允许小于1.6mm。

（2）轮胎胎面不允许因局部磨损而暴露出轮胎帘布层，轮胎不允许有影响使用的缺损、异常磨损和变形。

（3）轮胎的胎面和胎壁上不允许有长度超过25mm或深度足以暴露出轮胎帘布层的破裂和割伤。

（4）同一轴上的轮胎规格和花纹应相同，轮胎规格应符合整车制造厂的出场规定。

（5）机动车转向轮不允许装用翻新的轮胎。

（6）机动车所装用轮胎的速度级别不应低于该车最高设计车速的要求。

（7）双式车轮的轮胎的安装应便于轮胎充气，双式车轮的轮胎之间应无夹杂的异物。

（8）乘用车用轮胎应有胎面磨损标志。乘用车备胎规格与该车其他轮胎不同时，应在备胎附近明显位置（或其他适当位置）装置能永久保持的标志，以提醒驾驶员正确使用备胎。

（9）轮胎负荷不应大于该轮胎的额定负荷，轮胎气压应符合该轮胎承受负荷时规定的压力，具有轮胎气压自动充气装置的汽车，其自动充气装置应能确保轮胎气压符合出厂规定。

（10）车轮总成的横向摆动量和径向跳动量。总质量不大于3500kg的汽车不应大于5mm，摩托车及轻便摩托车不应大于3mm，其他机动车不应大于8mm。

（11）最高设计车速大于100km/h的机动车，其车轮的动平衡要求应符合有关技术条件的规定。

4.3.2　车轮不平衡检测原理

4.3.2.1　车轮静平衡检验

车轮静平衡是指车轮质心与其旋转中心重合。简单的检验方法是：支起轮轴，调整好轮毂轴承的松紧度，用手轻转车轮，使其旋转直至自然停转，此时在车轮离地最低点作一记号。重复上述试验多次，如果每次离地最低点相同，说明车轮存在静不平衡。若上述试验每次自然停转位置各不相同，则说明车轮是静平衡的。

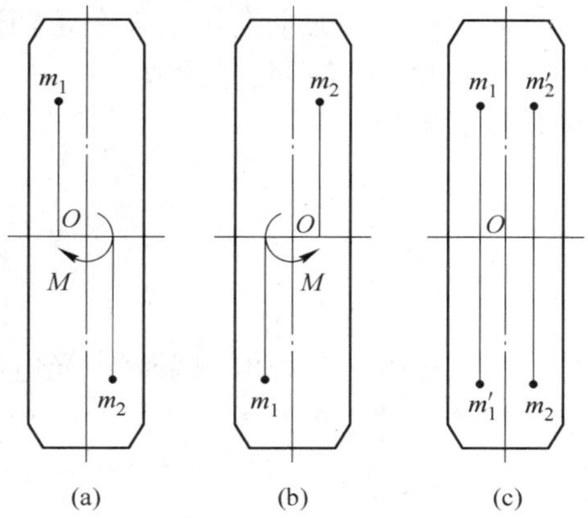

图 4-12　静平衡车轮动不平衡

静平衡的车轮在高速旋转时可能产生不平衡力矩，出现动不平衡，使车轮产生摆振。如图 4-12（a）所示在车轮的两平面内，有作用半径相同，质量相等但相位相反的两质点 m_1、m_2，该车轮是静平衡的。但是在车轮旋转时，两质点产生的离心力形成力偶，使车轮处于动不平衡，如图 4－12（b）所示。如果该车轮是转向轮，在力偶作用下转向轮就会绕主销左右摆动。如果在 m_1、m_2 同一作用半径的相反方向上配置相同质量的为 $m'_1=m_1$、$m'_2=m_2$，则车轮处于动平衡，如图 4-12（c）所示。由此可见，静平衡的车轮不一定是动平衡的，但动平衡的车轮一定是静平衡的。因此，对车轮一般应进行动平衡检验。

4.3.2.2　车轮动平衡检验

如图 4-13 所示为离车式硬支撑车轮动平衡机的工作原理图。所谓硬支撑是指支撑刚度很大，车轮支撑系统振幅很小，车轮的惯性力可以略去不计。

假设有不平衡质量 m_1、m_2，集中在两侧轮辋的边缘处，且在同一（角度）方向。车轮旋转时产生离心力，图 4-13 中 F_1、F_2 为这两个离心力在传感器平面的投影，N_1、N_2 为平衡机主轴左、右支撑测得的动反力。根据力和力矩的平衡条件有：

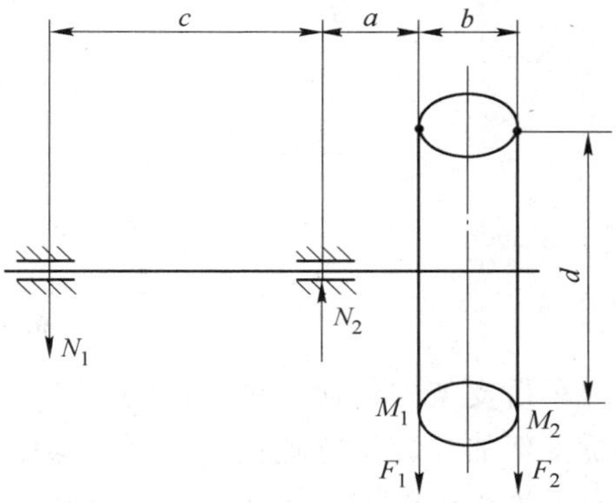

图 4-13　硬式支撑车轮动平衡机工作原理

$$\Sigma F_y=0,\ N_1-N_2+F_1+F_2=0 \tag{4-8}$$

$$\Sigma M=0,\ N_1c-F_1a-F_2(a+b)=0 \tag{4-9}$$

联立求解方程式（4-8）、式（4-9）可得：

$$F_1=[(a+b+c)/b]N_1+[(a+b)/b]N_2 \tag{4-10}$$

$$F_2=[(a+c)/b]N_1-(a/b)N_2 \tag{4-11}$$

式中　a——被测车轮在平衡机上的安装尺寸，由平衡机上提供的专用工具测得；

b——被测车轮轮辋宽度，可用专用卡规测量；

c——平衡机主轴两支撑点之间的距离，为平衡机的结构参数（已知）；

N_1，N_2——支撑处动反力，由相应传感器转换成电信号后测出。

由式（4－10）和式（4－11）计算出 F_1、F_2 后，再根据离心力计算公式 $F=n\omega 2r$ 求出不平衡质量 m_1、m_2。

$$m_1=F_1/\omega 2r=2F_1/\omega 2d \tag{4-12}$$

$$m_2=F_2/\omega 2r=2F_2/\omega 2d \tag{4-13}$$

式中　ω——车轮平衡时平衡机主轴的转动角速度；

r——不平衡质量（即平衡块）到车轮旋转中心的距离，一般平衡块安装在轮辋边缘，所以 $r = d/2$，d 是被测车轮轮辋直径，可以根据轮胎代号读取。

关于不平衡质量所在相位的检测原理，可查阅其他相关资料。

4.3.3　车轮平衡检验设备

4.3.3.1　就车式车轮平衡机

就车式车轮平衡机，如图 4-14 所示，除车桥支架外，其他部分如电测系统、光电相位检测装置、显示仪表板和摩擦轮驱动电机等均安装在一个驱动小车上。

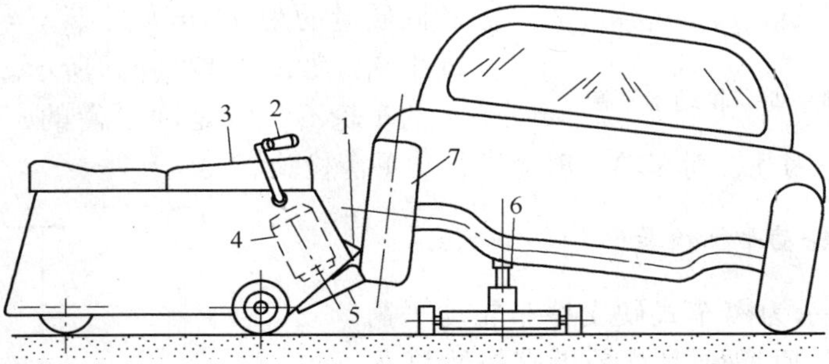

图 4-14　就车式车轮平衡机

1—光电传感器；2—手柄；3—仪表板；4—驱动电机；5—摩擦轮；6—传动器支架；7—被测车轮

车桥支架中包含一个复杂的力传感器，用以测量由车轮不平衡质量产生的不平衡力。车桥支架的安装位置随被测车型和操作人员的习惯及现场条件而定，完全是随机的，因此就车式平衡机电测系统必须具有自标定功能。所谓自标定功能，是指能根据已知不平衡质量（一般为 30g）所引起的不平衡力大小和相位，反算出实测的不平衡力对应的不平衡质量大小和相位。

光电相位检测装置包括一个强光源和两个光电管。强光源用以照射轮胎上的反光标志，提供相位识别信号。根据两个光电管接受反光信号的前后可以判断车轮的旋转方向。

4.3.3.2　使用方法

被测车轮事先由举升器举离地面，并将车桥坐落于传感器支架 6 上。操作人员骑于车上推动手把，使摩擦轮紧压于被测车轮 7 上，驱动电机 4 带动摩擦轮拖动车轮以相当于 110km/h 的车速旋转，这时车轮的不平衡质量产生的不平衡力随即被力传感器感知并转变成电量，这一电信号由电缆传入驱动小车内的电测系统予以计量和处理。光电传感器 1 拾取车轮的初相位信号和转速信号，经电测电路处理后得到不平衡质量的量值和相位值，显示于仪表板的 4 和 5 两组数码管上，如图 4-15 所示。测试前须在被测轮胎侧面任意处贴装白色反光标志，为使光电元件正常工作，胎侧距光电管不得超过 5cm，检测程序分三步进行。

(1) 待摩擦轮与轮胎压紧后按下右按钮（左按钮也可），同时按压第一次试验按钮驱动车轮旋转，待转速上升到适当转速时，即分离摩擦轮同时释放按钮，电路即记录与不平

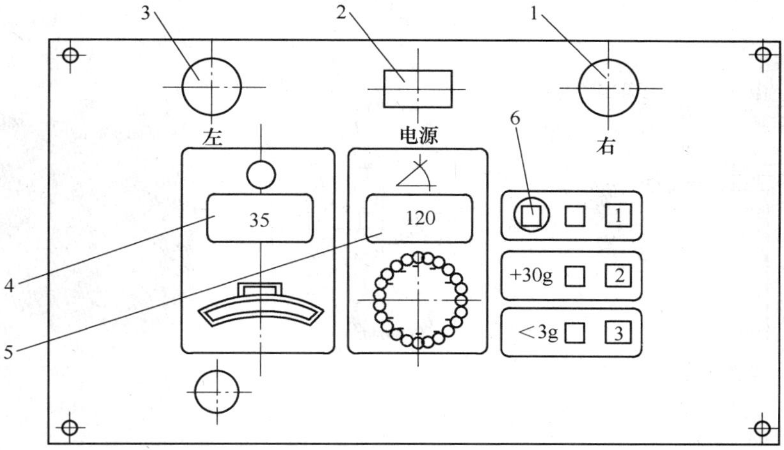

图 4-15　就车式车轮动平衡机显示面板

1—右转按钮；2—电源开关；3—左转按钮；4—质量显示；5—相位显示；6—显示灯

衡力及其相位有关的原始量并存入 CPU，仪表的 4 与 5 闪烁显示这组未经标定的不平衡数值和相位。

（2）在反光标志处加装计算机预设的标定质量，如有的规定小客车为 30g，大货车为 300g，按下第二次试验按钮，重复上述操作，即用这已知预设质量对振动系统的刚性和结构参数进行计算。当转速上升到设定值时显示灯即被点亮，计算机即将第一次所测得的变量自动处理成常量显示于仪表板上，这就是就车式平衡机的自标定功能。这时将显示的质量加装在所显示的相位处，然后除去标定重块。

（3）剩余不平衡量检测，以证实剩余不平衡量是否满足有关法规的要求，如果达不到要求，可进行第二次复试，如仍达不到标准要求，只能拆下轮胎使用较高精度的离车式车轮平衡机进行平衡。

如果是驱动桥，则可用发动机拖动车轮旋转，其他操作如同前述。对于平衡要求较高的车辆，为了消除阻尼造成的相位误差，平衡时可令车轮左右各转一次，取两次的平均值为最后测定值。

这里必须着重指出，所有平衡机都有最大不平衡量限值，严重失衡的车轮是不能上机平衡的。

4.3.3.3　离车式车轮平衡机

离车式车轮平衡机目前应用最多的是硬式支撑、两面测定车轮动平衡机，如图 4-16 所示，主要由驱动机构、转轴、支撑装置（包括动反力测量传感器）、锥体压盘及快速螺母、制动装置和防护罩等组成。

4.3.3.4　离车式平衡机的操作方法和步骤

具体操作如下：

（1）检测车轮的准备。去掉车轮轮辋上已有平衡块，清除轮胎表面的泥土和花纹中的石子，检查轮胎气压并充至规定值。

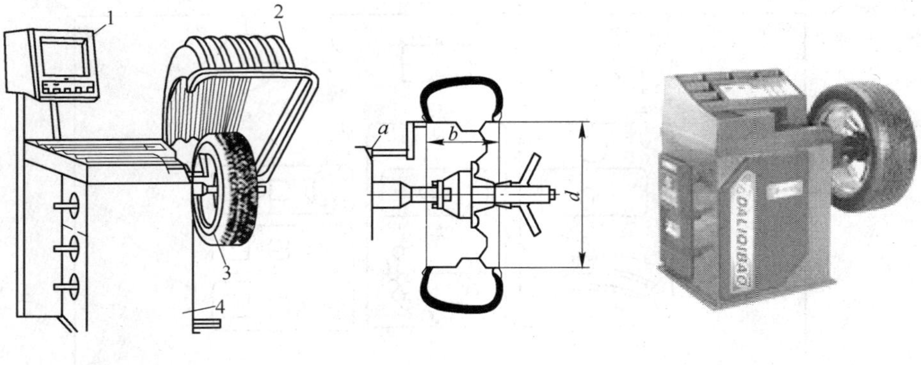

(a)　　(b)

图 4-16　离车式车轮动平衡机

（a）离车式车轮动平衡机结构图；（b）离车式车轮动平衡外形图

1—显示屏；2—防护罩；3—轮轴；4—机体

（2）接通主机电源。定期对平衡机测量系统进行标定（又称设定程序），以保证测量精度。

（3）根据被测车轮轮辋中心孔大小选择合适的锥体压盘，把车轮安装到平衡机转轴上，注意对中要准，并用快速螺母装夹牢固。

（4）输入轮辋直径、轮辋宽度和轮辋边缘到机箱距离等参数。注意有些平衡机要求轮辋直径和轮辋宽度的单位是英寸。

（5）放下车轮保护罩，自动进入平衡测试程序（有些平衡机需要按起动按钮）。当测量完成时，平衡机仪表会自动显示轮胎两侧的不平衡质量 m_1 和 m_2 及其相位。车轮自动制动直至停止，在车轮停止转动前不得打开车轮保护罩。

（6）根据测量结果，在轮辋两侧边缘指示相位上分别装上相应质量块。

（7）加装完毕后应再次检验，观察剩余不平衡量是否满足法规要求（一般要求 5g 以下）。

有些离车式平衡机的参数显示和操作系统提示采用 CRT 显示，如图 4-16 所示，有些离车式平衡机采用发光二极管显示。当采用发光二极管指示平衡质量加装相位时，待车轮完全停止转动后用手转动车轮，发光二极管会随转动而左右（或上下）跳闪，转到正中间的发光二极管亮时停止，此时在转轴正上方（即 12 点钟位置），对应侧轮辋边缘处加装平衡质量 m_1，用同样方法加装平衡质量 m_2。

车轮在平衡机主轴上的定位至关重要，为了确保不同形式和不同规格的车轮的中心都能与主轴中心严格重合，所有离车式车轮平衡机均配有数个大小不等的定位锥体，如图 4-16 所示。锥体内孔与主轴高精度配套，外锥面与轮辆中心孔紧密接合，并由专用快速蝶形压紧螺母紧压于主轴定位平台上。

为了方便用户，离车式平衡机都随机配备一个专用卡尺，以供用户测量轮辋直径 D 和轮胎宽度 B，因为轮胎宽度用直尺是难以测量的。为了适应不同计量制式和国度，平衡机上的所有标尺一般都同时标有英制和国际单位制刻度。

4.3.4 车轮平衡应注意事项

注意事项如下：

（1）离车式平衡机的主轴固定装置和就车式平衡机的支架上都装有精密的位移传感器和易碎裂的压电晶体传感器，因此严禁冲击和敲打主轴或传感器支架。

（2）在检修平衡机时，传感器的固定螺栓不得任意松动。因为这一螺栓不是一般的紧固件，由它向传感器体提供必要的预紧力，当这一预紧力发生变化时，电算过程将完全失准。

（3）轮胎安装时定心要准，装夹要牢固，否则影响平衡精度。

（4）开始平衡测试前，一定要检查台面上是否有工具、量具、平衡块等物，防止其滑落到转轴上，造成安全事故。

思 考 题

4-1 说明进行底盘测功试验的主要目的。

4-2 简述底盘测功机的组成及各部分作用。

4-3 简述电涡流测功器的基本原理。

4-4 在做底盘测功试验时，常要在车前放置一台可移动的风机向汽车吹风冷却。说明这是为什么。

4-5 车轮定位参数主要有哪些？各起什么作用？

4-6 简述车轮不平衡的产生原因及其危害。

4-7 简述就车式平衡机的基本工作原理。

4-8 简述离车式平衡机的基本工作原理。

学习情境5　发动机故障诊断

【知识目标】

1. 掌握汽油发动机冷却系常见故障的现象、原因及诊断方法。
2. 掌握汽油发动机润滑系常见故障的现象、原因及诊断方法。
3. 了解汽油发动机异响的类型鉴别、诊断要点。
4. 熟悉柴油机起动系常见故障的现象。
5. 熟悉柴油机燃料系常见故障的现象。
6. 掌握柴油机燃料系常见故障的诊断方法。

【技能目标】

1. 能熟练排除汽油发动机冷却系常见故障。
2. 能熟练排除汽油发动机润滑系常见故障。
3. 能够对发动机异响进行类型鉴定。
4. 能够根据柴油机燃料起动、燃料系常见的现象诊断故障。
5. 会排除柴油机起动、燃料系常见故障。

【本章导语】

发动机是汽车的心脏，汽车的动力性、经济性、可靠性以及排气净化性等性能都直接和发动机有关。由于它结构复杂，工作条件又很不稳定，经常受转速与负载的交变影响，某些零件还要在高温、高压及冲击等恶劣条件下工作。因而它产生的故障占全车的比例最高，单位里程每车的配件消耗、保修工时消耗也占首位，往往成为诊断与检测的重点。在汽车修理上，发动机的故障诊断和维修水平最为重要。

由于柴油机具有良好的经济性，可靠性和较大功率范围内的适应性，故在汽车上被广泛采用。由于柴油机混合气的形成方式以及点燃方式与汽油机有较大区别，使柴油机与汽油机在结构上，以及在常见的故障现象上均有较大差别，但同时也有许多相似之处。本章主要介绍汽油机、柴油机的故障现象及诊断方法。

任务5.1　汽油机冷却系故障

冷却系能维持发动机在最适宜的温度下工作。发动机冷却系的技术状况，对其动力性、经济性及可靠性的影响都很大。实验资料表明：当冷却水温度从90℃降到40℃时，耗油量约增加30%，功率约降低10%左右；当冷却水温度从90℃升到120℃时，耗油量增加，功率却降低约5%左右；当冷却水温度从80℃降到30℃时，材料磨损将增加5倍左右。因此，发动机在任何情况下都必须使冷却系保持在 80 ~ 90℃ 的最适宜温度，这样才能使发动机工作正常，从而使寿命延长。发动机在使用中，冷却系会出现故障，常见故障部位如图 5-1 所示。这些故障将引起发动机温度过高或过低。

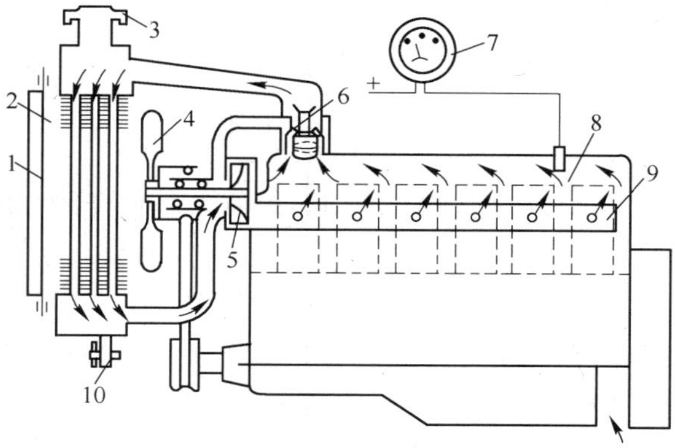

图 5-1　冷却系常见故障原因及发生部位

1—百叶窗叶片轴锈蚀；2—散热器漏水或堵塞；3—散热器工作不良；4—风扇叶片折断或叶片角度不良或皮带打滑；5—水泵漏水或工作不良；6—节温器工作不良；7—水温表或水温塞失效；8—水套水垢太多；9—分水管损坏；10—放水开关损坏

5.1.1　发动机过热

发动机过热是冷却系的主要故障，主要表现为三种形式：冷却水量足，但发动机过热；冷却水量不足。发动机过热；发动机突然过热。

5.1.1.1　冷却水量足，但发动机过热

A　故障现象

故障现象表现为：

(1) 发动机冷却水既不缺少也不漏。但在行驶中发动机动力不足。

(2) 发现水温超过 90℃ 直到沸腾（俗称“开锅”）。

(3) 运行中水温 90℃ 左右，但一停车冷却水立即沸腾。

B　故障原因

故障原因有：

(1) 百叶窗关闭或开度不足。

(2) 风扇皮带松弛或因油污而打滑。

(3) 节温器大循环工作不良或分水管堵塞。

(4) 散热器出水管被吸瘪或管壁脱层堵塞。

(5) 散热器散热片倾倒过多或水管堵塞，以及散热片的外部积垢过多，堵塞水管外表空间，使散热效率降低。

(6) 缸体水套水垢沉积过多。

(7) 风扇叶片变形，角度不当。

(8) 超负荷低挡行驶时间过长，引起发动机过热。

除了冷却系的故障以外，其他系统的故障也可能造成发动机过热。涉及其他系统的原因有：

（1）点火时间过迟。

（2）混合气过稀或过浓。

（3）排气门间隙过大。

（4）燃烧室积炭过多。

（5）发动机油底壳润滑油量不足。

（6）汽车使用条件，如道路、气候、风向、负荷等方面的影响。

C　故障诊断与排除

具体操作如下：

（1）检查百叶窗是否关闭或开度不足。若开度足够，再检查风扇叶片的固定情况和皮带松紧是否适当，调整风扇皮带松紧度的方法是用大拇指以一定压力（如EQ6100-1型汽油机 $P=29\sim49N$）压下皮带，其挠度为10～15mm为合格。若压下时挠度过大，说明皮带松弛。若皮带不松而仍然打滑，说明皮带及带轮磨损或沾有油污，应予更换或清洗。

（2）若风扇转动正常而发动机仍过热，则应检查风扇的风量。方法是在发动机运转时，将一张薄纸放在散热器前面，若纸被牢牢地吸住，说明风量足够。风扇叶片方向不能装反，否则应调整风扇叶片的角度，并将叶片头部适当折弯以减少涡流。必要时更换新风扇。

（3）如风扇正常，可触试散热器和发动机温度。若散热器温度低而发动机温度高，说明冷却水循环不良，应检查散热器出水胶管是否被吸瘪，内孔有无脱层堵塞。如果出水管良好，可拆下散热器的进水软管并起动发动机，这时冷却水应有力地排出，若不排水说明水泵或节温器有故障。如果节温器工作不良，则在发动机水温升高时冷却水不经过散热器，只能进行小循环，因而发动机温度过热，而散热器温度却很低。有时节温器虽然良好，但由于水泵有故障，也会影响冷却水的循环，这时即使拆下节温器，散热器的进水管也无水排出。

（4）若上述部位均正常，再检查散热器和发动机各部位温度是否均匀。如果散热器冷热不均，说明其水管有堵塞或散热片倾倒过多。如果发动机的温度前端低于后端，则表明分水管已损坏或堵塞，应拆换。

（5）若非上述原因，则可能水套内积垢过多，应予以清除。

（6）在冷却系均正常的情况下发动机仍过热，则应考虑其他系统的问题，如点火是否过迟，排气门脚间隙是否过大，混合气是否过浓或过稀，燃烧室内积炭是否过多以及润滑油是否不足等。此外，汽车上长坡、顺风行驶或在高温季节长时间低速大负荷行驶等也会引起发动机过热。

5.1.1.2　冷却水量不足引起发动机过热

A　故障现象

故障现象表现为：

（1）发动机冷却系统容纳不了规定的冷却水量。

（2）在运行中冷却水消耗异常，而使发动机过热。

B　故障原因

故障原因有：

（1）缸体水套或散热器积垢过多造成局部堵塞。

（2）散热器漏水或散热器盖的空气—蒸汽阀失效，散热器进出水软管破裂，或水管卡子螺母松动。

（3）水泵壳体破裂，水泵衬垫损坏或固定螺母松动，水泵水封橡胶皮碗老化，水封弹簧锈蚀软化或折断，叶轮密封圈磨损过量，水泵叶轮锈蚀或水泵叶轮端面与壳体孔端密封不严，泵轴与叶轮脱落。

（4）在低温季节，散热器内冷却水在停车时未放净而结冰。

（5）缸体水套中有砂眼或穿孔。

（6）气门室内破裂漏水。

（7）放水开关关闭不严。

（8）冷却系统其他部位漏水。

C　故障诊断与排除

具体操作如下：

（1）检查冷却系统外部是否漏水。如水从散热器管或上、下贮水室漏出，应用焊锡修补；如水从进出水软管端漏出，应拧紧卡箍螺母；如由于水管破裂而漏水时应更换水管，更换时可用肥皂润滑一下水管头内径，便于安装。

（2）在严寒季节行驶的车辆，应特别注意检查散热器是否结冰，这种故障的特征是水温已达到100℃，但散热器仍然冰冷，称为水阻。此时应用加热的方法使散热器的冰融化，保证冷却水循环畅通。

（3）检查放水开关关闭情况。如因放水开关关闭不严漏水，应研磨或更换。

（4）检查水泵是否漏水。如水从水泵出水孔漏水，说明水封失效，应拆下水泵，更换水封。水从水泵壳与缸体接合处漏出，应拧紧固定螺栓或更换衬垫。如属一次性水泵应更换水泵总成（可用一清洁木条伸到泄水孔处，木条上有水说明水泵漏水）。

（5）若冷却系外部并不漏水，而冷却水消耗仍然较快，则应检查冷却系内部有无漏水。若拔出机油尺发现机油中有水，则说明气门室内壁或进气通道内壁破裂漏水，或缸垫水道处冲坏与气缸沟通。同时还应检查散热器盖的蒸汽阀是否失效，若冷却水容易从加水口处飞溅损失，则说明散热器蒸汽阀失效。

5.1.1.3　发动机突然过热

A　故障现象

故障现象表现为：

（1）发动机运行中突然过热，水温表指针很快指到100℃的位置，发动机功率明显下降。

（2）冷车起动时，发动机水温迅速升高并沸腾，在补足冷却水后才转为正常。

B　故障原因

故障原因有：

(1) 风扇传动带断裂或发电机固定支点松动移位。

(2) 节温器主阀门脱离。

(3) 水泵轴与叶轮脱落。

(4) 气缸垫冲坏，水套与气缸沟通，高压气体进入水道。

(5) 风扇离合器失灵。

C 故障诊断与排除

具体操作如下：

(1) 若行车中发动机突然过热，应注意电流表读数。若提高发动机转速，电流表不指示充电，而在放电 4 ~6A 位置和“0”位之间作间歇摆动，则说明风扇传动带断裂，发电机和水泵均不工作。

(2) 用手触摸散热器和发动机，若发动机温度过高而散热器温度低，说明水泵轴与叶轮松脱，是冷却水循环中断；若发动机与散热器温度差别不大，则应检查冷却系有无严重漏水处。

(3) 检查自动调速的风扇离合器是否能随温度变化而变动转速。

(4) 若冷车发动时温度迅速升高，冷却水沸腾，多是节温器主阀门脱离并横卡在散热器进水管内，阻碍了冷却水的大循环。

(5) 气缸垫烧坏有时也能使散热器口向外溢水和排气泡，呈现冷却水沸腾的假象。这主要是因为气缸垫烧蚀或缸盖、缸套出现裂纹，使高压气窜入水套，因此冒出激烈的气泡。

5.1.2 发动机温度过低

发动机温度过低的故障，一般出现于寒冷的冬季或在高寒地区行驶过程中。

5.1.2.1 故障现象

故障现象表现为：

(1) 温度表指示值低于发动机正常工作温度。

(2) 发动机乏力，消声器时有放炮声，燃油消耗增加。

5.1.2.2 故障原因

故障原因有：

(1) 节温器损坏，冷却液只能进行大循环，引起散热过多。

(2) 百叶窗不能关闭或关闭不严。

5.1.2.3 故障诊断与排除

具体操作如下：

(1) 检查百叶窗是否开闭自如，若关闭后仍然不能升高温度，则应考虑用保温套。

(2) 检查节温器是否失效，若失效，应及时更换。

5.1.3　冷却液消耗过多

5.1.3.1　故障现象

发动机有漏水现象，冷却液液面下降过快，须经常添加冷却液。

5.1.3.2　故障原因

冷却液消耗过多主要是由泄漏引起的，具体表现在：

（1）散热器损坏、水泵密封不良、管路接头损坏、松动等造成冷却系外部渗漏。

（2）气缸垫损坏、缸体缸盖水套破裂、气缸盖翘曲、缸盖螺栓松动等造成冷却系内部渗漏。

5.1.3.3　故障诊断

具体操作如下：

（1）检查冷却系有无外部渗漏现象。由于发动机冷却液往往加有染料着色，外部渗漏部位较为明显，目测即可确诊泄漏部位，应重点检查软管、接头、散热器芯和水泵等部位。

（2）检查冷却系有无内部渗漏。一般内部渗漏时会伴随有发动机无力、排气管排白烟、散热器有气泡、机油液面升高、机油呈乳白色等现象，应拆检缸体、缸盖和缸垫。

任务 5.2　汽油机润滑系故障诊断

发动机润滑系技术状况不良，会加剧机件的磨损，直接影响发动机的使用寿命。为此发动机润滑系必须维持一定的压力，才能保证发动机正常运转。机油压力值通常根据汽车仪表板上的机油压力表或油压信号指示灯显示而获得。虽然精度较差，但能满足观测要求。正常情况下，发动机在常用转速范围内，汽油发动机油压为 196～392kPa。若油压过高，将冲裂机油滤清器及机油压力传感器；压力过低，又会影响发动机润滑。润滑系的常见故障有机油压力过高、机油压力过低、机油消耗过大及机油容易变质等。

润滑系常见故障原因及发生部位如图 5-2 所示。

5.2.1　机油变质

5.2.1.1　故障现象

故障现象表现为：

（1）取样检查机油，将机油滴在洁白的吸墨纸上，机油呈黑色并有杂质，或者油滴外缘呈黄色而核心为黑色，用手捻搓，机油失去黏性并有杂质感。

（2）含水分的机油呈乳浊状并有泡沫。

5.2.1.2　故障原因

故障原因有：

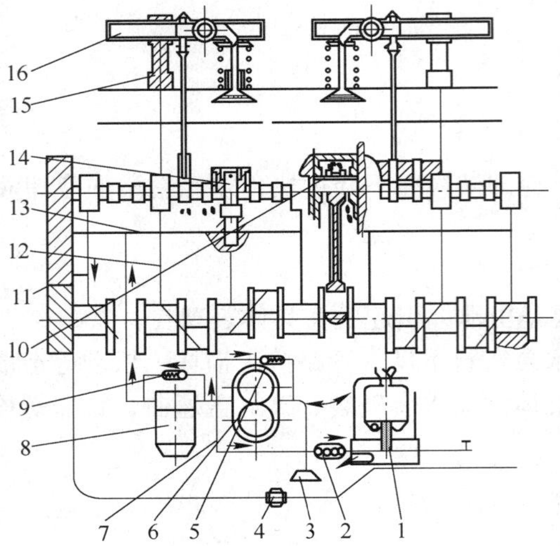

图 5-2　润滑系常见故障原因及发生部位

1—细滤器壳与衬垫未压紧或损坏，细滤器脏污，细滤器中心孔两端不密封，转子卡滞，喷嘴堵塞；2—细滤器进油限压阀调节不当或失灵；3—集滤器破损或堵塞；4—油底壳放油螺塞渗漏；5—液压阀调节不当，弹簧过软或折断；6—机油泵齿轮啮合间隙过大或齿轮与泵盖间隙过大；7—油管接头松动或破裂；8—粗滤器过脏，粗滤器壳与衬垫未压紧或损坏，粗滤器芯未压紧，密封圈损坏；9—粗滤器旁通阀密封不严或弹簧过软、折断或调节不当；10—连杆小端油道堵塞；11—正时齿轮喷油嘴堵塞；12，13—主油道堵塞；14—机油泵传动机构不能正常工作；15—上油道堵塞或缸盖与缸体油道孔为对准；16—摇臂轴松旷、润滑油压力过低

（1）机油品质差，在发动机正常温度、压力工况下，早期变质、结焦、结胶。

（2）外部灰尘、杂质和水蒸气渗入曲轴箱，油水被搅动后形成油泥。燃烧室内废气和未燃尽的油气渗入曲轴箱，凝结后稀释机油。

（3）部分燃油燃烧后变成蒸汽，其中有些氧化物会变成腐蚀性极强的酸类，腐蚀机油。

（4）机油滤清器堵塞或中心孔两端密封不良。

（5）气缸、活塞、活塞环磨损严重。间隙过大。或活塞环“对口”，使高温气体漏进曲轴箱，加速了机油的氧化、积炭。

（6）汽油泵膜片破裂，汽油进入油底壳。

（7）发动机缸体破裂，冷却水滴入油底壳。

（8）机油压力过低且机油黏度过大。

5.2.1.3　故障诊断与排除

具体操作如下：

（1）检查机油压力，排除导致机油压力过低的各种原因。若机油压力正常，再查看油质，包括黏度、颜色、有无汽油、水分和其他杂质。

（2）检查机油滤清系统是否良好。先拧转粗滤器刮片手柄，若拧转不动，则应拆下清洗。然后检查旁通阀和加油细滤器的效能。

（3）检查曲轴箱通风情况。曲轴箱通风不良，漏进曲轴箱的废气、可燃混合气、水蒸气和燃油等凝成有害化合物且稀释机油，使机油加速变质。

5.2.2　机油消耗异常

5.2.2.1　故障现象

故障现象表现为：
（1）排气管冒蓝烟，机油加注口脉动冒烟。
（2）积炭增多，湿储气筒放气时，油沫增多。
（3）发动机或空气压缩机有漏油处。
（4）每天检查机油量，均会有明显减少。

5.2.2.2　故障原因

故障原因有：
（1）活塞与缸壁间隙过大。
（2）活塞环严重磨损使泵油现象加重。
（3）扭曲活塞环装错。
（4）进气门导管磨损过量或气门导管挡油罩损坏。
（5）曲轴箱通风装置堵塞而造成通风不良。
（6）发动机曲轴后端漏油。
（7）发动机正时齿轮室盖处漏油。
（8）油底壳或气门室盖（罩）漏油。
（9）空气压缩机活塞与缸壁间隙过大。
（10）空气压缩机前后曲轴盖处漏油。

5.2.2.3　故障的判断与排除

具体操作如下：
（1）查看发动机各部件外表面有否漏油处。
（2）发动机高速运转，查看排气管是否冒蓝烟，有时也可看到从机油加注口冒出脉动的蓝烟，这些说明机油进入气缸燃烧所致，应拆检活塞连杆组，进行检查分析；若仅是排气管冒蓝烟，而机油加注口并无脉动的蓝烟，则说明是由于气门室的机油沿磨损过量的气门导管被吸入燃烧室所致。

5.2.2.4　机油消耗量的检测

在对车用发动机机油消耗量进行检测时，可按照一定的行驶里程定期进行。检测前，发动机应先进行预热（水温达80℃以上），停止发动机运转5min后进行机油消耗量测量（每次测试时的条件均应该相同）。下面介绍质量测定法和油标尺测定法。

A　质量测定法

首先预热发动机至一定温度，然后停止发动机运转并立即打开放油塞，放出机油池内的机油，当机油由液流变成滴流往下滴时，记下放油时间，拧上放油塞，再将已知质量的机油加入油底壳至规定的液面，使车辆进行实际运行。车辆运行若干里程后，若需要测试机油消耗量，只要按同样的测试条件和放油时间，放出油底壳内的在用机油，并称量出其质量就可以了，加入和放出的质量之差即为机油消耗量。这种方法费时费力，但测量精度较高。

B　油标尺测定法

用油标尺进行测定前，将车辆置于水平硬地面上，预热后停止发动机运转，将机油加至油底壳规定的液面高度，然后在机油标尺上清楚地画上刻线，以记住这一液面位置。其后车辆投入实际运行，使机油消耗至油标尺下限或行驶一定里程时停止运行，仍置车辆于原地点，按原测试条件，向油底壳内加入已知量（质量或体积）的机油，使液面仍升至机油标尺上所画的刻线，所加油量即为机油消耗量。这种方法比较简单，但由于机油池内机油表面积太大，机油标尺上较小的高度误差，便会带来较大的机油量测量误差。

5.2.3　机油压力过低

机油压力过低，将使润滑效果减低，磨损增加，甚至危及机件的正常运转而使之烧坏。

5.2.3.1　故障现象

故障现象表现为：

（1）发动机起动后，机油压力很快降低，报警蜂鸣器报警。

（2）发动机运转过程中机油压力始终过低。

（3）油底壳机油被稀释，油面增高，机油黏度变小，带有很浓的汽油味或带有水泡沫。

5.2.3.2　故障原因

故障原因有：

（1）机油量没有达到规定容量。

（2）机油黏度变小。

（3）汽油或冷却水进入油底壳。

（4）汽油泵膜片破裂或汽油泵拉杆螺栓松动或连接不结实，汽油流入油底壳稀释了机油。

（5）机油泵磨损严重，造成机油泵泵油性能变坏。

（6）机油集滤器堵塞，机油粗滤器堵塞。

（7）限压阀调整弹簧弹力过低，或弹簧折断。

（8）机油滤清器旁通阀不密封，或其弹簧折断或弹力调节过小。

（9）油管接头松动或油管破裂漏油，或油道某处严重泄漏。

（10）发动机曲轴轴承或连杆轴承配合间隙过大，或凸轮轴轴承间隙过大。

（11）机油压力表、机油压力传感器及机油压力过低报警器工作不正常。

（12）发动机过热。

（13）未按季节规定换机油，如夏季用了冬季的机油，机油过稀。

（14）更换机油的周期太长。

5.2.3.3　故障的判断与排除

机油压力过低故障诊断流程如图 5-3 所示。

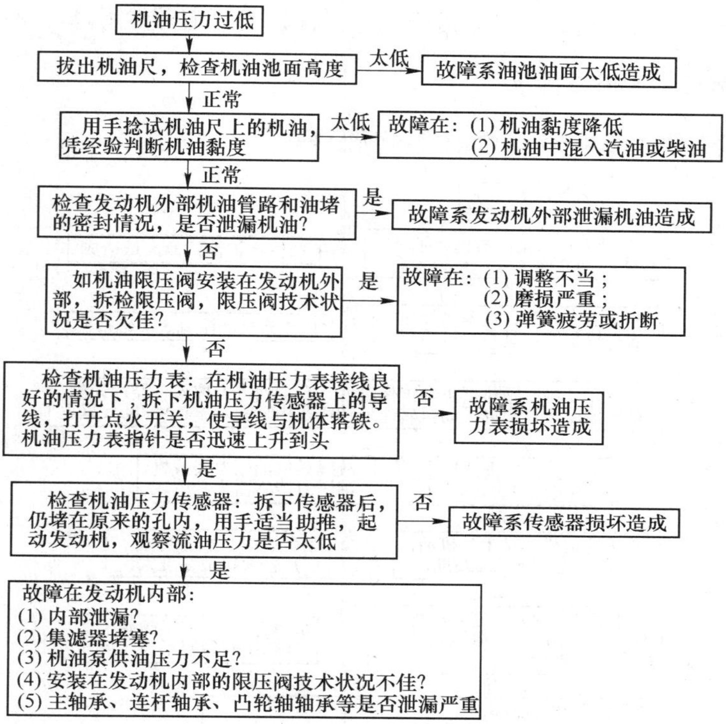

图 5-3　机油压力过低故障诊断流程

5.2.4　机油压力过高

机油压力过高，容易冲坏机油细滤器盖，也会冲坏机油压力传感器。

5.2.4.1　故障现象

故障现象表现为：

（1）接通点火开关，机油压力表即指示机油压力为 196kPa，起动后增至 490kPa 以上。

（2）发动机在运转中，机油压力表指示数突然增高。

（3）有时机油压力表指示数增高后，又突然下降过低。

5.2.4.2　故障原因

故障原因有：

（1）机油的黏度过大。

（2）限压阀调整不当或被胶质粘住而卡死在关闭位置。

（3）新装配的发动机曲轴轴承或连杆轴承间隙过小。

(4) 气缸体主油道堵塞。

(5) 机油滤清器滤芯堵塞且旁通阀开启困难。

(6) 机油压力表失准或传感器失效。

(7) 机油压力增高，油路中某处破裂大量泄油，使压力骤然下降。

5.2.4.3　故障的判断与排除

机油压力过高故障诊断流程，如图 5-4 所示。

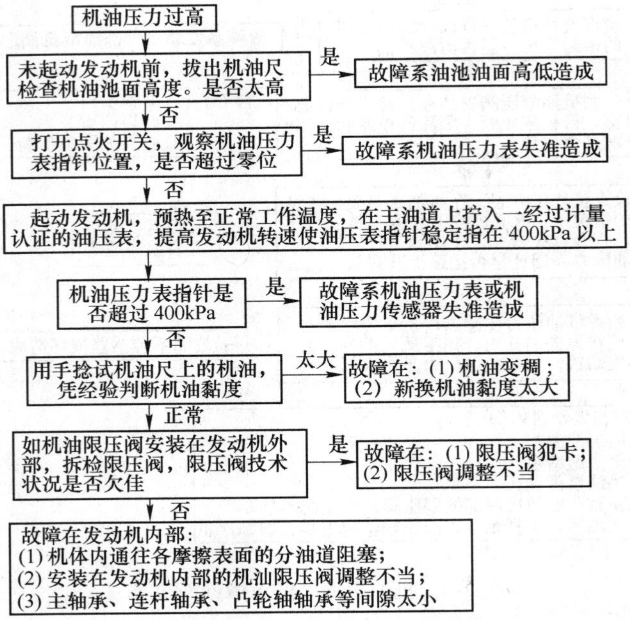

图 5-4　机油压力过高故障诊断流程

任务 5.3　发动机异响故障诊断

汽车是由成千上万个零件组成的复杂系统，在使用中受到机械的、电的、物理的、化学的等各方面的作用，以及自然环境、道路等多种因素的影响，同时还受到驾驶员、维修人员等人为因素的制约，汽车出现故障是在所难免的。而随着汽车技术的发展，汽车的性能越来越高，结构越来越复杂，这给汽车故障的诊断与排除增添了许多困难。

统计发现，汽车故障约有 70% 是通过异响表现出来的，如果能从这种最直观的表现形式中找出故障的一般规律和特点，就会给汽车故障诊断带来极大的方便。

5.3.1　发动机故障与异响

5.3.1.1　发动机异响确定

A　发动机正常响声

发动机在各部分配合间隙适当、润滑良好、工作温度正常、燃油供给充分、点火时间准确等条件下运转，无论转速和负荷（都在额定范围内）怎样变化，虽然发出声响的频率、波长、声级和衰减系数不同，但都是一种平稳而有节奏、协调而又圆滑的轰鸣声。这种响声称为发动机的正常响声。

B　发动机异响声

随着发动机使用时间的增长、操作不当、维修质量和自然环境的影响，发动机各零件因磨损、破损、固定松动、老化、接触不良、短路和断路等原因，使发动机在工作中产生的超出规定的响声称为发动机异响。

5.3.1.2　发动机异响的分布区域与诊断方法

发动机各零件间都有确定的安装位置和一定的配合间隙，当某处的配合或者相互位置失常时，将会听到故障伴随的响声。由此可见，异响是发动机故障中普遍存在的现象。

发动机出现异响时，必然会产生一定程度的振动，对于不同的异响在机体上查听清楚的位置是不同的。如图 5-5 所示为听诊不同异响故障较好的位置。

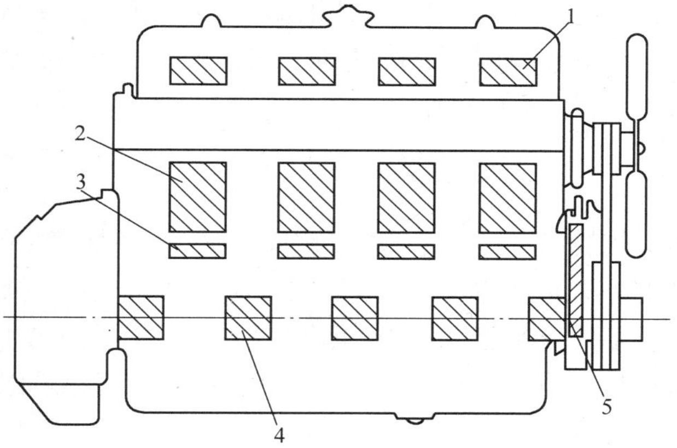

图 5-5　发动机异响的分布区域
1—气门区域；2—活塞、活塞销和连杆小头区域；3—气门挺杆区域；
4—曲轴主轴承区域；5—正时齿轮区域

在没有诊断设备的情况下，发动机异响的诊断一般均采用直观诊断法。发动机异响诊断时，一般要根据响声的大小、发出的部位、声响的特征、振动的程度、出现的时机以及声响变化的规律等因素，并结合实践经验找出不同异响存在的相似点和不同点。通过严格区分出不同异响各自所具有的特性及一些伴随变化现象，经认真细致地综合分析与判断后使异响得到初步诊断。然后，结合不同情况下对发动机排气烟色与烟量的观察，发动机温度、机油压力的变化和发动机新旧程度，以及使用中的一些相关情况等作全面分析与推断，从而使异响诊断更为准确。此外，在诊断中还要借助断缸法与简单的诊断仪器辅助法，以及在必要时采用拆下相关小件，运用特殊手段等方法使异响得到确诊。可见，在诊断中对产生异响的因素与异响给发动机带来变化的现象考虑的越全面，则使异响的由表及里逐步深入的诊断就越准确，从而就越容易找出异响产生的根源。

5.3.2　影响发动机异响的因素

零部件的质量（材料质量，加工质量）、配合间隙、润滑条件、温度、负荷、速度以及连接等直接影响各机构、总成和系统的工作；各机构、总成和系统的工作又决定着故障的程度；而发动机故障的严重程度又影响着异响的变化。它们相互联系又相互影响。

5.3.2.1　配合间隙

配合间隙是发动机装配质量的重要指标，当润滑、温度、负荷和速度等一定时，异响是随配合间隙的增大而变得明显的。如活塞与缸套的配合间隙越大，响声也越明显。

5.3.2.2　润滑条件

润滑是发动机正常工作的重要条件，润滑油既能在摩擦副之间产生润滑油膜减轻机械磨损，又能带走因摩擦而产生的热量和金属屑。当配合间隙、温度、负荷、速度一定时，润滑油膜的厚度受润滑系统压力和润滑油品质的影响，品质好的润滑油和适宜的压力就能产生较好的润滑油膜。润滑油膜越厚，机械冲击就越小，噪声也就越轻，异响就不易发生。反之，异响就会发生且明显而清晰。

5.3.2.3　温度

发动机在工作时，燃烧室内的温度最高可达数千度。而燃烧产生的热量只有约35%转变为机械能，约65%的热能由各零部件承受。同时发动机运转时，零件间的摩擦也能产生数百度的高温。金属零部件受到高温作用引起几何形状变化，这种变形又影响到配合间隙变化，润滑油在高温下易变质和变稀（润滑油黏度下降），使润滑油膜厚变薄，润滑性能变差。

5.3.2.4　负荷

发动机异响多数与负荷呈正比变化，即负荷越大异响也就越明显。根据异响随负荷变化的规律和特点就可判定故障的性质和位置。例如：发动机稳定在怠速运转，就可听到清晰的活塞敲缸响，而不严重的连杆轴承响则需要急抖油门才能听到；活塞敲缸响和连杆轴承响都有在停止故障缸工作（如可采用逐缸断火的方法试验）后异响减弱或消失的特点，利用这一特点不仅能确定故障的性质，而且还能找出故障的位置。

5.3.2.5　速度

发动机所以出现异响，是因为每种异响都有其特定的振动频率，当运动速度的频率是异响频率的整数倍时，会产生共振现象，于是异响加剧。即每种异响在其响声最明显时都对应一个运动速度段（速度范围）。如活塞敲缸响在发动机的低速段最明显；连杆轴承响在发动机的中速段最明显；传动轴不平衡响在汽车中速以上行驶时最突出，随着车速的升高，传动轴的振动也随之加剧。

5.3.2.6　部位

异响部位一般离故障位置较近，据此可以判定是什么机构、总成或系统出现故障，从而缩小诊断故障的范围。如异响在气门室处明显，说明气门机构有故障；在曲轴箱内异响明显，说明活塞、活塞销、连杆或曲轴轴承有故障等。

5.3.3　异响鉴别

5.3.3.1　分清主机与附件的响声

如果将 V 带松开后响声消失，说明该响声与水泵或发动机及其旋转部件有关；松开空气压缩机 V 带后响声消失，说明该响声与空气压缩机及其旋转部件有关。若将 V 带松开后响声仍不消失，应考虑是主机及其他部件发响。当然，如确有把握断定是主机的响声，上述检查步骤可以省略。

5.3.3.2　分清连响与间响

连响是指曲轴每转一周响一次，间响是曲轴每转两周响一次。气门机构所发出的响声属于间响，活塞连杆组间隙过大发出的响声一般也是间响。这是由于摩擦副配合间隙较大，活塞在工作行程中产生的冲击所造成的。如果活塞顶部与气缸盖相撞，更换活塞环时未刮缸口或燃烧室里进入异物，所发出的撞击声一般都是连响。

5.3.3.3　分清“上缸”与“反上缸”

将某缸单缸断火后，响声减弱或消失，复火时又重新出现，为该响声“上缸”，若单缸断火后响声增强或出现，就是响声“反上缸”。配气机构所发出的响声一般不“上缸”。活塞、活塞销、连杆衬套及轴瓦由于配合间隙过大所发出的响声一般都“上缸”。活塞有破损、连杆螺栓松脱、连杆轴瓦合金严重脱落，有时容易造成“反上缸”（某缸断火后，由间响变为连响 ，这也是“反上缸” 的一种表现 ）。

5.3.3.4　分清良性响声与恶性响声

良性响声是指在短期内不会对机件造成明显损坏的响声。例如：气门间隙稍大所发出的碰击声，发动机怠速运转时空气滤清器发出的振动声，高压分线芯未与接线头接触所产生的高压跳火声等。这些响声虽不会马上对机件带来损害，但容易与其他响声混淆，造成误判。

恶性响声是指能很快造成机件严重损坏的响声。发动机有明显的“上缸”响声时，应引起足够的注意，特别是“反上缸”响声及汽车（包括底盘）所发出的沉重或振动较大的响声，都属于恶性响声。若此种响声随着温度、转速及负荷的升高而增大，则应立即停车检查。

5.3.4　曲柄连杆机构异响的诊断

曲柄连杆机构常见异响有：活塞敲缸响、曲轴轴承响、连杆轴承响、活塞销响等。此类异响将直接影响发动机正常工作，加剧发动机损坏，缩短发动机寿命，必须认真诊断排除。

5.3.4.1　活塞冷态敲缸响

活塞敲缸是指在工作行程中，活塞在气缸内摆动或窜动，其头部或裙部与缸壁、缸盖相碰撞。诊断此故障时，如图 5-5 所示的 2 区域辅助听诊。

A　故障现象

故障现象表现为：

（1）低温时有“嗒、嗒”的敲击声，当温度正常后响声减弱或消失。

（2）发动机怠速、温度低或负荷重、低速时响声清晰，温度升高、转速提高后，响声减弱或消失。

（3）急加速时，响声更快更强。

（4）有火花塞跳火 1 次发响 2 次的规律。

（5）某单缸断火试验，声响减弱或消失。

B　故障原因

故障原因有：

（1）活塞与缸壁的间隙超过极限值。

（2）缸壁润滑不良。

（3）机油压力过低。

C　故障诊断与排除

具体操作如下：

（1）将发动机转速控制在声响明显处，察看机油加注口是否冒烟，排气管是否冒蓝烟，并用旋具抵触机油加注口处一侧的缸壁，将耳朵贴在旋具的木柄上，听是否有振动的敲击声。若有以上状况，则为活塞敲缸响。

（2）逐缸断火试验。若某缸断火后其声响减弱或消失，复火时其声响明显增大一二声后，又恢复原来声响，当发动机温度升高后声响减弱或消失，即可诊断为活塞裙部与缸壁敲击。

（3）将有声响缸的火花塞拆下，并注入少量机油，装上火花塞，摇转曲轴数转后，再发动试验。如声响消失或明显减弱，但不久又复出，则可确诊为该缸活塞敲缸。

（4）若发动机仅冷车时敲缸，热车后响声消失，则该发动机尚可继续使用，择机再修理。

5.3.4.2　活塞热态敲缸响

A　故障现象

故障现象表现为：

（1）怠速时发出“嗒、嗒”声，高速时发出“嘎、嘎”的连续金属敲击声，且机体伴有抖动现象。

（2）温度升高，响声变大。

（3）有火花塞跳火 1 次，发响 2 次的规律。

（4）做某单缸断火试验，声响很大。

B　故障原因

故障原因有：

（1）活塞与缸壁间隙过小。

（2）活塞与活塞销装配过紧而导致活塞变形或反椭圆形。

（3）连杆轴颈与曲轴轴颈不平行。

（4）连杆弯曲、扭曲或连杆衬套轴向偏斜。

（5）活塞环背隙、端隙过小。

C　故障诊断与排除

故障的诊断可以在如图 5-5 所示的 2 区域辅助听诊，具体操作如下：

（1）发动机低温时不响，而温度升高后在怠速时出现“嗒、嗒”声，并有机体振动现象，且温度越高，响声越大，则可诊断为活塞变形或活塞环过紧，导致活塞与缸壁配合间隙过小而润滑不良。

（2）发动机低温时不响，而温度升高后在中、高速时则发出急剧而有节奏的“嘎、嘎”声，做断火试验时，其声响变化不大，则可诊断为连杆变形或连杆装配位置不准。

（3）做某缸断火试验，声响反而加大，则可诊断为该缸敲缸。

（4）发动机在热起动后敲缸，且单缸断火后声响加大，遇此情况应停机检修，以免拉缸或使故障恶化。

5.3.4.3　活塞冷热态均敲缸

A　故障现象

故障现象表现为：

（1）发动机低速有“嗒、嗒”敲击声，转速提高后声响消失，或低速时发出有节奏且强弱分明的“杠、杠”声响，有时会短暂消失，但很快又复出，转速提高后消失。

（2）做某缸断火试验，声响减弱或者反而加大，并由节奏变为连续声响。

（3）有火花塞跳火 1 次，发响 2 次的规律。

B　故障原因

故障原因有：

（1）活塞销与连杆小头装配过紧。

（2）连杆轴承装配过紧。

（3）活塞裙部圆柱度误差过大。

C　故障诊断与排除

具体操作如下：

（1）逐缸做断火试验，若某缸声响减小但不消失，即可诊断为该缸连杆与曲轴或活塞销装配过紧。

（2）断火试验时该缸声响加重，且由间断声响变为连续声响，可诊断为活塞磨损变形。

（3）低速时有“嗒、嗒”敲击声，当转速提高后声响消失，可诊断为活塞裙部圆柱度误差过大之故。

（4）发动机在冷热态均敲缸，一般是活塞连杆组技术状态恶化所致，应及时恢复技术性能。

5.3.4.4 曲轴主轴承响

A 故障现象

故障现象表现为：

（1）发动机工作时产生一种粗重而沉闷的“哐、哐”声。响声是一种有节奏的周期性闷响。一般情况下，发动机稳定运转并无声响，当发动机转速突然变化时，异响出现。

（2）发动机转速越高，响声越大；中速向高速过渡时，响声最明显。

（3）异响声随负荷增大而增大，中速抖油门最明显。

（4）单缸断火时，响声无变化，相邻两缸同时断火，响声明显降低。

（5）发动机中、高速运转时，机油压力明显不足。

B 故障原因

故障原因有：

（1）主轴承盖固定螺钉松动。

（2）主轴承减磨合金烧毁或脱落。

（3）主轴承和轴颈磨损过甚，轴向推力装置磨损过甚，造成径向和轴向间隙过大。

（4）曲轴弯曲。

（5）机油压力或机油黏度太低。

C 故障诊断与排除

诊断曲轴轴承异响，可在如图5-5所示的4区域辅助听诊，具体操作如下：

（1）发动机在低、中速状态下抖动节气门，发出明显而沉闷的连续敲击声，同时发动机伴随振抖现象，则可以诊断为曲轴轴承响。

（2）进行单缸断火实验，声响变化不大，而相邻两缸断火时，声响明显减弱或消失，则可以诊断为两缸之间的曲轴轴承响。

（3）分别使1缸和最末缸单缸断火，如响声减弱或消失，则分别是曲轴最前端或最后端主轴承响。

（4）高速运转发动机，机体振动较大，同时伴有机油压力显著下降，可诊断为曲轴轴承与轴颈间隙过大或轴承合金脱落。

（5）发动机转速并不高，机体振动较大，甚至有摆动摇晃现象，同时发出沉重、粗闷而较大的“嘣、嘣”敲击声，则可以诊断为曲轴断裂。

（6）发动机声响随温度升高而增大，到高速时声响变得杂乱，则可能是曲轴弯曲。

（7）如在低速下采用微抖节气门的方法听到较沉重的“咯噔、咯噔”响声，踩下离合器，响声减弱或消失，则表明是曲轴轴向窜动。

5.3.4.5 连杆轴承响

A 故障现象

故障现象表现为：

（1）发动机在怠速、低速和从怠速向低速抖动节气门时，可听到清脆而又连贯的“铛、铛”金属敲击声。

（2）做断火实验，声响明显减弱或消失，复火瞬间响声又出现。

（3）当发动机负荷增加时，声响也随之增大。

B　故障原因

故障原因有：

（1）连杆轴承与轴颈磨损过量，径向间隙过大。

（2）连杆轴承盖紧固螺栓松动。

（3）连杆轴承合金烧蚀、脱落。

（4）机油压力过低或机油黏度太低。

C　故障诊断与排除

诊断发动机连杆轴承响，可在如图 5-5 所示的 4 区域辅助听诊，具体操作如下：

（1）采用微抖节气门的方法，从低速向中高速，甚至从中速向高速使发动机加速空转，找到响声明显的转速，然后在该转速下稳定运转或微抖节气门加速运转，打开加机油口盖听诊；也可以用一字槽螺钉旋具等简单工具在发动机 4 区域听诊，可以听见“铛、铛”连续明显、轻而短促的敲击声。可以初步诊断为曲轴连杆轴承响。

（2）对某缸进行断火实验，响声减弱或消失，则说明该缸连杆轴承响。

（3）机油压力不减低，说明曲轴内通发响连杆轴承的油道堵塞或发响轴承间隙尚不大，也可能是机油黏度太大。

5.3.4.6　活塞销响

A　故障现象

故障现象表现为：

（1）发动机在怠速、低速和从怠速向低速抖动节气门时可以听到清晰而又连续的“嗒、嗒”的金属敲击声，当突然加大节气门时，响声也随之加大。高速时，响声浑浊不清。

（2）响声严重时，异响声随转速升高而增大，随负荷增大而加重。

（3）单缸断火时响声明显减弱或消失，复火瞬间响声又出现。

（4）略将点火时间提前，响声加剧。

B　故障原因

故障原因有：

（1）活塞销与连杆衬套磨损过甚而松旷。

（2）活塞销与活塞销座孔配合松旷。

（3）润滑不良引起的活塞销严重烧蚀。

（4）活塞销锁环脱落而导致活塞销窜动。

（5）活塞销折断。

C　故障诊断与排除

诊断发动机活塞销响，可在如图 5-5 所示的 2 区域辅助听诊，具体操作如下：

（1）使发动机处于怠速位置，抖动节气门到中速位置，如声响能灵活地随之变化，并且每抖动1次节气门，都能听到明显、清晰而连贯的“嗒、嗒”声响，则可以初步诊断为活塞销响。

（2）将发动机转速控制在声响最明显处，然后对某缸做断火实验。若断火后响声减轻或消失，复火后异响声立即恢复，且在气缸上、中部听到的声响比在下部听到的响声大，则可以诊断为活塞销响。

（3）响声较严重，且发动机转速越高，响声越大。如在响声最大的对应转速下对异响缸做断火实验，若声响不仅不消失，反而变得更加杂乱，则可以诊断为活塞销与衬套配合松旷。

5.3.5 配气机构异响的诊断

配气机构的作用是将发动机气缸内的废气排除干净，并设法在一定的进气状态下，在有限的气缸容积内充入尽可能多的新鲜空气等可燃混合气。换气质量的好坏将直接影响到发动机的动力性以及燃烧的完善程度。当配气机构出现故障时，会产生进排气不正、排气不净和进气不足、气门漏气等不良现象，从而导致气缸压缩压力下降、燃烧恶化、功率下降、油耗上升等问题。

配气机构主要由正时齿轮、凸轮轴、挺柱、推杆、摇臂、气门及气门弹簧等零件组成，其中气门与气门座的工作条件最为恶劣，也最容易失效。

配气机构常见异响有气门响、气门座圈响、凸轮轴响、正时齿轮响等，表明各机构磨损或调整不当，应及时诊断并排除故障。

5.3.5.1 气门异响

A 故障现象

故障现象表现为：

（1）发动机怠速时，在气门室处发出有节奏的“嗒、嗒”声响。

（2）发动机转速增高，声响也随之增大，中速以上时，声响往往交混嘈杂。

（3）发动机温度变化或做断火试验时，声响不变。

B 故障原因

故障原因有：

（1）气门杆端和摇臂之间磨损或调整不当，致使气门间隙过大而产生碰击声。

（2）气门间隙调整螺钉磨损偏斜。

（3）气门弹簧座脱落。

（4）气门杆与气门导管间隙过大。

C 故障诊断与排除

诊断气门异响可以在如图5-5所示的1区域辅助听诊，具体操作如下：

（1）在气门室罩听察，声响随发动机转速高低而改变频率。当发动机温度变化或做断火试验时，声响并不随之变化，可诊断为气门响。

（2）拆下气门室罩逐个检查气门间隙，一般是间隙过大的气门发响。

（3）调整气门间隙至其规定值后仍发响，则可诊断为气门杆与气门导管磨损过量或气门弹簧座脱落而发响。

5.3.5.2　气门座圈异响

A　故障现象

故障现象表现为：

（1）声响比气门响稍大，呈没有规律的忽大忽小的“嚓、嚓”声，与转速没有必然的关系。

（2）中速时声响清晰，高速杂乱。

（3）进行单缸断火实验，声响不变，有时更明显。

（4）发动机冷车发动时，声响易出现。

B　故障原因

故障原因有：

（1）材料选用不当，材料热膨胀系数太小。

（2）镶配时，过盈量过小造成松旷。

C　故障诊断与排除

在气缸盖靠近气门处及气门室一侧辅助听诊，具体操作如下：

（1）检查气门和气门弹簧，如正常，故障为气门座圈松动。

（2）逐缸将排气门摇到关闭状态，然后在火花塞孔处通入压缩空气，检查排气管或化油器处有无漏气现象，如有，则故障为该缸的气门座圈响。

5.3.5.3　正时齿轮异响

A　故障现象

故障现象表现为：

（1）当发动机怠速运转或转速发生变化时，在正时齿轮盖处可以听到明显而异常响声的“嘎啦”声。转速提高后，声响消失；急减速时，声响尾随出现。

（2）单缸断火实验时，声响无变化。

（3）有时声响伴有正时齿轮室盖振动现象。

B　故障原因

故障原因有：

（1）正时齿轮磨损或装配不当，使啮合间隙过大或过小。

（2）曲轴和凸轮轴中心线不平行。

（3）齿轮润滑不良。

（4）凸轮轴正时齿轮松动。

（5）凸轮轴正时齿轮轮齿破坏。

C　故障诊断与排除

正时齿轮异响可以在如图 5-5 所示的 5 区域辅助听诊，具体操作如下：

（1）进行单缸断火实验，如响声不随断火实验而发生变化，在如图 5-5 所示的 5 区域进行接触听诊，如响声在正时齿轮盖处较明显，则可以初步诊断为正时齿轮异响。

（2）发动机怠速运转时，发出轻微而明显的“嘎啦、嘎啦”声，中速时较突出，而高速时声响变得杂乱并带有破碎声。在响声较严重时，正时齿轮盖处有振动，这一般为齿轮啮合间隙过大而发响。

（3）大修或更换正时齿轮后，若发动机在运转时发出一种连续不断的“嗷、嗷”响声，而且发动机转速越高响声越大，这是正时齿轮啮合过紧。

（4）使发动机怠速运转，若发出有节奏的“哽、哽”声响，而且发动机转速提高，声响也随之加大，这表明齿轮啮合不均匀。

（5）发动机在高速运转时，发出一种连续而比较刺耳的“嘎、嘎”声，同时在正时齿轮盖处感觉到较大的振动，这表明曲轴或凸轮轴轴向窜动太大。

任务5.4　柴油机起动系统的故障诊断与排除任务

发动机无法起动或起动困难，应首先检查起动系统的工作情况。起动系统正常的情况下，起动机带动曲轴运转有力，声音清脆。如果运转无力，带动曲轴达不到最低起动转速，表明起动系统有故障。起动系统常见故障有起动机不转、起动机运转无力、起动机空转。

5.4.1　起动机不转的故障诊断与排除

5.4.1.1　故障现象

接通电源，起动发动机，起动机没有反应。原因可能有两方面：

（1）电源有问题。

（2）起动机自身有故障。

5.4.1.2　故障诊断与排除

具体操作如下：

（1）检查电源。接通电源，按喇叭和打开前照灯，如果喇叭不响，前照灯不亮，表明电源、有故障；也可直接用万用表测量蓄电池电压是否达到规定电压12V或24V，检查蓄电池接头是否脏污，如果硫化严重、脏污，应用砂纸打磨干净，蓄电池接头应拧紧在接线柱上不能有任何松动。有时起动几次后，蓄电池接头烫手，说明是接触不良。

（2）检查起动机。用万用表测量从蓄电池正极到起动机的线端是否有正常的电压，如没有，应检查该线是否已断。起动发动机，检查从点火开关到起动机的线端是否有正常的电压，如没有，应检查该线是否已断，如两线均有正常电压，故障应在起动机，应拆下起动机进行检修。

5.4.2　起动机运转无力的诊断与排除

5.4.2.1　故障现象

起动机转动缓慢无力，带动发动机困难，或接通起动开关，起动机只有“咔嗒”一声并不转动。

5.4.2.2　故障诊断与排除

具体操作如下：

（1）检查电源。可能的原因有：蓄电池电压过低；蓄电池接头松动、脏污。

（2）检查起动机。在听到只有“咔嗒”一声并不转动时，很有可能是发动机长时间没有运转，阻力太大，起动机无法驱动，或发动机有卡滞现象。此时，可用工具扳转曲轴，或将变速器挂上三挡或四挡，推动汽车前进，让发动机运转平顺，然后再起动发动机，如果这样起动机仍运转无力，那么极有可能是起动机内部故障，如可能电刷与换向器接触不良，换向器表面有烧损或有油污等故障，此时应拆检起动机。

5.4.3　起动机空转的故障诊断与排除

5.4.3.1　故障现象

接通起动开关，起动机只是空转，不能啮入飞轮轮齿带动发动机运转。

5.4.3.2　故障诊断与排除

具体操作如下：

（1）起动机单向滚柱式离合器打滑。

（2）起动机操纵和控制部分有故障，应拆检起动机。

任务 5.5　柴油机燃料系统的故障诊断与排除

5.5.1　供给系统造成起动困难或起动不着的故障诊断

5.5.1.1　故障现象

在排除油箱无油、油箱开关未开和起动系统良好的前提下，起动发动机，无法着车，排气管无烟排出；或发动机有着车的迹象，排气管有较浓的柴油味，就是无法着车。

5.5.1.2　故障诊断与排除

柴油机供给系统由燃料供给（柴油供给）和空气供给两部分组成。供给系统如图 5-6 所示。

如果排气管有较浓的柴油味而无法着车，应首先检查发动机的进气系统。此时可把空气滤清器芯取下，让空气直接进入，进行起动，如果顺利着车，表明空气滤清器芯太脏，应进行清洗或更换。如果空气滤清器芯取下以后，发现进气口有烟排出，表明进气门密封不严，应拆下气门进行研磨或更换。如果进气系统没问题，应检查供油系统，供油系统故障诊断与排除方法：可用手摸高压油管，如没有供油的脉动，听喷油器无喷油声，则应为供油系统有故障。供油系统的故障应按低压油路到高压油路的顺序进行排除。

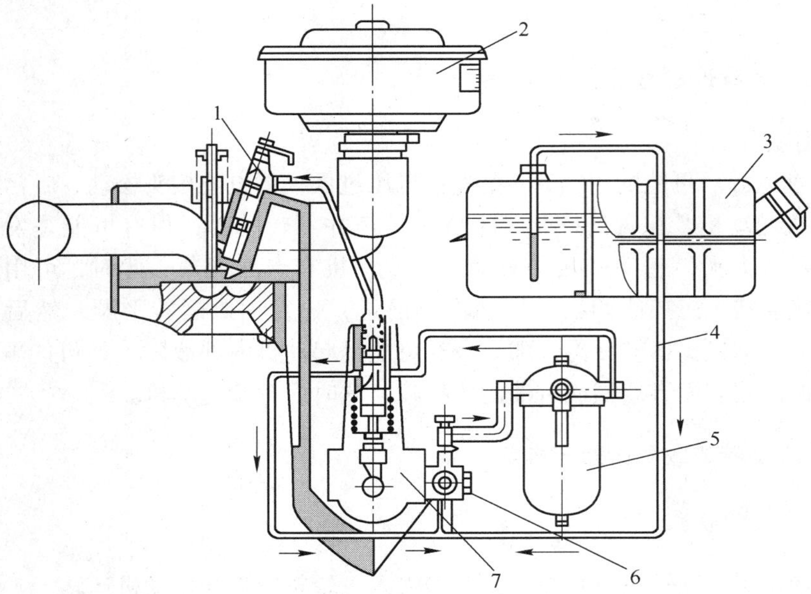

图 5-6　柴油机燃油供给系

1—喷油器；2—空气滤清器；3—油箱；4—油管；5—柴油滤清器；
6—输油泵；7—喷油泵

A　低压油路故障排除方法

如图 5-7 所示，旋松柴油滤清器上放气螺钉或油管接头，用手油泵泵油，观察出油情况，如果出油通畅，表明油箱至柴油滤清器这一段的油路良好；如果出油带气泡，表明此段油路中有空气，应首先查明此段油管是否有泄漏，如完，应用手油泵反复压油泵直至空气全部排出，出油不带气泡为止；如果反复压动手油泵，在排气螺钉或油管接头处不出油，表明此段油路堵塞，或手油泵失效，排除方法是更换柴油滤清器，疏通油管，拆检手油泵并修复。此段油路故障排除后，拧紧放气螺钉或油管接头，再检查柴油滤清器至油泵段的油路，用一字槽螺钉旋具松开喷油泵上的排气螺钉，用手油泵泵油，排出柴油滤清器至喷油泵段油路中的空气（直至出油不带气泡为止）然后拧紧排气螺钉。通过上述检查，已将低压油路故障排除，此时起动发动机，若仍不能起动，则应检查高压油路。

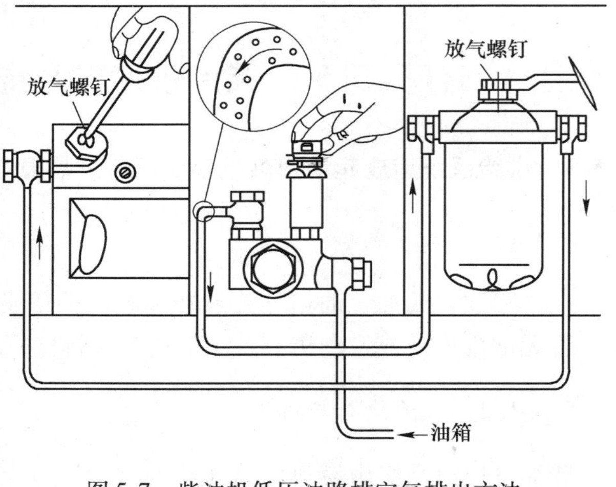

图 5-7　柴油机低压油路排空气排出方法

B　高压油路故障排除方法

如图 5-8 所示，拆下高压油管接头，将油门放在中等供油位置，起动发动机，观察喷油泵的喷油情况：如喷油泵喷油良好，表明喷油泵无故障；如喷油泵喷油微弱或不喷油，表明喷油泵有故障。或者在喷油泵上连接一个标准喷油器，观察喷油器喷油是否雾化良好，如不正常，说明喷油泵出问题，应拆检喷油泵（应在油泵试验台上检验）。如喷油泵检查无误后，起动发动机时排气管仍无烟排出，故障可能在喷油器，应拆下喷油器，在喷油器校验器上逐个检查，如有故障应进行修理或更换。

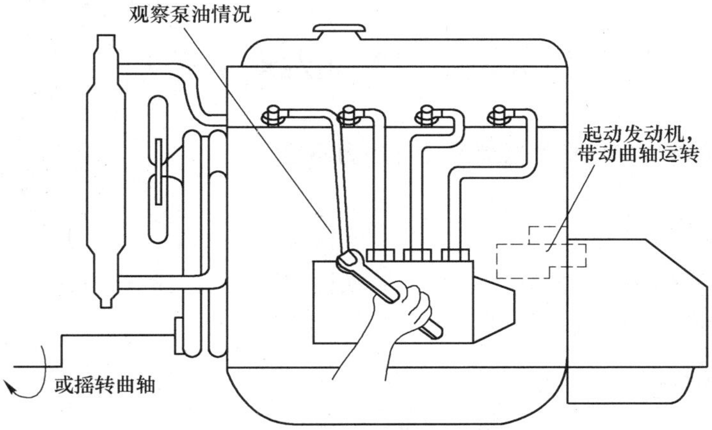

图 5-8　检查喷油泵

5.5.2　起动发动机时，排气管大量冒烟，但不能起动

5.5.2.1　故障现象

起动发动机时，有着车迹象，排气管大量冒黑烟或冒白烟，但不能起动。

5.5.2.2　故障诊断与排除

柴油机起动困难或起动不着，但排气管大量冒烟，说明柴油虽然进入燃烧室，但由于某种原因使燃烧室不具备压燃条件，已喷入的柴油不能燃烧或不能完全燃烧。如果大量冒烟，应从如下几方面进行检查与排除：

（1）检查进气通道是否畅通，空气滤清器是否脏污堵塞。

（2）如发动机有敲击声并冒黑烟，说明喷油时间过早，应重新检查调整喷油正时。方法：拆下第 1 缸高压油管，使喷油泵出油阀压紧座中心孔的油液面清楚可见，将供油齿条放在供油位置，从放气螺塞处泵出油路中的空气，缓缓转动曲轴，仔细观察油泵出油阀液面的变化，只要液面稍一活动，即说明供油开始，立即停转曲轴，检查喷油提前角是否正确，此时，喷油泵连接盘的定时刻线应与泵体上的刻线重合，否则，应重新进行调整。

（3）如上述均正常，则应拆检所有喷油器，在喷油器校验器上检查喷雾情况。

（4）若仍冒黑烟不能发动，则应检查发动机气缸压力，如压力不足应从气门、活塞环、气缸垫处查找原因。

（5）如果大量冒白烟，不能起动，应从如下几方面进行诊断与排除：

1）用手接近排气管出口处，如白色烟雾过后手上留下水珠，说明有水分进入燃烧室，应检查柴油中是否掺有水分，检查气缸垫、气缸体、气缸盖是否漏水（可用水压试验）。

2）检查发动机预热装置是否失效（可拆检）。

3）按前面介绍的方法检查喷油正时，喷油过迟会引起排气管冒白烟。

4）检查供油量是否过多或过少，喷油器的雾化情况是否良好，喷油器针阀有无卡滞，气缸压力是否过低。

任务5.6　柴油发动机无力

5.6.1　发动机运转均匀但排气管冒黑烟，动力不足

5.6.1.1　故障现象

车辆在不超载的情况下，在起步、上坡或行驶阻力较大的路段时，表现为起步困难，行驶速度明显减慢，排气管冒黑烟。

5.6.1.2　故障诊断与排除

发动机功率不足，应从如下几方面从简单到复杂的顺序进行排除：

（1）进气系统不通畅。发动机预热一段时间，在中等负荷油门下运转，如果发动机连续冒黑烟，表明进气系统进气不足，首先检查空气滤清器是否太脏，如果是，应进行清洗；其次，检查气门间隙是否过大，使气门开度减小，造成进气不足，此时，应调整气门间隙。

（2）供油系统工作不良。有三方面可能：油泵供油不足；喷油器的喷油质量差；供油时间不准确。排除方法：

1）对油路进行排空。

2）检查喷油器的喷油质量。在喷油器试验台上进行，也可以就车检查。如图5-9所示，从发动机上拆下喷油器，把高压油管转一个方向，再把喷油器连接在高压油管上，拧紧油管接头，把油门放到最大位置，起动发动机，检查喷雾情况。

3）检查喷油泵。将各缸的高压油管在喷油器端拆下，并用容器接住，将油门放在最大位置，起动发动机，观察喷油泵供油情况，喷油泵喷出的油应非常有力，否则，应检查高低压油路。

4）检查供油时间和调速器。检查供油时间，如供油时间不准确，应进行调整。另外，调速器的调速弹簧弹力减弱，调速拨叉磨损均会造成喷油泵供油量减少，导致发动机功率下降，此时应对喷油泵拆检调试。

（3）气缸漏气。气缸漏气，使得压缩不良，导致发动机功率下降，气缸漏气可能的部位有：气门关闭不严，气缸垫损坏，活塞、活塞环、气缸磨损等。发动机工作时，观察空气滤清器进气口处如有倒烟，说明是进气门关闭不严而产生的漏气现象。在发动机静止状态时，摇转曲轴，若听到气缸盖排气管处有“哧、哧”的声音表明是排气门漏气。发动机工作时，拔出机油尺，如果从检查孔处向外排烟，表明是活塞、活塞环、气缸磨损。也可以用气缸压力表测量发动机的压缩压力，应在规定值以上，否则，存在漏气现象。如果发

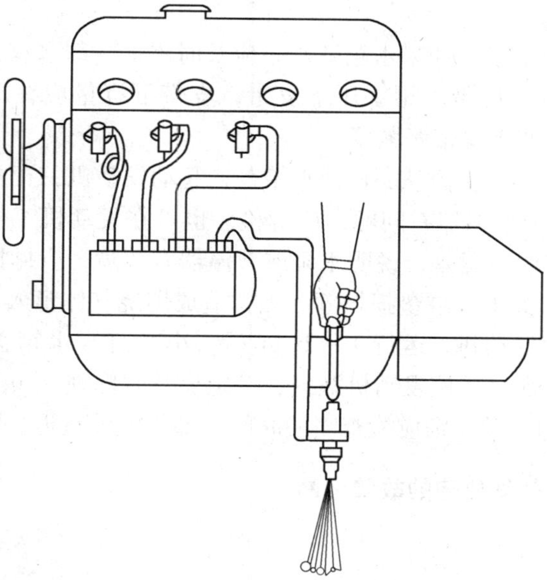

图 5-9　检查喷雾状况

动机功率不足，在起动初期排气管冒蓝烟，温度升高后排深灰色烟，那么，一种可能是空气滤清器油池内机油平面过高，导致机油被吸进气缸燃烧；最大的可能还是气缸、活塞、活塞环磨损过甚，造成烧机油现象。

5.6.2　柴油发动机“游车”故障的诊断与排除

5.6.2.1　故障现象

发动机转速忽高忽低，发动机无力。

5.6.2.2　故障的诊断与排除

游车故障的实质是柴油机正常的调速性能受到破坏。原因可能有：一是喷油泵油量调节齿杆随负荷的改变而不能平稳地做微量游动，检查时，可拆下喷油泵侧盖，用手轻轻捏住供油齿杆，看齿杆是否能自由地前后移动，如不能，应检查阻滞点；二是调速器因机件磨损导致各连接部分间隙过大，调速器的正常作用不能发挥出来，或者是调速器的弹簧变形等。此时，应拆检喷油泵调速器。

5.6.3　柴油机水温长期过高使发动机无力故障的诊断与排除

5.6.3.1　故障现象

水温超出正常范围，发动机无力。

5.6.3.2　故障的诊断与排除

发动机水温过高的故障应及时排除，否则，有可能造成大的事故。水温过高应从如下几方面进行检查与排除：

（1）首先检查水箱水量，如果水箱缺水，应及时添加冷却水；

（2）检查水泵、风扇皮带。用手压下皮带，皮带下沉量应在10～15mm范围内，否则，表明皮带过松，要调整皮带张紧度。

（3）检查水泵和节温器。方法：打开水箱盖，起动发动机，正常情况下水箱内的水应翻腾，否则，说明水泵或节温器有问题，应拆检。也可在发动机工作一段时间后，用手摸水箱进、排水管，如有明显温差，说明水泵或节温器有故障，应拆检。

（4）发动机漏气。如果气缸垫损坏等原因，造成燃烧气体窜入水套，将使发动机水温过高。检查方法，起动发动机，运行1～2min后，小心打开水箱盖，发现水箱内的水开锅，不断有气泡冒出，那么，该发动机漏气，一定要及时修理。

（5）如上述问题均正常，则应检查喷油时间，如果喷油过迟，将引起水温过高。

5.6.4 柴油发动机排气管放炮的故障诊断

5.6.4.1 故障现象

发动机工作时，排气管处有“啪、啪”的放炮声，发动机无力。

5.6.4.2 故障的诊断与排除

具体操作如下：

（1）气门间隙大，空气滤清器阻塞，排气管不通畅，会导致气缸进气不足，废气排不干净，使得燃烧室内缺氧，燃烧速度慢、时间长，废气中未燃的柴油排到排气管处时，遇到氧气后再燃烧而发出“啪、啪”的放炮声音。此时应调整气门间隙，清洗空气滤清器，清除排气管内积炭。

（2）供油时间过迟，使得在排气行程燃气还在燃烧，在排气管处产生放炮声。此时，应检查调整喷油时间。

（3）发动机过热，使得气缸进气不足，排气不净，导致燃料燃烧速度减慢，混合气在排气管处燃烧，发出放炮的声音。此时，应检查发动机过热的原因，降低发动机负荷。

任务5.7 柴油发动机“飞车”的故障诊断与排除

5.7.1 故障现象

发动机转速突然升高，以致超过允许的最高转速，排气声音异常，排气冒黑烟，油门无法控制。

5.7.2 故障诊断与排除

柴油发动机的转速越来越高，失去控制的现象为飞车。引起飞车的主要原因有两方面：

（1）喷油泵及调速器的故障。发生飞车时，应迅速收回加速踏板，若加速踏板抬不起来，可能是喷油泵供油调节拉杆卡住；若抬起加速踏板时，发动机转速随之降低或熄火，表明供油调节拉杆可能没问题，是调速器本身有故障。待发动机停熄后拆下调速器检查：供油调节齿杆与调速器拉杆是否可靠；调速器弹簧是否变形或折断；调速器杠杆、销子是否脱落；飞块是否脱落；凸轮轴的轴向间隙是否过大；高速螺钉或最大油量调节螺钉是否调整适当等。若抬起加速踏板，发动机转速继续升高，可能是泵杆卡滞，柱塞的调整齿扇或调节臂松动等原因。

（2）燃烧室进入额外燃料。其来源有：活塞环刮油，使机油进入燃烧室燃烧；带增压器的柴油机，由于增压器油封损坏，机油进入燃烧室燃烧；惯性油浴式空气滤清器存油过多被吸入燃烧室燃烧。

（3）如果出现飞车事故，应立即设法制止，紧急措施有：

1）踩下离合器踏板，将变速器挂入高速挡，缓抬离合器踏板，踩下制动踏板，强制熄火。此时应注意安全，预防在制动时，发动机受到的阻力矩太大，而扭断曲轴，使曲轴飞轮冲出伤人。

2）变速器挂空挡，停车，然后设法堵住进气管，切断空气的供应，强制熄火，应特别小心，发动机超过极限转速可能会有零件飞出伤人。

3）停车后，没法切断供油油路，强制熄火。同样应小心零件飞出伤人。

思 考 题

5-1 发动机的故障率为何占全车的比例最高？

5-2 发动机在冷却水量足时，而发动机过热的原因是什么，如何诊断？

5-3 发动机突然过热的原因是什么，如何诊断？

5-4 发动机机油变质的原因是什么，如何诊断？

5-5 机油压力过低的原因是什么，如何诊断？

5-6 何谓发动机的正常响声，何谓发动机的异常响声？

5-7 影响发动机异响的主要因素是什么？

5-8 发动机活塞冷态敲缸异响的现象是什么，故障原因是什么，如何诊断？

5-9 发动机活塞热态敲缸异响的现象是什么，故障原因是什么，如何诊断？

5-10 发动机连杆轴承异响的现象是什么，故障原因是什么，如何诊断？

5-11 发动机活塞销异响的现象是什么，故障原因是什么，如何诊断？

5-12 发动机气门异响的现象是什么，故障原因是什么，如何诊断？

5-13 分析柴油中含有空气对发动机性能的影响。

5-14 如何进行低压油路的排空？

5-15 分别讨论发动机排气管冒蓝烟、黑烟、白烟的可能原因。

5-16 如何排除发动机无法起动的故障？

5-17 试分析发动机无力的可能原因？

5-18 试分析发动机回火及排气管放炮的可能原因。

5-19 试分析发动机水温过高的可能原因。

5-20 发动机为什么会“飞车”，遇上“飞车”该怎么办？

学习情境6　电控发动机故障诊断

【知识目标】

1. 熟悉电控发动机常见传感器的结构和工作原理。
2. 熟悉电控发动机常见故障的类型及产生原因。
3. 掌握电控发动机常见故障的检测步骤。

【技能目标】

1. 能够检测电控发动机常见传感器的工作性能。
2. 能够根据电控发动机的故障症状分析故障原因。
3. 能够排除电控发动机的常见故障。

【本章导语】

电子控制发动机是一个很复杂的机电一体化综合控制系统，出现故障时，可借助仪器检测，凭经验分析判断故障所在及成因，如果找出故障部位，排除故障就变得简单。在故障诊断时，首先要系统全面地掌握整个系统的结构、原理和电气线路。本章直接介绍电控元件的检测，常见的故障现象及诊断排除。

任务6.1　电控元件的检测诊断

6.1.1　电子控制单元（ECU）的检测

通常使用专用检测仪或通用的诊断仪来检查ECU及其控制电路故障，能快速准确地查出故障所在。如果没有这些仪器，也可以利用万用表来进行检测。用万用表检测ECU各引脚的工作电压或电阻，对照被检车型的详细维修资料判断ECU及其控制电路有无故障，主要参考资料包括：

（1）电控系统的基本结构形式、特点及其他重要配置。

（2）故障码的读取与清除方法和故障码表。

（3）ECU插接器端子的位置和定义表。

（4）发动机在不同工况下ECU各引脚的标准电压值和电阻值表。

（5）电控系统的主要检测数据表。

通常，在检测时发现ECU的输出信号异常，说明ECU自身故障；如果输入信号不正常，则说明传感器或开关电路有故障。

6.1.2　主要传感器及开关信号的检测

6.1.2.1　空气流量计的检测

A　叶片式空气流量计的检测（以丰田佳美 1VZ－FE 发动机为例）

（1）电阻的检测。空气流量计的原理及检测如图 6-1 所示。将点火开关置于“OFF”位置，拔下空气流量计的导线连接器，用万用表电阻挡测量空气流量计上各端子间的电阻，电阻值应符合表 6-1 的要求（环境温度约 25℃）。否则应予更换。注意，当改变进气温度时，$THA-E_2$ 间的电阻应改变。

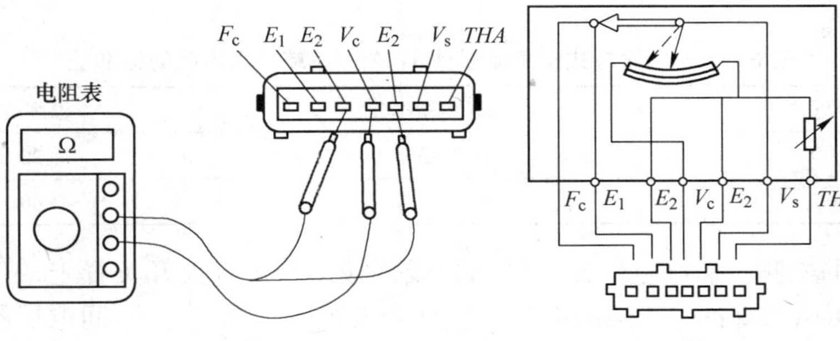

(a)　(b)

图 6-1　叶片式空气流量计工作原理图及检测
（a）检测；（b）工作原理

表 6-1　叶片式空气流量计各端子间的标准电阻值

端　子	V_s-E_2	V_c-E_2	$THA-E_2$	E_2-E_1
标准电阻值/kΩ	0.2～0.6	0.2～0.4	2～3	∞

（2）工作电压的检测。将点火开关转至“ON”位置，用万用表电压挡测量 V_c-E_2、V_s-E_2 间的电压。测量时将表笔换成针头插入端子。测量结果见表 6-2，否则应予更换。

表 6-2　叶片式空气流量计 V_c-E_2、V_s-E_2 间电压的标准值

端　子	V_c-E_2	V_s-E_2	
		叶片全关	叶片全开
标准电压/V	4～6	3.7～4.8	0.2～0.5

将喷油嘴的线束拔下，用起动机带动发动机转动，用万用表电压挡测量 V_s-E_2 间的电压，电压值应随叶片开度的变大而变小，否则应予更换。

B　卡门涡旋式空气流量计的检测（以丰田凌志 LS400 轿车 1UZ－FE 发动机为例）

（1）电阻的检测。卡门涡旋式空气流量计的电路如图 6-2 所示。将点火开关置于“OFF”位置，拔下空气流量计的导线连接器，如图 6-3 所示用万用表电阻挡测量空气流量计上 $THA-E_2$ 端子间的电阻。测量值与表 6-3 所示一致，否则应予更换。

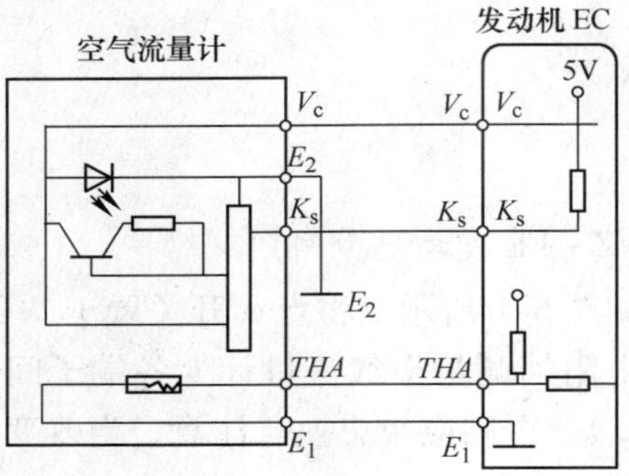

图 6-2　卡门涡旋式空气流量计电路图

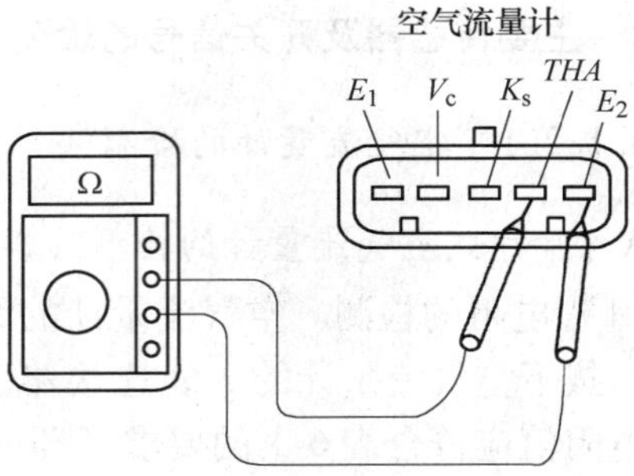

图 6-3　空气流量计电阻的检测

表 6-3　卡门涡旋式空气流量计 *THA* − E_2 端子间电阻的标准值

端　子	标准电阻/kΩ	温度/℃
$THA - E_2$	2 ~ 3	20
	0.9 ~ 1.3	40

（2）电压的检测。插好空气流量计的导线连接器，将点火开关置于"ON"的位置，用万用表的电压挡测量各端子间的电压，应符合表 6-4 。如 $V_c - E_1$ 间电压不符，应检查发动机 ECU。

表 6-4　卡门涡旋式空气流量计各端子电压的标准值

端　子	$V_c - E_1$	$K_s - E_2$	$THA - E_2$
标准电压/V	4.5 ~ 5.5	4.5 ~ 5.5	0.5 ~ 3.4

拔下喷油嘴线束，插好空气流量计的导线连接器，起动发动机，用示波器测量端子 $K_s - E_1$ 间应有如图 6-4 所示的脉冲，否则应更换空气流量计。

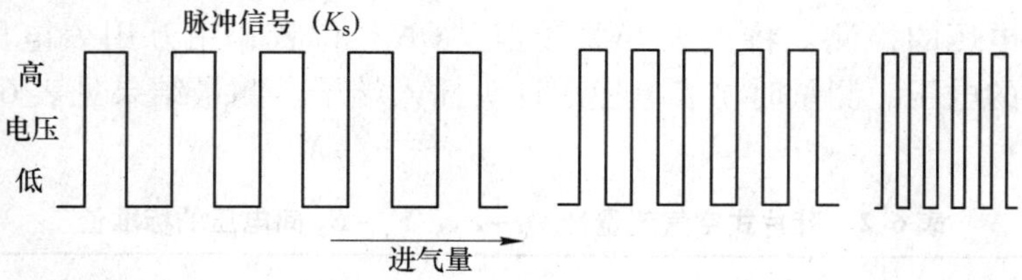

图 6-4　卡门涡旋式空气流量计的检测信号

C　热线式空气流量计的检测（以日产 A33 发动机为例）

热线式空气流量计与 ECU 连线如图 6-5 所示。

（1）点火开关置于点火挡，用万用表电压挡测量如图 6-5 所示空气流量计的"2"脚与"3"脚（搭铁脚）间，应有约 5V 电压；"4"脚与搭铁间应有约 12V 的蓄电池电压，否则，应检查电源电路或 ECU。

（2）起动发动机，测量流量计的"1"脚与"3"脚间电压，怠速时约 1.2 ~ 1.8V，随转速升高电压升高，发动机以 2500r/min 运转时电压约 1.6 ~ 2.2V，否则应更换空气流量计。

（3）经步骤（1）的方法进行检测后，如果各插脚的电压正常，但发动机无法着车或无法加速，可拆下空气滤清器，从流量计的进气口吹风，风速越高，“1”脚与“3”脚间电压越高，否则应更换流量计。

D　热膜式空气流量计传感器的检测（以捷达 5 气门电喷发动机为例）

该车在无流量计信号的情况下，发动机仍可运行，只是无法加速。捷达 5 气门电喷发动机的空气流量计与 ECU 连线如图 6-6 所示。

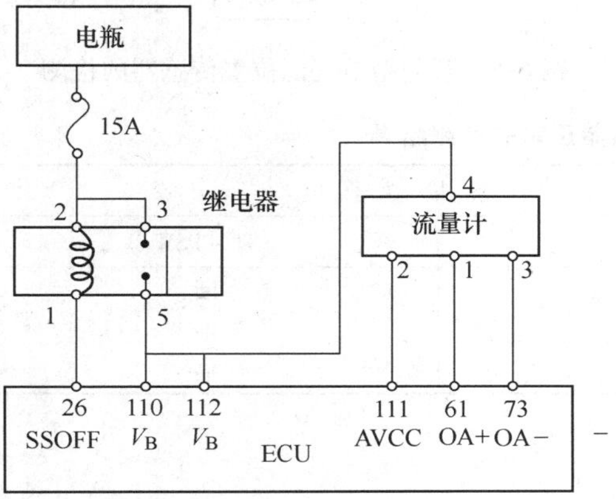

图 6-5　热线式空气流量计与 ECU 的连接

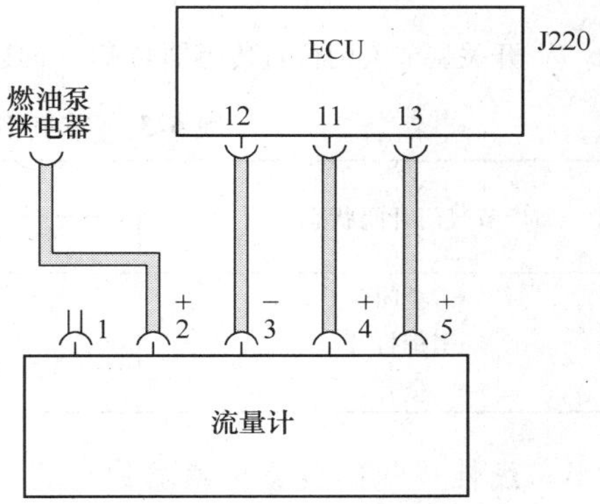

图 6-6　热膜式空气流量计连接电路

（1）点火开关关闭（OFF），将插线连接器拔下，用万用表电阻挡测量，“3”脚与车身搭铁间应“0”Ω（搭铁脚）。

（2）插好导线连接器，将点火开关置于常电挡，用万用表电压挡测量“4”脚与“3”脚间应有 5V 的电压，否则，ECU 或 ECU 至流量计间导线有故障。

（3）起动发动机，测量“2”脚与搭铁间应有约 14V 的电压，否则，应检查油泵继电器至流量计导线。

（4）用万用表电压挡测量“5”脚与“3”脚间的电压，发动机怠速时约 1.4V，随着转速的升高，电压升高，最高转速对应的电压约 2.5V，否则该流量计应更换。如发动机不能加速，应拆下空气滤清器，从流量计的进气口吹风，风速越高，“5”脚与“3”脚间的电压越高，否则应更换该流量计。

6.1.2.2　节气门位置传感器的检测

节气门位置传感器的类型很多，现以常用的开关型和线性可变电阻型为例，说明其检测。

A　开关型节气门位置传感器的检测

开关型节气门位置传感器与 ECU 的连接线路如图 6-7 所示，用万用表电阻挡如图 6-8 所示测量。表 6-5 列出节气门位置传感器正常的检测结果。如不符合，应维修触点，或更换。

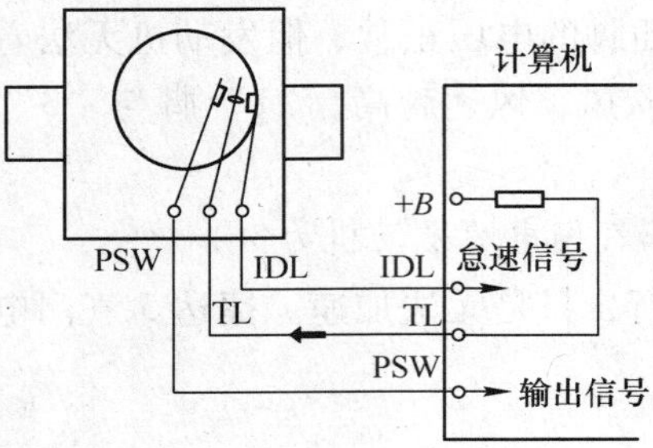

图 6-7　开关型节气门位置传感器与 ECU 的连接

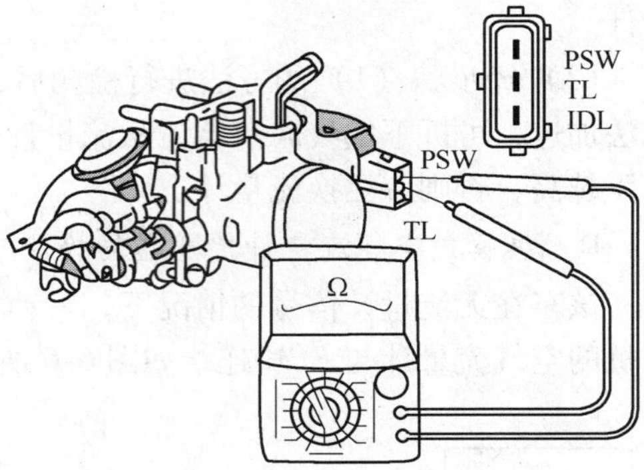

图 6-8　开关型节气门位置传感器的检测

表 6-5　节气门位置传感器正常的检测结果

节气门开闭状态	测量端子	
	TL - IDL	TL - PSW
全闭	通	断
稍稍打开	断	断
全开	断	通

B　线性节气门位置传感器的检测

线性节气门位置传感器与 ECU 的连接如图 6-9 所示。

（1）传感器端子电压检测：将点火开关置于“ON”位置，用万用表电压挡测量传感器各端子间电压，传感器端子导线插头一般如图 6-10 所示。测量结果见表 6-6（以凌志 1UZ - FE 发动机为例）。在节气门全开至节气门全闭过程中，V_{TA} - E_2 间的电压应逐渐增大，如图 6-11 所示。如测量结果不符合，应予修理或更换。

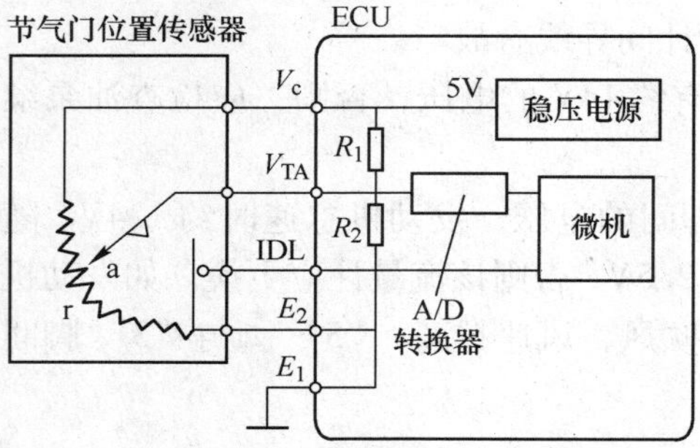

图 6-9　线性节气门位置传感器连接电路

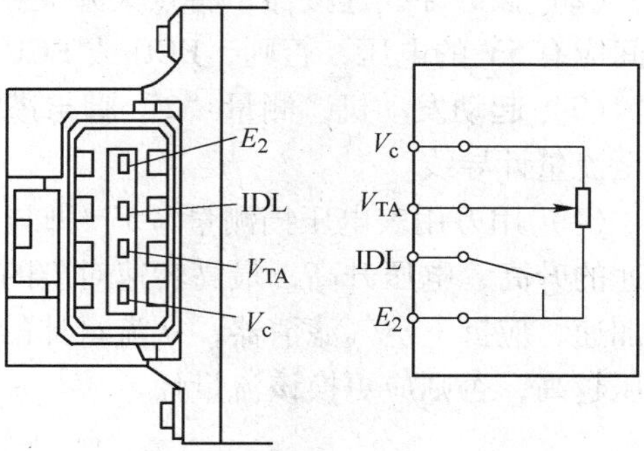

图 6-10　节气门位置传感器线束插头

表 6-6　传感器端子电压正常的检测结果

端　子	条　件	电压/V
IDL - E_2	节气门开	9 ~ 14
V_c - E_2	节气门如何位置	4.0 ~ 5.5
V_{TA} - E_2	节气门全闭	0.3 ~ 0.8
	节气门全开	3.2 ~ 4.9

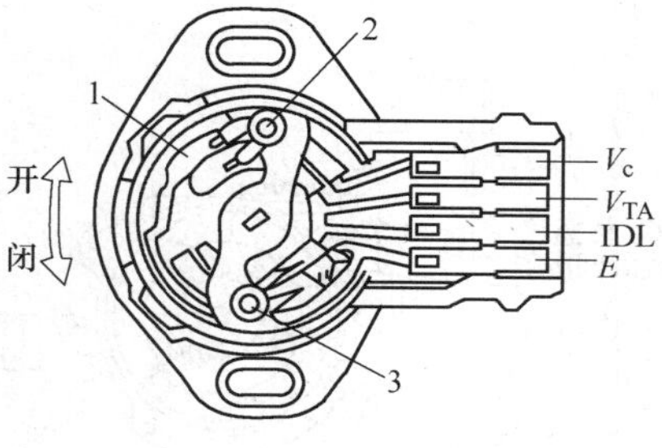

(a)

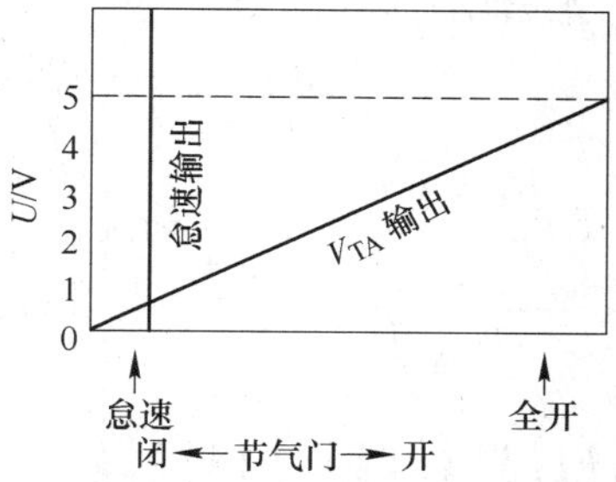

(b)

图 6-11 线性节气门位置传感器的结构与特性曲线
(a) 结构；(b) 特性曲线

(2) 传感器的电阻检测：拔下传感器导线插头，用万用表电阻挡测量各端子间的电阻应符合表 6-7 规定（以凌志 1UZ－FE 发动机为例）。$V_{TA}-E_2$ 端子间的电阻值随节气门开度的增大，电阻值应线性增大，不应出现中断现象，如不符合以上规定，应更换。

表 6-7 传感器电阻正常的检测结果

节气门开度	测量端子		
	$V_c-E_2/k\Omega$	$V_{TA}-E_2/k\Omega$	$IDL-E_2/k\Omega$
全闭	3.1～7.2	0.34～6.3	0.5 或更小
稍稍打开	3.1～7.2	0.34～6.3	∞
全开	3.1～7.2	2.4～11.2	∞
全闭→全开	3.1～7.2	电阻逐渐增大	∞

6.1.2.3 曲轴位置传感器的检测

A 磁脉冲式曲轴位置传感器的检测（以丰田佳美 1VZ－FE 发动机为例）

(1) 拔下点火线圈上的中心高压线及各喷油嘴上的线束。该发动机曲轴位置传感器电路图如图 6-12 所示。

(2) 曲轴位置传感器输出信号的检查。拔下曲轴位置传感器的导线连接器，将示波器输入接线与导线连接器上 $G_1-G_\ominus$、$G_2-G_\ominus$、$N_e-G_\ominus$端子连接，用起动机带动发动机旋转（保持 30s），示波器应有如图 6-13 所示波形，即 $G_1-G_\ominus$、$G_2-G_\ominus$、$N_e-G_\ominus$端子间有脉冲信号输出。否则，需更换总成。

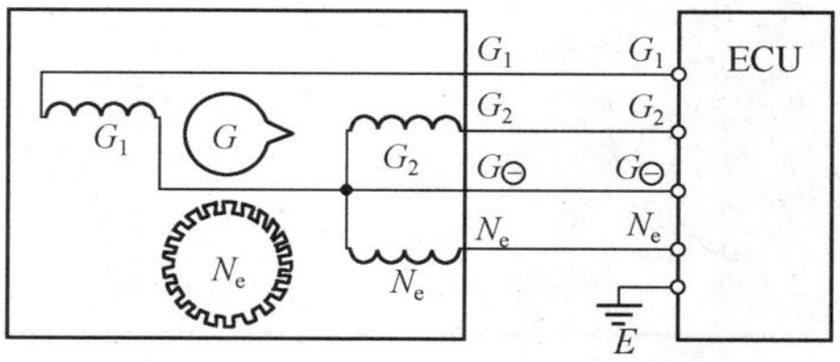

图 6-12 曲轴位置传感器电路图

(3) 传感器线圈与信号转子的气隙检查。拆下分电器盖、分火头等，露出曲轴位置传感器，如图 6-14 所示，用厚薄规测量信号转子与传感线圈凸出部分的空气间隙，应为 0.2～0.4mm。否则，应更换。

(4) 曲轴位置传感器线圈的电阻测量。如图 6-15 所示，用万用表的电阻挡在分电器的接线插座上，测量曲轴位置传感器各感应线圈的电阻，测量值应符合表 6-8 的要求。

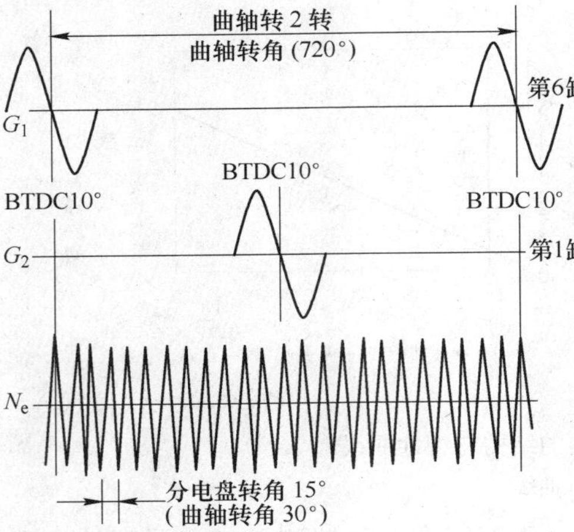

图 6-13 G、N_e 信号与曲轴转角的关系

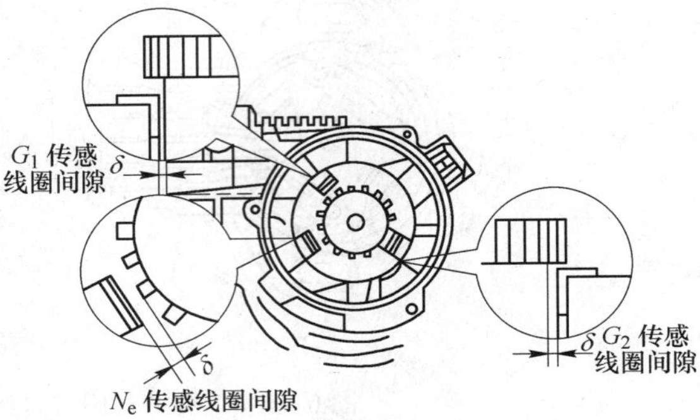

图 6-14 传感器线圈与信号转子气隙的检查

B 霍尔式凸轮轴位置传感器的检修（以捷达发动机为例）

（1）霍尔式凸轮轴位置传感器的工作电路及插座分别如图 6-16、图 6-17 所示。

（2）霍尔式凸轮轴位置传感器的供电检测。将点火开关置于常电挡，用万用表电压挡测量传感器插座的 1 号端子与 3 号端子、2 号端子与 3 号端子之间的电压，电压值均应大于 9V 。

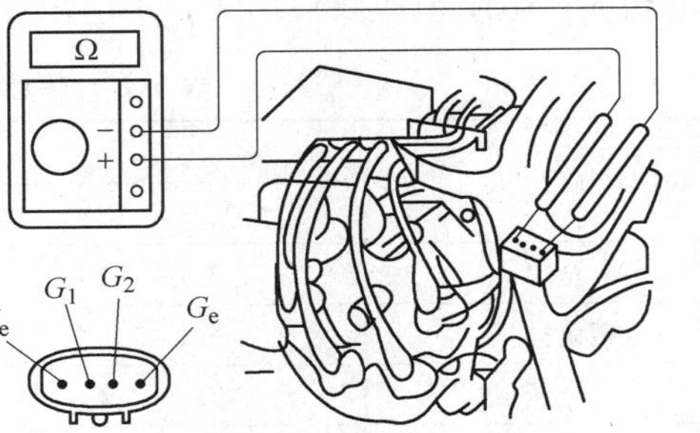

图 6－15 传感器感应线圈电阻的测量

表 6-8 曲轴位置传感器的电阻值

机 型	端 子	条 件	电阻/Ω
1VZ－FE	$G_1-G_{\ominus}$	冷态	194
		热态	266
	$G_2-G_{\ominus}$	冷态	193
		热态	274
	$N_e-G_{\ominus}$	冷态	195
		热态	271

（3）霍尔式凸轮轴位置传感器的性能测试。将喷油嘴的线束拔下，起动机带动发动机运转，用示波器测量 2 号端子与 3 号端子之间应有如图 6-18 所示的电脉冲，否则应予更换。

6.1.2.4 进气歧管绝对压力传感器的检测

以半导体压敏电阻式进气压力传感器为例。该传感器与 ECU 的连接电路图如图 6-19 所示。

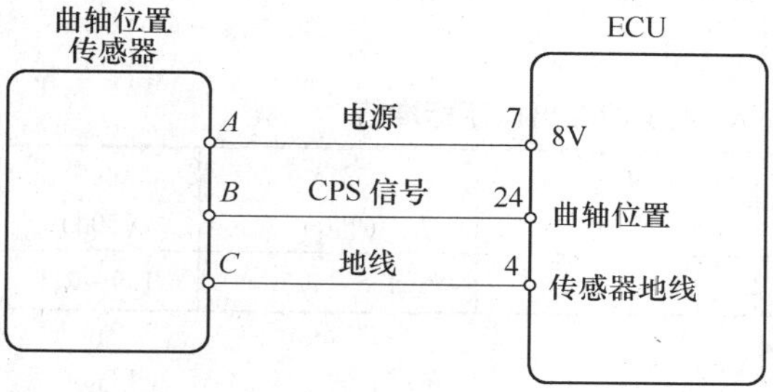

图 6-16　霍尔凸轮轴位置传感器电路

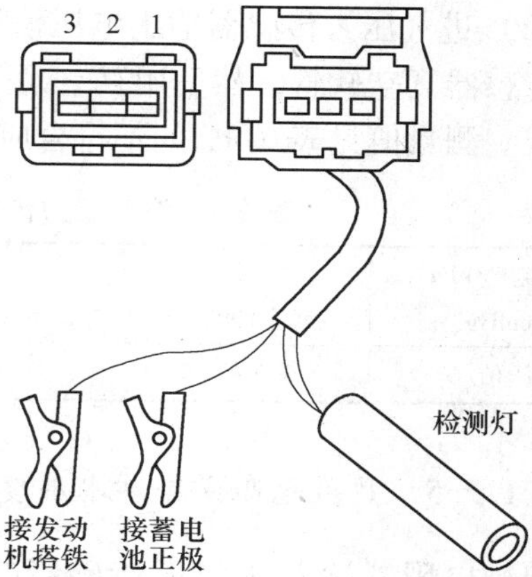

图 6-17　霍尔凸轮轴位置传感器电路插座

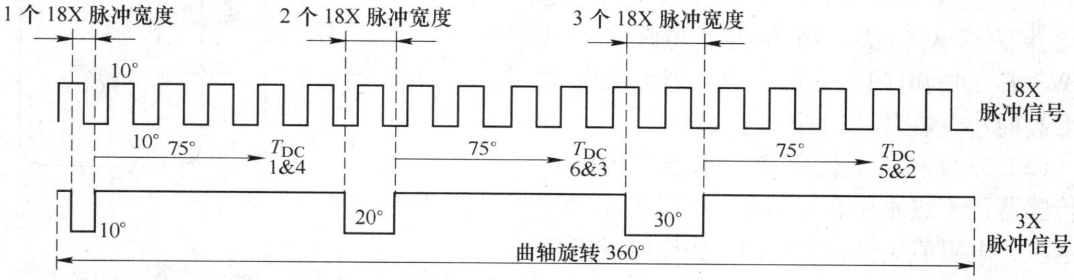

图 6-18　霍尔式凸轮轴位置传感器输出信号

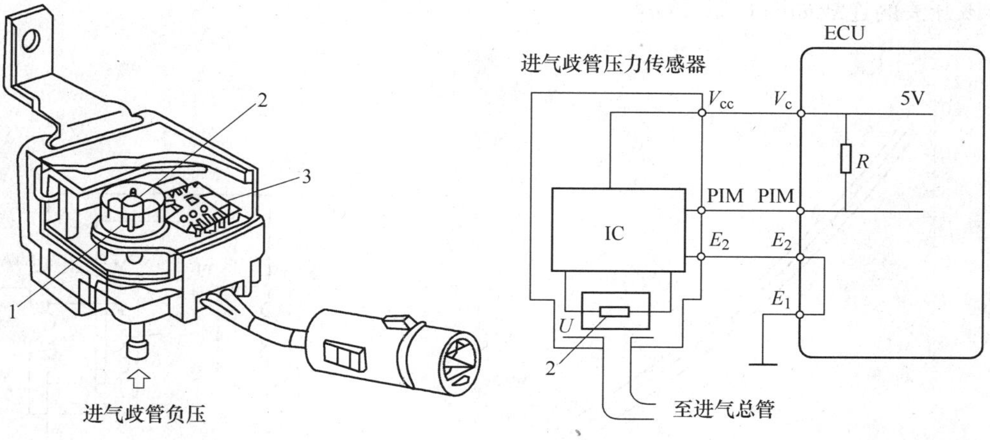

(a)　(b)

图 6-19　丰田进气压力传感器的结构及与 ECU 连接电路

1—真空管；2—硅片；3—集成电路

丰田车用半导体压敏电阻式进气压力传感器的结构与 ECU 连接电路：

(1) 传感器电源电压的检测。将点火开关置于“ON”位置，用万用表的电压挡测量 $V_{cc}-E_2$ 间的电压，约 5V。否则，应检查发动机 ECU 或 ECU 的 V_c 到传感器的 V_{cc} 间的导线。

（2）进气压力传感器输出电压信号的检测。将点火开关置于“ON”位置，不要着车，拔下传感器真空软管，然后用真空泵向传感器内施加真空，分别测量 PIM − E_2 端子间的输出电压。测量值见表6-9，如不符合应予更换。

表6-9 进气压力传感器 PIM − E_2 端子间输出电压标准值

真空度/kPa (mmHg)	13.3 (100)	26.7 (200)	40.0 (300)	53.5 (400)	66.7 (500)
电压值/V	0.3~0.5	0.7~0.9	1.1~1.3	1.5~1.7	1.9~2.1

6.1.2.5 热敏电阻式冷却水温度传感器的检测

热敏电阻式冷却水温度传感器的连接线路如图6-20所示。

（1）就车电阻的测量。拔下冷却水温度传感器的线束插头，用万用表电阻挡测量 THW − E_2 间的电阻，其电阻值在温度低时大，温度高时小，在热机时应小于1kΩ。

（2）从发动机上拆下冷却水温度传感器，将传感器置于热水中，用万用表的电阻挡测量其电阻，电阻值应符合图6-21，否则应予更换。

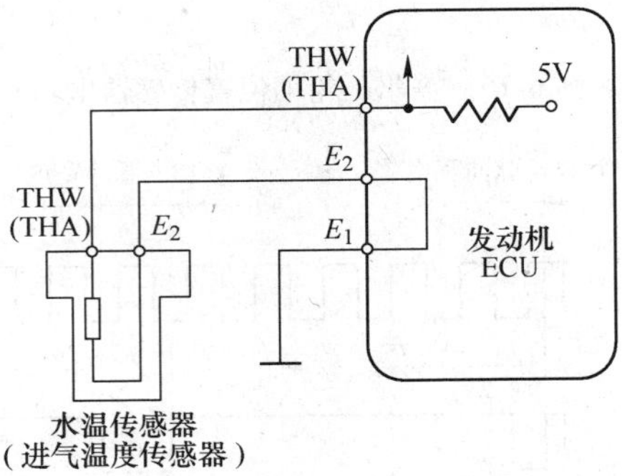

图6-20 热敏电阻式冷却水温度传感器的连接线路

6.1.2.6 冷起动喷油温度时间开关的检测

该开关的连线如图6-22所示。

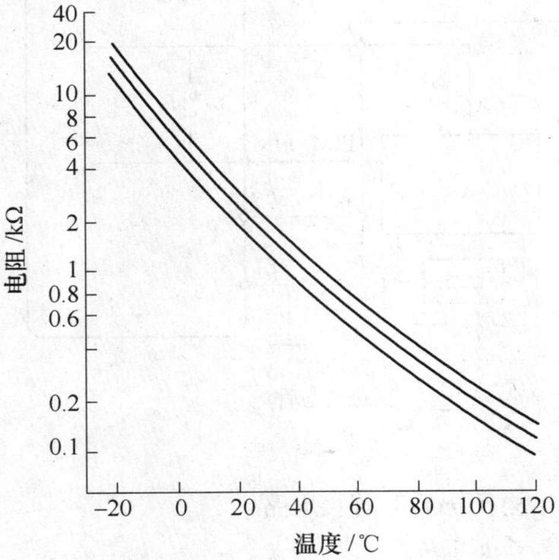

图6-21 水温传感器温度与电阻的关系曲线

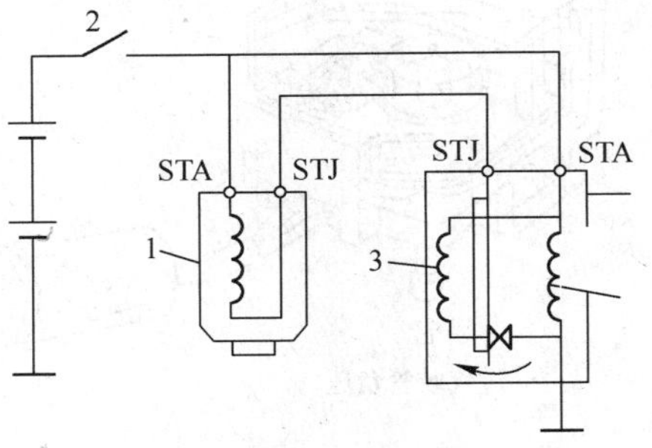

图6-22 冷起动喷油温度时间开关的连接线路

1—冷起动预热装置；2—点火开关；3—喷油器控制电路

从发动机上取下温度时间开关，将其置于热水中，用万用表的电阻挡测量各端子间的电阻，电阻值应符合表6-10的要求，否则应予更换。

表 6-10　冷起动喷油温度时间开关温度与电阻的关系

端　子	标准电阻值/Ω	水温/℃
STA - STJ	25 ~ 45	< 15
	65 ~ 85	> 30
STA - 外亮	25 ~ 85	

6.1.2.7　氧传感器的检测

氧传感器的连接电路如图 6-23 所示。

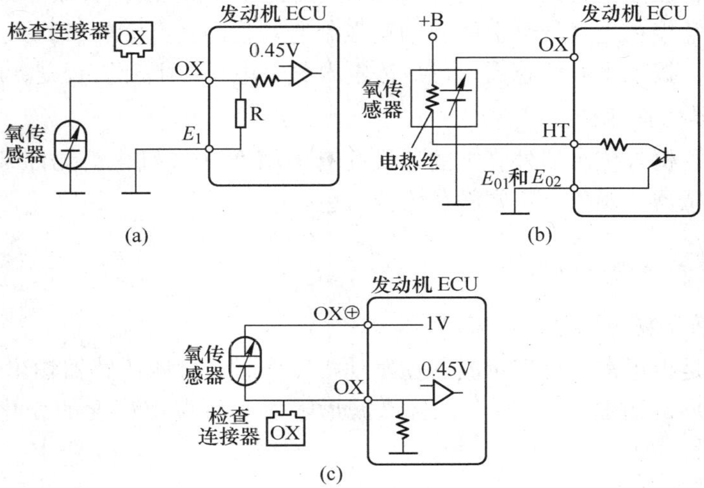

图 6-23　传感器的连接电路

A　氧传感器加热器电阻的检测

拔下氧传感器线束插头。用欧姆表测量传感器接线端中加热器端子与搭铁端子间的电阻，如图 6-24 所示，应为 4 ~ 40Ω。

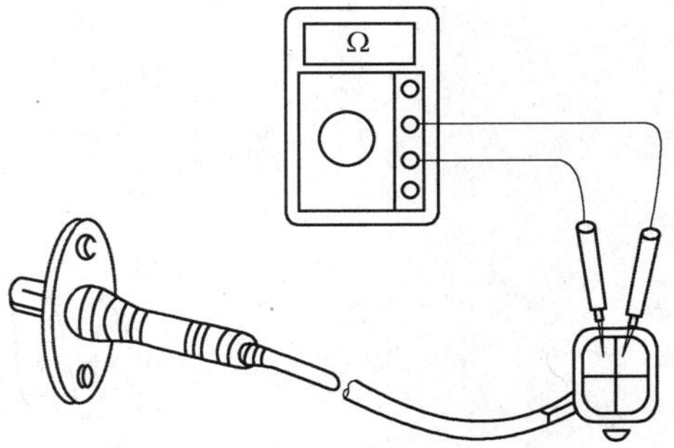

图 6-24　氧传感器加热电阻的检测

B　氧传感器反馈电压的测量

（1）将 FLUKE 示波器调至电压挡。

（2）将发动机热车至正常工作温度。

（3）将表笔正极插入故障诊断座内的 OX1 或 OX2 插孔（或直接插入传感器的信号输出线），负极接诊断座内的 E_1 插孔或蓄电池负极。

（4）让发动机以 2500r/min 左右的转速保持运转，同时检查电压能否在 0 ~ 1V 之间来回跳动。记下 10s 内跳动的次数。通常在 0.45V 上下不断变化，10s 内变化次数应不少于 8 次，如图 6-25 所示，否则应予更换。

C　传感器功能检测

拔下氧传感器的线束，使传感器不再与电控单元连接，反馈控制系统进入开环控制状

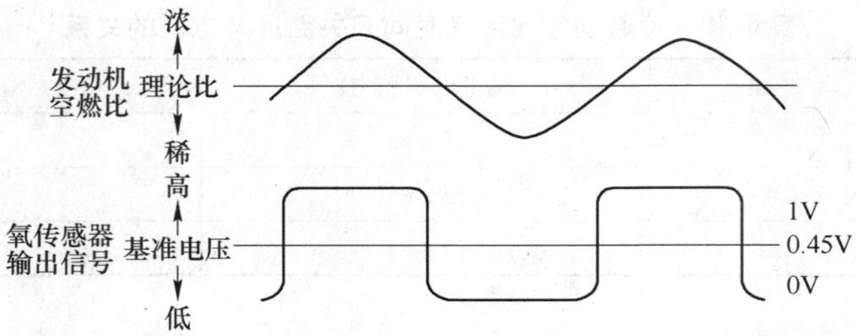

图 6-25　氧传感器反馈电压的测量结果

态。将电压表的正极测笔直接与氧传感器反馈电压输出端连接，负极与蓄电池负极连接，运转发动机，脱开接在进气歧管上的曲轴箱强制通风管或其真空软管，人为地形成稀混合气，电压应下降，拔下水温传感器，形成浓混合气，电压应上升。否则，应更换传感器。

D　氧传感器的拆卸检查

拆下传感器，检查传感器外壳上的通气孔有无堵塞（二氧化锆元件型）、陶瓷芯有无破损；检查氧传感器的颜色，正常颜色为淡灰色。

6.1.2.8　爆燃传感器的检测

A　爆震传感器输出信号的检查

爆震传感器是否正常，可用示波器在发动机工作时，检测传感器输出电压波形。应有不规则的振动波形，如图 6-26 所示，且该波形随发动机爆震情况的变化有明显的变化。否则应予更换。

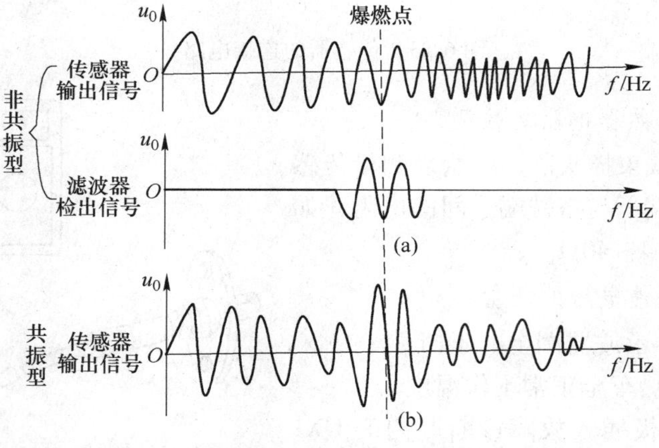

图 6-26　爆震传感器输出电压不规则的振动波形
（a）非共振型爆震传感器；（b）共振型爆震传感器

B　爆震传感器电阻的检测

测量传感器电阻值，如果此电阻值极小，说明传感器有故障。

6.1.2.9　可变电阻型传感器的检测

该传感器的电路连接如图 6-27 所示。

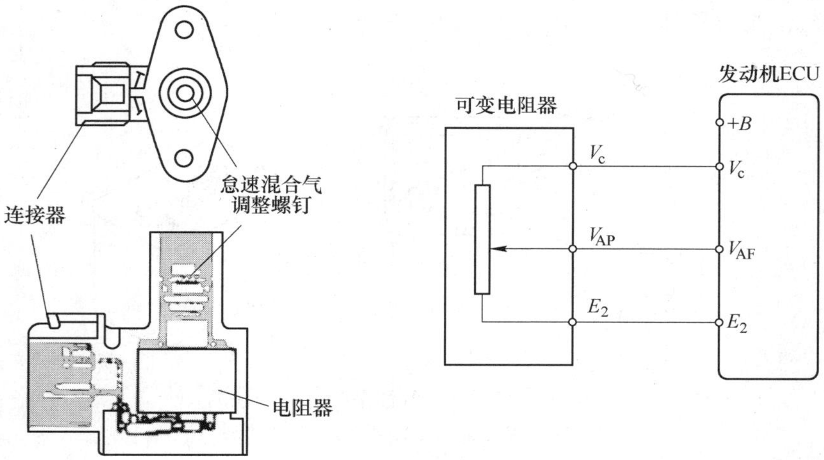

图 6-27　可变电阻型传感器连接电路

A　可变电阻型传感器的电阻检测

脱开传感器的导线连接插头，如图 6-28 所示，用万用表电阻挡测量端子 V_c 与 E_2 间的电阻，约 4～6kΩ，如图 6-28 所示用螺钉旋具转动怠速混合气调整螺钉，$V_{AF}-E_2$ 间的电阻应在 0～5kΩ 间变化。否则应予更换。

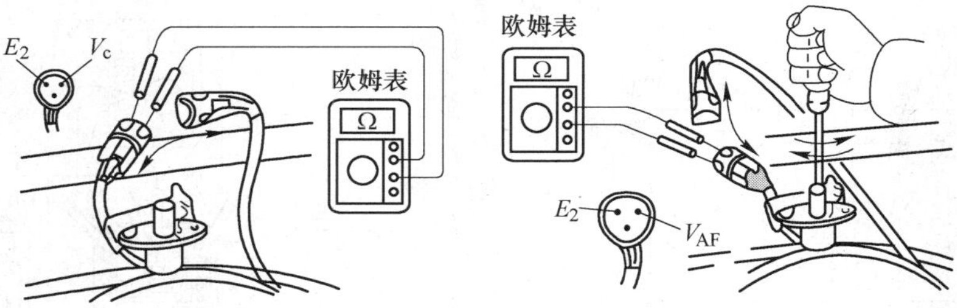

图 6-28　可变电阻型传感器的电阻检测

B　可变电阻型传感器的电压检测

将点火开关置于“ON”位置，用万用表电压挡测量端子 V_c-E_2 间的电压约 4～6V，调整螺钉深度，$V_{AF}-E_2$ 间的电压应当在 0～5V 变化。否则应予更换。

6.1.3　执行器的检测

6.1.3.1　电动汽油泵的检测

A　电动汽油泵继电器的检测

常用的电动汽油泵继电器有：

（1）四脚电动汽油泵继电器的检测。四脚电动汽油泵继电器中有两脚用于接继电器的电磁线圈，另外两脚接继电器常开触点。用万用表电阻挡测量，继电器电磁线圈两脚之间应能导通，常开触点两脚之间应不能导通。在电磁线圈两脚接上 9～12V 电压，同时用万用表电阻挡测量常开触点两脚之间应能导通，如图 6-29 所示。若测量结果不符合要求，应更换电动汽油泵继电器。

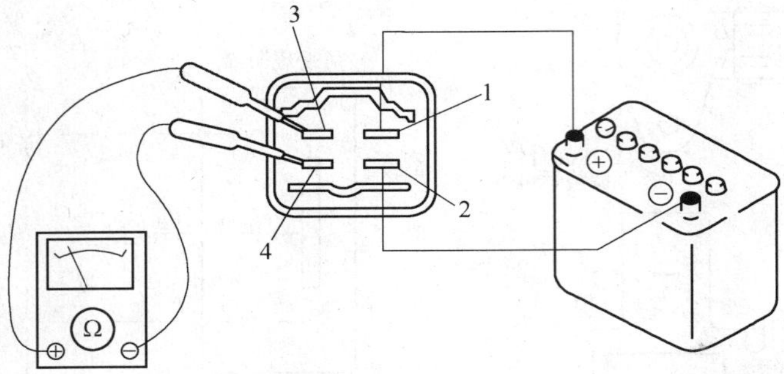

图6-29　四脚电动汽油泵继电器的检测
1，2—电磁线圈脚；3，4—常开触点接脚

（2）五脚电动汽油泵继电器的检查。五脚电动汽油泵继电器内有两组电磁线圈。其中一组由起动开关控制，另一组由ECU或空气流量传感器内的汽油泵开关触点控制，如图6-30（a）所示。用万用表电阻挡测量这两组线圈，均应导通；测量常开触点两端（$+B$和F_p），应不导通，如图6-30（b）所示；分别在两组线圈两端施加9~12V电压，同时用万用表电阻挡测量常开触点两脚之间应能导通。若测量结果不符合要求，应更换电动汽油泵继电器。

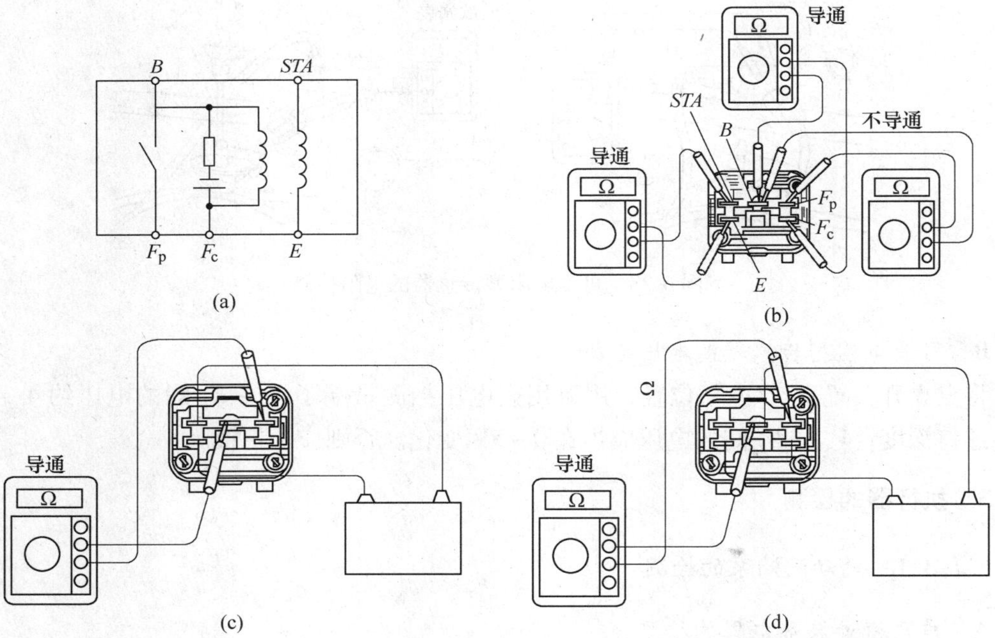

图6-30　五脚电动汽油泵继电器的检测

B　电动汽油泵ECU的检测

皇冠3.0轿车电动汽油泵ECU的连接端子如图6-31所示。电动汽油泵ECU装在行李

舱内的衬板下面。拆下蓄电池上负板搭铁线，拔下 ECU 的插头，用万用表电阻挡测量导线插头上 E 和 $D1$ 端子的接地电阻时应导通。如不通，检测其连接线路。

装上蓄电池负极搭铁线，插好电动汽油泵 ECU 的导线连接器，在各种条件下用万用表电压挡测量电动汽油泵 ECU 上 $+B$、F_p、FPC 端子的接地电压，应符合表 6-11 的电压值。如不符合，则应检查线路或更换电动汽油泵 ECU。

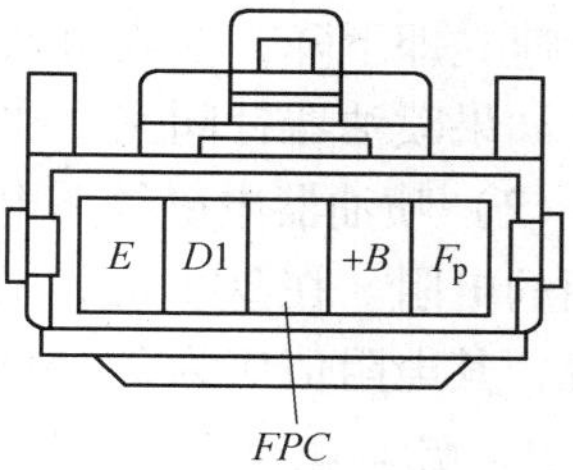

图 6-31　皇冠电动汽油泵 ECU 连接器端子

表 6-11　电动汽油泵 ECU 上各端子的检测值

检测项目	端　子	条　件	标准值/V
导通性	E—接地	—	导通
导通性	$D1$—接地	—	导通
电压值	FP—接地	突然加速	12～14
电压值	FP—接地	怠速	8～10
电压值	$+B$—接地	点火开关置于“ON”位置	9～14
电压值	FPC—接地	突然加速到 6000r/min 或更高	4～6
电压值	FPC—接地	怠速	2.5

C　电动汽油泵的检测

拔下电动汽油泵的导线连接器，从车上拆下电动汽油泵进行检查。

（1）电动汽油泵电阻的检测。用万用表电阻挡测量电动汽油泵上两个接线端子间的电阻，即为电动汽油泵直流电动机线圈的电阻，其阻值应为 2～3Ω（20℃时）。如电阻值不符，则须更换电动汽油泵。

（2）电动汽油泵工作状态的检查。如图 6-32 所示，将电动汽油泵尽量远离蓄电池，每次接通不超过 10s（时间过长会烧坏电动汽油泵电动机的线圈）。如电动汽油泵不转动，则应更换电动汽油泵。

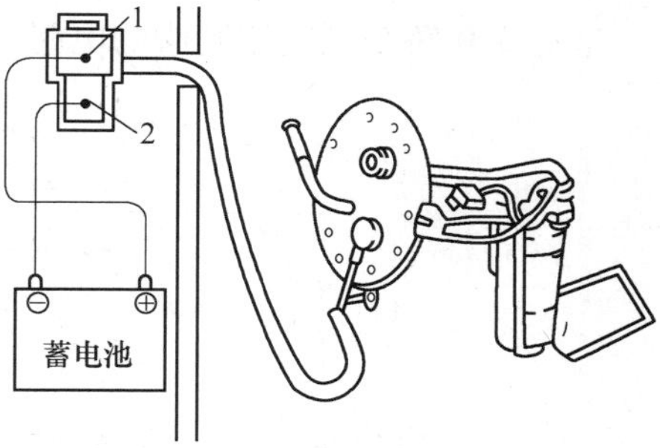

图 6-32　电动汽油泵工作状态的检查
1—接蓄电池正极；2—接蓄电池负极

6.1.3.2　喷油器的检测

A　喷油器的就车检查

（1）喷油器工作情况的检查。喷油器的工作情况可通过检查喷油器的工作声音和发动机转速的变化来了解。

1）发动机运转时用手指接触喷油器，应有脉冲振动的感觉。

2）用旋具或听诊器与喷油器接触，应能听到其有节奏的工作声；否则表明喷油器工作不正常，应对喷油器和控制电路做进一步检查。

3）采用断油方法检查，当拔下某缸喷油器线束插头时，该缸喷油器停止喷油，发动机转速立即下降，这表明该喷油器工作正常；否则表明不工作或工作不良，应做进一步检查。如果喷油器针阀完全被卡死，则应更换喷油器。

（2）喷油器电磁线圈电阻的检查。检查时拔下喷油器线束插头，用万用表测量其接线柱间的电阻。在20℃时，对于高阻喷油器来说，其电阻值应为12～17Ω；对于低阻喷油器来说，其电阻值应为2～5Ω。否则，应予以更换。

B　喷油器的检验

（1）喷油器泄漏情况的检查。将喷油器装在分配油管上，用一根油管将车上的过滤器出口与分配油管进口连接；另一根油管接回油管。然后用一根导线将燃油泵的两个检测插孔短接，并打开点火开关。这时，燃油泵开始运转，注意观察喷油器有无漏油现象。如漏油，其漏油量在1min内应少于1滴，否则应予以更换。

（2）喷油器的喷油量的检验。准备工作时的喷油量与检查泄漏时的相同。检验时用导线分别将喷油器与蓄电池相连接，并用量杯测量一定时间内的喷油量。各个车型互不相同，一般每15s为50～70mL。每个喷油器应重复测量2～3次，相互的喷油量差值应小于其喷油量的10%，否则应加以清洗或更换。

（3）喷雾质量检查。在检查喷油量的同时观察燃油雾化情况。

检查时应注意：低电阻值的喷油器不可直接与蓄电池连接，应串联一个适当阻值（8～10Ω）的降压电阻，以免烧毁电磁线圈。上述检测也可直接在喷油器检测清洗仪上进行。

6.1.3.3　怠速控制阀的检测

皇冠3.0轿车怠速控制阀的电路如图6-33所示。

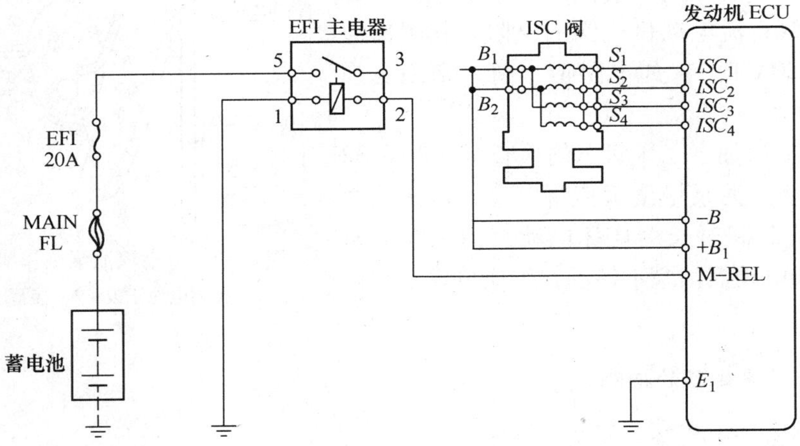

图6-33　皇冠3.0轿车怠速控制阀的电路

A　就车检测

怠速控制系统的就车检测方法有三种，可酌情选用。

（1）发动机怠速运转状况检测。在冷车状态下起动发动机后，暖机过程开始时，发动机的怠速转速应能达到规定的快怠速转速（通常为1500r/min）；在发动机达到正常工作温度后，怠速转速应能恢复正常（通常为750r/min 左右）。如果冷车起动后怠速不能按上述规律变化，则怠速控制系统有故障。

发动机达到正常工作温度后，在打开空调开关时，发动机怠速转速应能上升到900r/min左右。若打开空调开关后发动机转速下降，则怠速控制系统有故障。

在发动机怠速运转中，若对怠速调节螺钉进行微量转动，发动机怠速转速应不会发生变化（转动后应使怠速调节螺钉恢复原来的位置）。若在转动中怠速发生变化，则说明怠速控制系统不正常。

（2）怠速控制阀的工作状况检查。对于脉冲线性电磁阀式怠速控制阀，可在发动机怠速运转中拔下怠速控制阀线束连接器，观察发动机的转速是否有变化。如此时发动机转速有变化，则怠速控制阀工作正常。对于步进电动机式怠速控制阀，可在发动机熄火后的一瞬间倾听控制阀是否有"嗡嗡"的工作声音（此时步进电动机应工作，直到怠速控制阀完全开启，以利发动机再起动）。如怠速控制阀发出"嗡嗡"声，则怠速控制阀良好。为了检查步进电动机式怠速控制阀的工作状况，也可以在发动机起动前拔下怠速控制阀线束连接器，待发动机起动暖机后再插上，观察发动机转速是否有变化。如果此时发动机转速发生变化，则表明怠速控制阀工作正常；否则，怠速控制阀或控制电路有故障。

（3）ECU 控制电压的检测。对于脉冲线性电磁阀式怠速控制阀，应拔下怠速线束连接器，用万用表电压挡测量其端子电压。如果在发动机运转过程中，怠速控制阀线束连接器端子有脉冲电压输出，则 ECU 和怠速控制系统线路无故障。若无脉冲电压输出，可打开空调开关后再测试。若仍无脉冲电压输出，则怠速控制系统不工作，应检查 ECU 与怠速控制阀之间的线路（是否有接触不良或断路故障）；如怠速系统的线路无故障，则 ECU 有故障，应更换 ECU。

对于步进电动机式怠速控制阀，将点火开关置于"ON"位置，然后测量 ECU 的端子 ISC_1、ISC_2、ISC_3、ISC_4 与端子 E_1 间的电压值（应为9～14V），如无电压，则为线路断路或 ECU 有故障。

B　怠速控制阀的检测

（1）电阻值检测。拆下怠速控制阀，用万用表电阻挡测量怠速控制阀线圈的电阻值。脉冲线性电磁阀式怠速控制阀只有一组线圈，其电阻值为 10～15Ω。步进电动机式怠速控制阀通常有 2～4 组线圈，各组线圈的电阻值为 10～30Ω。如线圈电阻值不在上述范围内，应更换怠速控制阀。

（2）步进电动机的动作检查。将蓄电池电源以一定顺序输送给步进电动机各线圈，就可使步进电动机转动。各种步进电动机的线圈形式和接线端的布置形式都不同。这里以皇冠3.0 轿车 2JL－GE 发动机怠速控制阀步进电动机为例说明其检查方法。首先，将步进电动机连接器端子 B_1 和 B_2 与蓄电池正极相连，然后将端子 S_1、S_2、S_3、S_4 依次（$S_1-S_2-S_3-S_4$）与蓄电池负极相接，此时步进电动机应转动，阀芯向外伸去。若将端子 S_1、S_2、S_3、S_4 按相反的顺序（$S_4-S_3-S_2-S_1$）与蓄电池负极相接，步进电动机应朝相反向转动，阀芯向内缩入。

任务 6.2　发动机常见故障的诊断

6.2.1　发动机不能起动或不易起动

发动机不能起动的现象主要可分为：起动机带不动发动机，或能带动，但转动缓慢无力；起动机能带动发动机运转，但发动机无任何着车的征兆；有着车的征兆，但发动机不能起动。

6.2.1.1　发动机不能起动，且无任何着车的征兆

A　故障现象

起动发动机时，起动机能够带动发动机运转，但没有任何着车的征兆。

B　故障分析与排除

a　进行发动机故障自诊断

检查有无故障码，如曲轴位置传感器故障等。如有故障码，可按显示的故障代码查找故障部位。读取故障码的方法（以丰田车系为例）。

（1）将点火开关置于“ON”，但不起动发动机。

（2）用跨接线跨接诊断插座上的插孔“TE_1”和“E_1”，如图6-34所示。

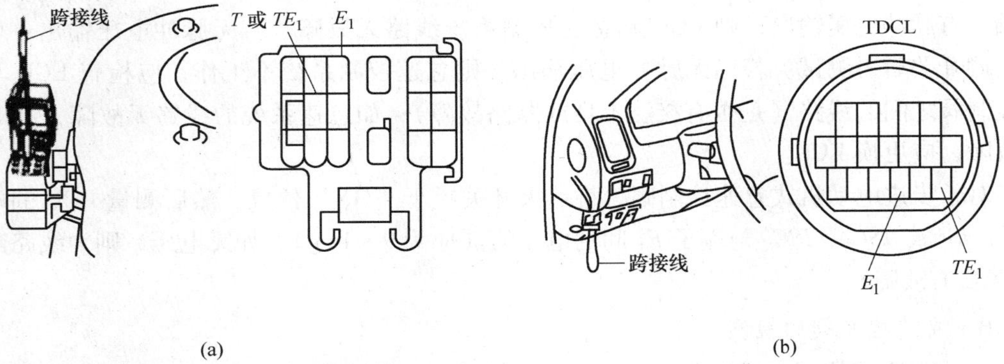

图6-34　诊断插座

（a）类型Ⅰ；（b）类型Ⅱ

（3）如图6-35所示，仪表板“CHECK ENGINE”故障指示灯将闪烁，按照故障产生的先后顺序，显示故障码。故障波形如图6-36所示。

（4）完成检查后，拆下诊断跨接线。

（5）对故障部位进行修理后，记录在ECU中的故障码必须被清除。方法：将点火开关关闭，从熔断丝盒中拆下EFI熔断丝（如图6-37所示中15A）10s以上即可。

b　检查熔断丝盒

重点如图6-37中EFI、IGN等熔断丝是否熔断。

c　起动检查

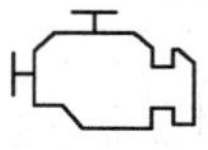

图 6-35　故障指示灯

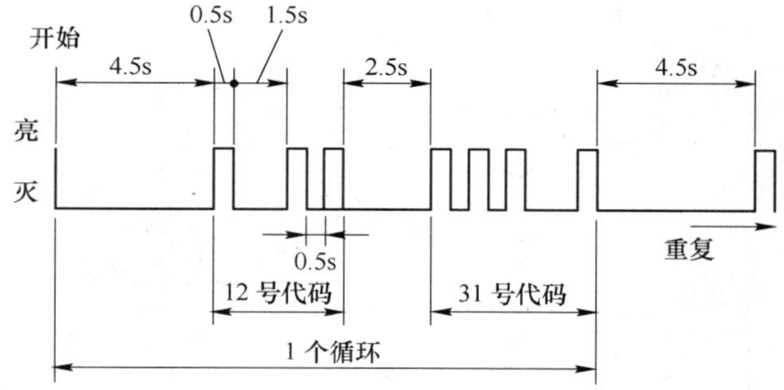

图 6-36　故障波形

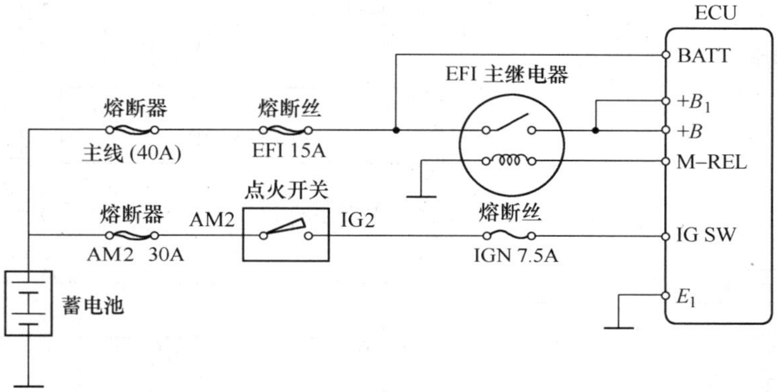

图 6-37　电源线路

闻排气管废气，如没有任何汽油味，供油系统故障的可能性较大；如有较浓的汽油味，点火系统故障的可能性较大。

d　高压试火

从分电器上拔下高压总线或从缸体上拔下高压分线，让线端金属距离缸体 5 ~ 6mm，起动发动机，观察高压线端有无强烈的蓝色高压火花。如果没有高压火花或高压火花很弱，说明点火系统有故障。

e　点火系统的检查

打开点火开关，检查线圈低压线路，如图 6-38 所示，从点火线圈（+）端到搭铁应有正常的 12V 电压，点火器 $+B$ 端电压应为 12V，否则应检查电源电路；点火器 $G_{\ominus}$端应有接近 12V 电压，否则应检查点火线圈；起动机带动发动机运转时，用示波器分别检测点火器 IGT、IGF 端应有如图 6-39 所示方波脉冲产生，曲轴位置传感器输出端 N_e、G_1、G_2 到 $G_{\ominus}$端应有如图 6-40 所示信号产生。如曲轴位置传感器无信号产生，应检修该传感器，如曲轴位置传感器有信号产生而 IGT 无信号，则 ECU 有故障，如 IGT 端有信号而 IGF 端无信号，则点火器有故障。

f　查点火正时

如果点火正时相差太远，发动机将无任何起动迹象，应检查调整。方法：有些车型在分电器上有调整螺钉，可拧松该螺钉，左右旋转分电器可改变点火正时，否则应检查凸轮轴与曲轴的装配关系，如正时皮带是否装配正确，等等。

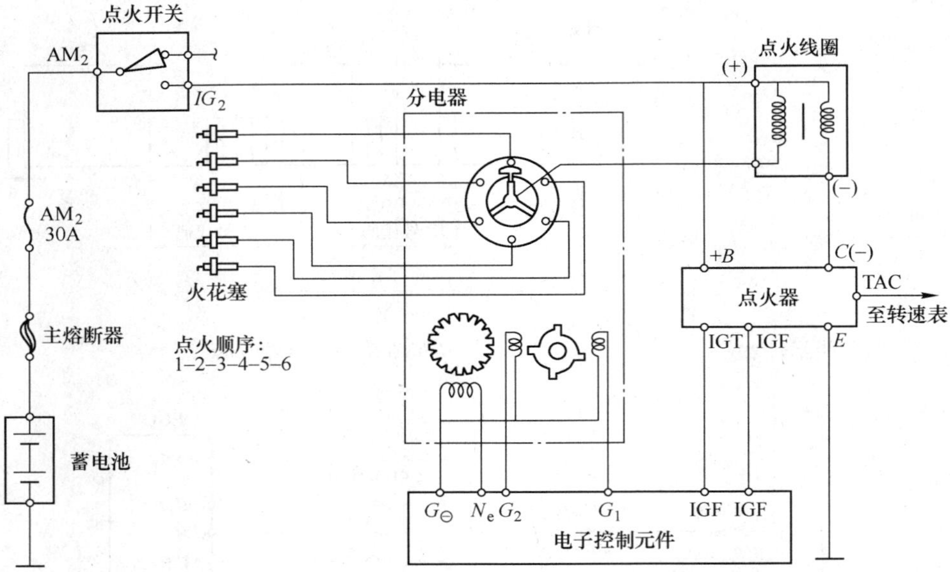

图 6-38　点火线路

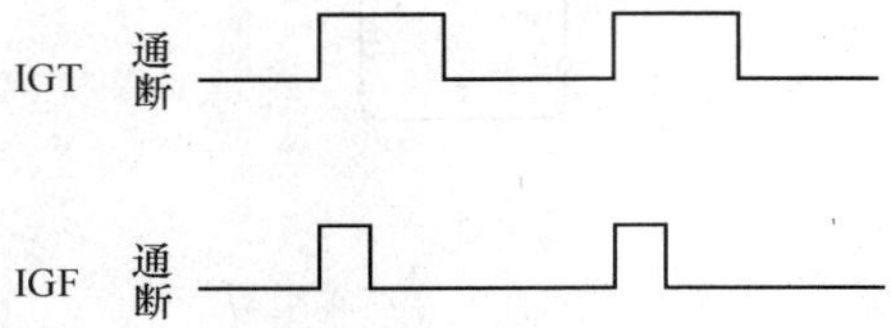

图 6-39　信号波形

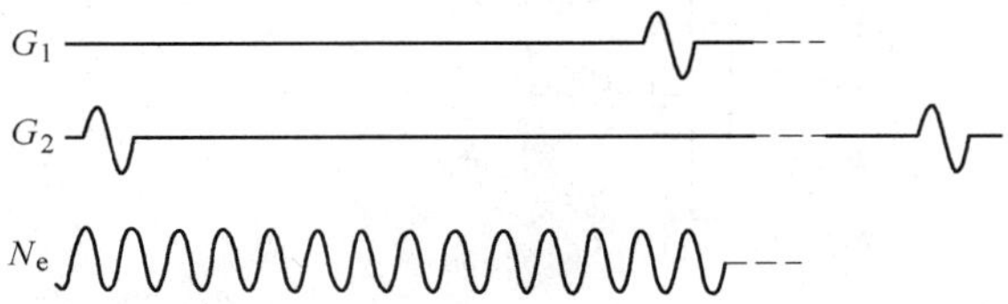

图 6-40　信号波形

g　油路的检查

如供油系统有故障，造成燃油压力过低，同样会使发动机不能起动。如图 6-41 所示将检测插孔的 $+B$ 和 F_p 短接，打开点火开关。此时应能听到燃油泵工作的声音，用手握住进油管时，应能感觉到进油管的油压脉动，否则燃油泵有故障；如有条件，应在怠速喷口或方便的地方接汽油压力表，测量汽油压力，在发动机未运转的状态下正常燃油压力应为 0.3MPa 左右。如果燃油压力过低，用钳子包上软布，将油压调节器的回油管夹住，阻断回油通路，此时，油压应迅速上升，如果燃油压力上升缓慢或基本不上升，说明油路堵塞或电动燃油泵有故障。如果油泵正常，油压偏低，说明油压调节器有故障。汽油泵不工作，应按如图 6-41 所示检查油泵控制电路，如果电路正常，则说明汽油泵故障。

h　喷油器的检查

用示波器检测每个喷油器接线两端是否有电脉冲。如果没有，应检查控制电路部分；如果有，应拆下每个喷油器，在喷油器接线端加 12V 电压，用除锈水或化油器清洗剂等喷剂，从喷油器的入口端喷放喷剂，看喷嘴是否有喷剂喷出，如没有，说明喷嘴堵塞，应清洗或更换。如有条件，可用检测仪器对喷油器进行清洗及检验。

i　检查气缸压缩压力

如上述检查均正常，则应进一步检查发动机气缸压缩压力。若气缸压缩压力低于

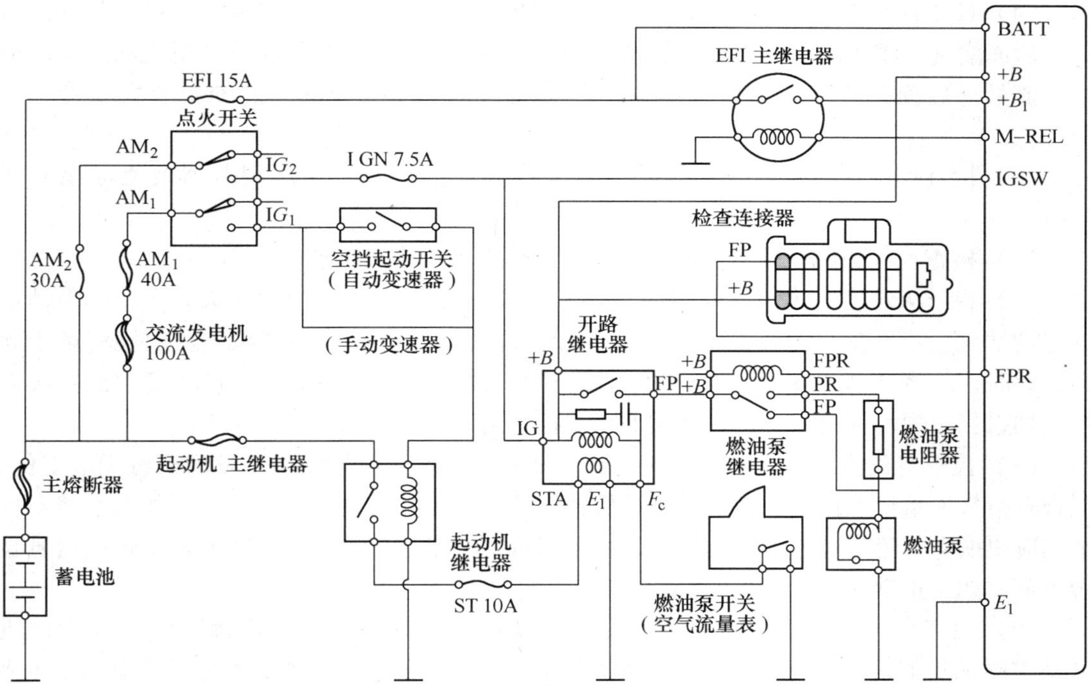

图 6-41　油泵电路

0.8MPa，则说明发动机机械部分有故障。

6.2.1.2　有着车征兆，但发动机不能起动

A　故障现象

起动发动机的时候，起动机能带动发动机正常运转，有轻微的着车征兆，但不能起动。

B　故障分析与排除

（1）进行发动机故障自诊断，读出故障码。如有故障码，可按显示的故障码进行修理。影响发动机起动性能的部件一般有：曲轴位置传感器、水温传感器、空气流量计等。

（2）检查高压火花。分电器高压总线及各缸高压分线均应该检查。若总线火花太弱，应检查蓄电池电压是否正常，若正常，应更换高压线圈；若总线火花正常而分缸线火花较弱或断火，说明分电器盖、分火头或高压线漏电，应更换。检查分火头是否漏电常用的方法：将分电器上中心高压线拔下，拆下分电器盖，将中心高压线头对准分火头离开 6 ~ 8mm，然后起动发动机，如该间隙跳火，说明分火头漏电，应予更换；检查分电器盖是否漏电常用的方法：将分电器盖扣于机体上（搭铁良好部位），用螺钉旋具插入分电器盖各高压线孔，将中心高压线线头对准螺钉旋具杆金属部分离开 6 ~ 8mm，然后起动发动机，如该间隙跳火，说明分电器盖漏电，应予更换。

（3）检查空气滤清器。若滤芯过脏堵塞，发动机也难以起动，可拆掉滤芯后起动发动机，如能正常起动，则应更换滤芯。

(4) 检查进气系统有无漏气。采用空气流量计测量进气量的燃油喷射系统，如在流量计的后面漏气，将影响进气量的计量准确性，使混合气过稀，严重时发动机无法起动。应检查流量计后面的进气软管有无破裂，各处接头卡箍有无松脱，曲轴箱通风软管是否接好。

(5) 检查燃油压力。若油压偏低，应检查燃油滤清器、油压调节器及燃油泵有无故障。

(6) 检查点火正时。点火正时不正确，将使发动机难以起动。

(7) 检查火花塞。火花塞间隙约为0.8～1.2mm，若火花塞间隙太大，将影响发动机的起动性能。若火花塞的表面有大量的汽油，说明气缸中有呛油现象，发动机将难于起动，此时，应将全部火花塞拆掉，断掉喷油嘴电路，将节气门全开，起动发动机几次即可。如果仍出现呛油现象，应拆卸喷油嘴，检查喷油嘴有无漏油。

(8) 检查空气流量计。如果空气流量计没有空气流量信号输出，发动机将无法工作。应查看空气流量计本体有无开裂、测量板转动是否发卡、转轴是否松旷等。如有上述不良情况应更换空气流量计，若无，应用万用表测量空气流量计各端子间的电阻及输出信号是否正常，如不正常应更换空气流量计。

(9) 检查水温传感器。水温传感器无信号输出或输出信号不准确，将影响发动机ECU对喷油量的修正，造成混合气过浓或过稀，使发动机不能起动、运转不平稳、停转或间断运转。水温传感器的好坏主要通过检测其不同温度时的电阻值，看是否符合规定值来确定。

(10) 检查冷起动喷油嘴。起动发动机，用示波器检测冷起动喷油嘴接线端是否有脉冲，若无，应检查冷起动喷油嘴控制电路；若有，应继续检查喷油嘴是否堵塞。

(11) 检查气缸压缩压力。压力应不低于0.8MPa。

6.2.1.3　发动机起动困难

A　故障现象

起动发动机时，曲轴运转速度正常，有明显着车征兆，但需要较长时间才能起动，有时甚至无法起动。

B　故障分析与排除

(1) 进行发动机故障自诊断，检查有无故障码。

(2) 检查进气系统漏气。进气系统漏气将影响发动机的起动性能。可用棉纱在进气系统外表移动，如发现有吸附棉纱的现象，说明该处有漏气发生。或用真空表测量进气管的真空度，应不小于66.7kPa 。

(3) 检查空气滤清器。滤清器堵塞，通气不畅，使发动机起动困难，应清洗或更换。

(4) 检查怠速控制阀。如果节气门全关时起动困难，而稍稍打开节气门时，发动机正常起动，起动后关闭节气门，发动机发抖甚至熄火，那么怠速控制阀有故障的可能性较大。为进一步确认，可拔下怠速控制阀线束插头，或将附加空气阀进气软管用钳子夹住，如果发动机转速没有下降，说明怠速控制阀工作不正常。

(5) 检查燃油压力。燃油压力应为300kPa 左右。

（6）检查温度时间开关。温度时间开关触点接触不良或加热线圈不良，将使冷起动喷油器不喷油或连续喷油，造成发动机起动时缺油或“淹死”现象，使起动困难。

（7）按前面介绍的方法检查空气流量计。

（8）检查冷起动喷油器。如果冷起动喷油器不工作，将使发动机起动困难。首先检查喷油器线束插头电压，如正常，再检查喷油器是否堵塞，如热车状态下难起动，应检查冷起动喷油器是否有滴漏。

（9）检查水温传感器。水温传感器的故障，会影响喷油量的修正，可能造成混合气过浓或过稀，而使发动机难于起动。应检测水温传感器在不同水温下的电阻值变化是否符合标准。

（10）按前面介绍的方法检查点火正时。

（11）检查起动开关至电脑的起动信号是否正常。如果电脑接收不到起动开关的起动信号，就不能进行起动加浓控制，也会导致起动困难。对此，应检查 ECU 的 STA 端在起动时有无信号。

（12）检查气缸压缩压力。

（13）如上述检查均正常，可换一个新的 ECU 重试，如正常，说明原车 ECU 有故障，应更换 ECU 。

6.2.2　怠速不良

6.2.2.1　发动机怠速不稳，易熄火

A　故障现象

发动机可正常起动，但怠速不稳定，发抖，甚至熄火。

B　故障分析与排除

（1）进行发动机故障自诊断，检查有无故障码。

（2）检查进气系统漏气。进气系统漏气但不是很严重时，导致气缸混合气过稀，引起怠速不稳，甚至熄火。

（3）检查空气滤清器。可拆掉滤芯后起动发动机，如此时怠速正常，则应更换空气滤清器滤芯。

（4）用前面介绍的方法检查怠速控制阀。怠速空气通道堵塞，将使发动机怠速不稳。

（5）怠速调整不当。可能是发动机怠速转速过低，此时，应按规定程序调高怠速转速。

（6）可能有个别缸不工作。怠速时逐个拔下各缸高压线，如果某缸在拔下高压线时，发动机转速基本不变，说明该缸工作不良或不工作，应检查该缸的火花塞、喷油嘴等。

（7）空气流量计可能有故障。对流量计应进行检测，如不良，应更换。

（8）各缸喷油器喷油可能不均匀。应将所有喷油器拆下，进行喷油雾化及流量检测，如有故障，应更换。

（9）检查燃油压力。怠速时的燃油压力应为 250kPa 左右，如压力太低，应检查油压调节器、电动燃油泵、汽油滤清器等。

（10）检查气缸压缩压力，如压力低于 0. 8MPa，应拆检发动机。

6.2.2.2　发动机冷车怠速不稳、易熄火

A　故障现象

发动机冷车运转时怠速不稳或转速过低，易熄火，热车后怠速恢复正常。

B　故障分析与排除

（1）进行发动机故障自诊断，检查有无故障码。

（2）检查怠速空气阀。方法如前。

（3）水温传感器可能有故障。测量水温传感器电阻值，应符合标准值。

6.2.2.3　热车怠速不稳或熄火

A　故障现象

发动机冷车时怠速正常，热车后怠速不稳，怠速转速过低或熄火。

B　故障分析与排除

（1）进行发动机故障自诊断，检查有无故障码。

（2）检查发动机的初始怠速转速。如果是怠速过低，应调好怠速。

（3）检查水温传感器。方法如前。

（4）检查怠速控制阀。方法如前。

（5）检查火花塞。检查火花塞的间隙是否正常，电极是否有积炭、烧蚀的现象，是否能正常跳火，如有必要应进行更换。

（6）检查喷油器。可在喷油器试验台进行，应检查喷油器的喷油量、喷雾情况及是否滴漏，如不符合规定应更换。

6.2.2.4　热车怠速转速过高

A　故障现象

发动机冷车时能以正常快怠速运转，但热车后仍保持快怠速，导致怠速转速过高。

B　故障分析与排除

（1）节气门不能全闭，将引起怠速转速过高。检查节气门转动轴是否有卡滞现象，如有，应拆检节气门体。

（2）检查是否怠速调整不当。重新调整怠速。

（3）进行发动机故障自诊断，检查有无故障码。

（4）检查附加空气阀。热车后，附加空气阀应关闭，如不关闭，将使怠速转速过高。可用钳子包上软布，将附加空气阀进气软管夹紧，如转速下降，说明该阀不能关闭，应检修。

（5）检查水温传感器。测量该传感器阻值是否符合规定。

（6）用钳子包上软布将曲轴箱强制通风阀软管夹紧。如果发动机转速随之下降，则说明曲轴箱强制通风阀在怠速时漏气，使发动机进气量过大，影响怠速，应更换通风阀。

6.2.2.5　怠速上下波动

A　故障现象

发动机怠速不稳定，转速忽高忽低。

B　故障分析与排除

（1）进行发动机故障自诊断，检查有无故障码。

（2）检查节气门位置传感器的怠速开关，看该开关在怠速时是否闭合。

（3）检查水温传感器的电阻值。

（4）检查空气流量计。测量方法如前。

（5）检查怠速控制阀。拔下怠速控制阀线束插头，如果怠速波动现象不变，说明该阀工作不良；如果波动现象消失，但怠速不稳现象加剧，说明怠速控制阀工作正常，喷油系统有故障。

（6）拆检喷油器、火花塞。检查喷油器雾化、滴漏情况。

6.2.2.6　使用空调器或转向时怠速不稳或熄火

A　故障现象

发动机怠速运转时，使用空调器或转向时，发动机不提速，从而引起怠速不稳甚至熄火。

B　故障分析与排除

（1）检查怠速控制阀是否工作正常。

（2）检查空调开关。转向液压开关有无故障。

6.2.3　发动机无力

6.2.3.1　发动机加速不良、动力不足

A　故障现象

踩下加速踏板后发动机转速不能马上升高，有迟滞现象，加速反应迟缓，甚至踩下加速踏板后转速不升反降；加速踏板踩到底时仍感到动力不足，转速提不高，达不到最高车速。

B　故障分析与排除

（1）检查空气滤清器。如滤清器堵塞，将造成加速不良，应进行清洗或更换。

（2）油路的堵塞，同样将引起加速不良。应检查燃油压力，怠速时燃油压力约为300kPa，加速时燃油压力应能上升约50kPa左右，如油压过低，可能是汽油滤清器堵塞、喷油嘴堵塞，以及油压调节器或汽油泵的故障，应进行清理、更换或修理。

（3）进行发动机故障自诊断，检查有无故障码，如有，按故障码指示进行修理。

（4）检查进气系统有无漏气，可测量进气管真空度，怠速时真空度应大于66.7kPa（500mmHg），如真空度太小，说明进气系统有漏气，应检漏。

（5）检查点火正时，在发动机怠速时点火提前角应为10°~15°左右，如不正确，应

调整发动机的点火提前角。加速时点火提前角应能自动地加大到 20°～30°，如有异常，应检查点火控制系统或更换电脑。

（6）拆检火花塞。如火花塞经常缺火，应予以更换。

（7）高压试火，如跳火不正常、检查点火器、点火线圈是否接触不良。

（8）检查节气门位置传感器。开关型节气门位置传感器，在节气门全闭时、怠速开关触点应闭合；节气门打开时，怠速开关触点应断开；节气门接近全开时，全负荷开关触点闭合，对于线性输出式节气门位置传感器，在节气门由全闭到全开变化时，其信号端子与接地端子间的电阻值应连续增大，如有异常，应修理或更换。

（9）检查空气流量计或歧管压力传感器，如有异常、应修理或更换。

（10）检查水温传感器。温度变化阻值应随之变化，否则应更换。

（11）检查节气门。将加速踏板踩到底，看节气门是否能全开。否则应进行调整。

（12）检查蓄电池电压。如电压太低，会使喷油器喷油量减少。

（13）检查气缸压力是否太低。

6.2.3.2　发动机减速熄火

A　故障现象

发动机怠速运转正常，但在行驶中突然松开加速踏板进行减速时，发动机经常发生熄火故障。

B　故障分析与排除

（1）检查发动机是否怠速调整不当。如怠速过低、容易造成减速熄火的故障。

（2）检查节气门位置传感器。在节气门全闭时，节气门位置传感器的怠速开关触点应闭合。否则应进行修理或更换。

（3）检查怠速控制阀。发动机怠速状态下拔下怠速控制阀线束插头，如果发动机转速无变化说明怠速控制阀不工作，应检查在发动机怠速运转时怠速控制阀线束插头内有无脉冲电压信号输出。如无信号，则应检查控制线路；如有信号，则说明怠速控制阀已损坏，应更换。

（4）如有歧管压力传感器，应检查该传感器的好坏。

6.2.3.3　发动机进气管回火

A　故障现象

发动机工作不正常，迅速增大节气门开度时进气管回火，发动机无力。

B　故障分析与排除

（1）进气系统漏气。造成混合气过稀，燃烧速度减缓，在进气门打开时仍有气体燃烧，容易引起进气管回火。

（2）点火时间过早，在进气门仍未关闭的情况下，混合气已经开始燃烧，容易引起进气管回火。应检查点火时间，如过早应进行调整。

（3）喷油压力偏低。检查燃油压力，如果油压偏低，将引起喷油量减少，造成混合气过稀，引起进气管回火。应检查燃油压力调节器，检查燃油滤清器或油路是否堵塞；检查燃油泵的工作情况。

（4）喷油器工作不良。拆检喷油器，检查其燃油雾化情况，喷油量、滴漏情况，以及检查喷油器的开启电压值。

（5）检查冷起动喷油器，如该喷油器不工作，将使发动机在冷起动时回火。应检查该喷油器工作情况、线束端电压以及温度时间开关等。

（6）电子控制系统的检查。包括检查空气流量传感器或歧管压力传感器；检查水温传感器的电阻值；检查进气温度传感器；检查节气门位置传感器；检查氧传感器等。

（7）检查火花塞是否有缺火现象。

（8）检查蓄电池电压是否正常。

（9）如上述情况均正常，应检查进气门是否密封良好。

6.2.3.4　发动机排气管放炮

A　故障现象

发动机工作不正常，排气管放炮，发动机无力。

B　故障分析与排除

（1）检查点火时间，如果点火时间过迟，将使排气行程排出的废气在排气管中继续燃烧，引起排气管放炮。

（2）拆检喷油器。用喷油器校验器检验喷油器是否有滴漏现象，如有，应予更换。

（3）检查冷起动喷油器是否有不正常供油现象。首先检查冷起动喷油器是否有滴漏现象，如有，应予更换，其次应检查温度时间开关工作是否正常。

（4）检查燃油压力。如燃油压力偏高，易引起排气管放炮，应检查燃油压力调节器。

（5）检查电子控制系统。包括检查空气流量传感器或歧管压力传感器；检查水温传感器、进气温度传感器；检查节气位置传感器，检查氧传感器等。

6.2.3.5　发动机抖动

A　故障现象

汽车起步或加速时抖动厉害，加速困难。

B　故障分析与排除

（1）底盘故障。当变速器处于空挡时，发动机在全程范围内工作正常，故障原因可能出现在底盘。首先，离合器打滑可能造成汽车起步或加速时抖动；其次，制动器拖滞同样易造成汽车抖动。

（2）进气系统漏气。检查进气软管是否破损，接头是否松脱，废气再循环系统 EGR 阀是否不能关闭等。

（3）检查空气滤清器是否堵塞。

（4）检查燃油压力是否偏低，如果偏低，应分别检查燃油压力调节器、燃油滤清器、燃油泵。

（5）拆检喷油器。检查喷油器是否有堵塞现象。

（6）检查点火系统。首先检测点火正时是否合适，其次检查是否高压火花弱，如果这样，应检查点火系统是否漏电；应拆检火花塞，看电极间是否有积炭，间隙是否合适，是否会出现缺火现象。

（7）检查是否有个别缸不工作。方法是逐缸断火，如果某缸断火，发动机无任何变化，说明该缸工作不良。

（8）检查电子控制系统：空气流量计或歧管压力传感器；水温传感器、进气温度传感器；节气门位置传感器；氧传感器等。

6.2.3.6　发动机转速忽高忽低

A　故障现象

发动机着车后，转速自动地忽高忽低不稳定。

B　故障分析与排除

（1）进行发动机故障自诊断，检查有无故障码。如有，按故障码指示进行修理。

（2）检查怠速控制阀。拔下怠速控制阀线束插头，如果发动机转速仍忽高忽低，说明怠速控制阀工作不良，应检查控制阀有无信号，如无信号，说明控制线路或 ECU 有故障，如有信号，说明怠速控制阀有故障，应拆检。如果拔下怠速控制阀线束插头后，转速忽高忽低的现象消失，但怠速不稳的现象加剧，说明怠速控制阀工作正常，应检查喷油系统。

（3）检查进气管路是否有漏气现象。

（4）检查燃油压力是否偏低。如偏低，应分别检查燃油压力调节器、燃油滤清器、汽油泵。或者可能是燃油箱油平面太低。

（5）检查空气滤清器是否堵塞。

（6）检查点火正时是否准确。

（7）检查喷油器是否有滴漏现象，冷起动喷油器工作是否正常。

（8）检查火花塞是否有断火现象。

（9）检查电子控制系统。空气流量计或歧管压力传感器；水温传感器；进气温度传感器等工作是否良好。

6.2.4　发动机温度、油耗异常

6.2.4.1　发动机过热

A　故障现象

发动机冷却系在运行中冷却水消耗异常，发动机水温过高。

B　故障分析与排除

发动机过热是非常常见的故障，稍有不注意，就将引起气缸拉缸等严重的后果。所以如果发动机过热应及时修理。发动机过热可能的原因有：

（1）检查水量是否充足，再检查发动机、水管及水箱是否有漏水的现象。方法是检查这些地方的表面是否有湿的印痕，必要时可进行水压试验。如果漏水将使水量不足，水温过高。

（2）检查水箱的表面是否脏污，如果脏污应进行清洗；检查风扇皮带是否打滑，硅油

离合器的工作状态，如不正常应更换；如果是电子风扇，应检查风扇的各挡位是否工作正常，如工作不正常，应检查电压是否正常，在电压正常的情况下应更换电子风扇。

(3) 检查点火正时，如果点火时间过迟，将使发动机水温过高。点火正时调整方法如前。

(4) 检查发动机气缸是否漏气而使水温过高。方法：冷起动发动机，打开水箱盖（小心沸水往外冲），如果在 3 ~4min 内水箱的水冒气泡，水开锅（沸腾），应该是发动机气缸漏气，则该发动机应予以大修。

(5) 拆下节温器、水箱盖检查其好坏，如有问题应更换。

(6) 拆下水泵，检查是否水泵轴磨损、轴承松旷，如有问题应更换。

(7) 检查水套是否沉积水垢过多，影响散热，如果这样应清洗水套。

6.2.4.2　油耗过大

A　故障现象

发动机动力良好，但耗油量过大，加速时排气管冒黑烟。

B　故障分析与排除

(1) 检测水温传感器。该传感器工作失常，如阻值太大，会使电脑误认为发动机处于低温状态，从而进行冷车加浓控制，使油耗增加。

(2) 检测空气流量计或进气歧管绝对压力传感器。该传感器的信号误差，会直接影响喷油量。

(3) 检查节气门位置传感器。在节气门处于中小负荷时，全负荷开关触点应断开。若全负荷开关触点始终闭合或闭合时间过早，会使电脑始终或过早地进行全负荷加浓，从而增大油耗。

(4) 检测燃油压力。如果燃油压力始终偏高，同样会使油耗过大。这时应检查油压调节器，进行修理或更换。

(5) 检查冷起动喷油控制是否正常。该装置只有在冷起动时工作，其他工况均不应工作且示波器检测冷起动喷油器工作的持续时间是否符合标准值。若工作时间过长或起动后一直工作。应检查冷起动温度时间开关及控制电路。

(6) 拆卸喷油器，在喷油器校验器上检测喷油器喷油雾化情况、喷油量及是否有滴漏现象，如有应予更换。

思　考　题

6-1　电控汽油发动机该如何识别空气流量计的类型？如何检测各类空气流量计的性能？空气流量计失效对发动机有何影响？

6-2　如何检测线性触点式节气门位置传感器的性能？

6-3　如何检测氧传感器的性能？

6-4　如何检测绝对压力传感器的性能？

6-5　如何检测爆燃传感器的性能？

6-6　发动机不能起动，应如何检查排除点火系统的故障？

6-7　发动机不能起动，应如何检查排除油路系统的故障？

6-8　分析进气歧管漏气对发动机的影响。

6-9　分析可能造成发动机怠速不稳的原因。

6-10　如何检测点火正时？分析影响发动机点火正时的因素。

6-11　造成喷油压力不足的因素有哪些？

6-12　发动机动力不足的可能原因有哪些？

6-13　试分析发动机回火及排气管放炮的原因？

6-14　试分析造成发动机水温过高的原因。

学习情境7　底盘故障诊断

【知识目标】

1. 熟悉传统传动系各组件常见故障的现象和诊断方法。
2. 熟悉自动变速器常见故障，掌握自动变速器故障排除方法。
3. 熟悉制动系常见故障，掌握ABS及ASR装置故障排除方法。
4. 熟悉转向系常见故障，掌握现代汽车转向系故障排除方法。

【技能目标】

1. 能排除传统传动系各组件常见故障。
2. 会对自动变速器进行故障诊断。
3. 能排除现代汽车制动系常见故障。
4. 能排除现代汽车转向系常见故障。

【本章导语】

汽车底盘技术状况的优劣，直接关系到车辆行驶时的操纵稳定性和安全性，也影响到发动机动力传递和燃料消耗量。因此，及时、准确地判断并排除底盘部分出现的故障是非常重要的。本单元将分别从传动系、行驶系、转向系和制动系等几部分，介绍底盘常见故障的现象、分析思路及诊断排除方法。

任务7.1　汽车传统传动部分故障诊断

7.1.1　汽车传动部分基本构造

所谓传统的传动部分是指非自动变速器的机械传动部分。因为本书主要是针对普通轿车，故将捷达轿车的手动变速器传动部分作为典型的讲解对象。捷达轿车为发动机横置前驱动形式，离合器、变速器、主减速器、驱动桥做成一体，如图7-1所示。

由图7-1可见，发动机动力由右端输入，经离合器再经变速器到主减速器，再经差速器到左右二传动轴。

离合器的具体结构如图7-2所示。变速器与驱动桥的结构，如图7-3所示。

7.1.2　传统传动部分的故障诊断

7.1.2.1　离合器打滑

A　故障现象

（1）汽车起步困难。

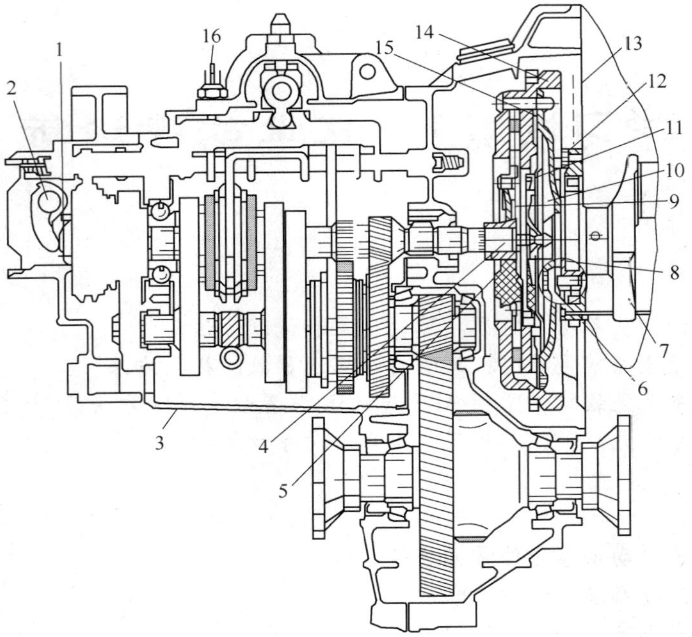

图 7-1　捷达轿车变速驱动桥结构图

1—分离轴承；2—分离臂；3—变速器总成；4—变速器输入轴；5—分离推杆；6，12—螺栓；7—曲轴；8—压板；9—从动盘；10—中间板；11—卡环；13—离合器挡板；14—飞轮；15—离合器盖总成；16—倒车灯开关

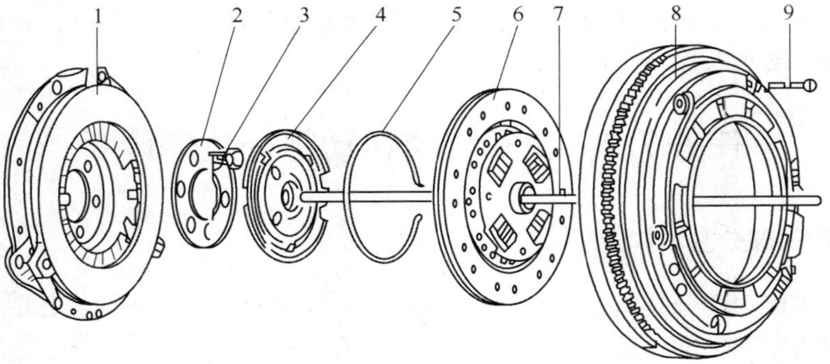

图 7-2　离合器零部件分解图

1—离合器盖总成；2—中间板；3，9—螺栓；4—压板；5—卡环；6—从动盘；7—分离推杆；8—飞轮

（2）行驶中车速不能随发动机转速的提高而提高，感到行驶无力。

（3）汽车重负荷行驶时，可闻到摩擦片因摩擦而发出的焦臭味。

B　故障原因

（1）摩擦片磨损严重，铆钉外露，发生金属接触摩擦而发热。

（2）离合器组件松动、弹簧无力。

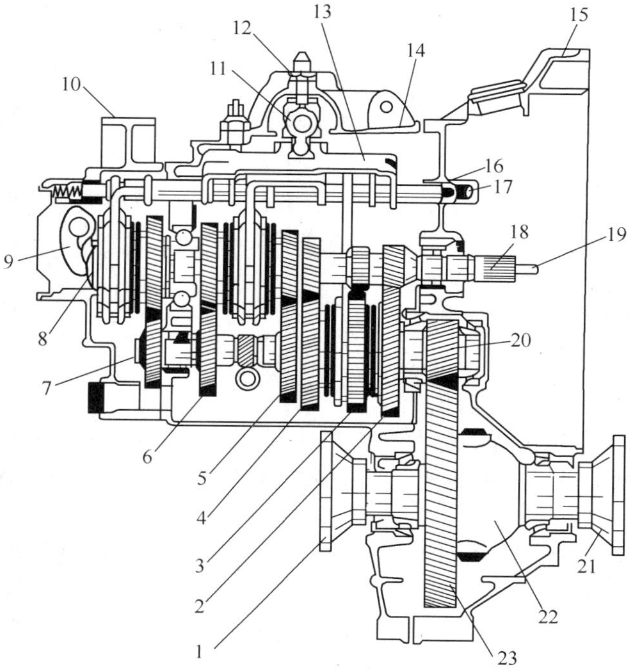

图 7-3　捷达变速器装置图

1，21—输出法兰盘；2—1 挡从动齿轮；3—1/2 挡齿套倒挡从动齿轮；4—2 挡从动齿轮；5—3 挡从动齿轮；6—4 挡从动齿轮；7—5 挡从动齿轮；8—分离轴承；9—分离臂；10—后壳体；11—换挡指；12—自锁螺钉；13—5 挡拨板；14—变速器壳体；15—离合器壳体；16—拨叉轴；17—压力弹簧；18—输入轴；19—分离推杆；20—输出轴；22—差速器；23—主传动大齿轮

（3）离合器自由行程太小，使离合器处于半分离状态。

7.1.2.2　离合器分离不彻底

A　故障现象

（1）换挡困难。

（2）挂入低速时不抬离合踏板就起步或出现发动机熄火。

B　故障原因

（1）离合器拉索损坏。

（2）膜片弹簧不在同一平面上。

（3）离合器从动盘扭曲或摩擦片过厚。

7.1.2.3　离合器发生异响

A　故障现象

在工作中出现金属零件间的撞击声。

B　故障原因

（1）分离轴承损坏。

(2) 摩擦片老化或沾油，减振弹簧弹力变弱或膜片弹簧损坏。

7.1.2.4　变速器异响

变速器异响主要是由于轴承磨损松旷和齿轮间不正常啮合而引起的噪声。

A　故障现象

(1) 变速器处于空挡时有异响，踏下离合器踏板后响声消失。

(2) 低速挡有异响，高速挡时声响减弱或消失。

(3) 变速器仅在个别挡位有异响。

(4) 变速器各个挡位均有异响。

B　故障原因与排除

(1) 润滑油品质不对，更换润滑油。

(2) 变速器常啮齿轮磨损。若发动机怠速运转，变速器处于空挡，有“咝啷、咝啷”之异响，拉紧驻车制动器后声响更大，踏下离合器踏板，声响消失，则多为常啮齿轮过度磨损，应拆检。

(3) 变速器轮齿磨损，齿侧间隙过大。若汽车挂入某一挡，某挡响声大，则说明该挡齿轮磨损量过大，应拆检更换。

(4) 变速器各挡位均有“嘎啦”的声响，加速时变为“嘎、嘎”的声响，则应检查变速器的轴、轴承、齿轮、花键等件的磨损情况。

7.1.2.5　变速器跳挡

A　故障现象

汽车在某一挡位行驶时，变速杆自动跳到空挡位置。

B　故障原因

(1) 变速叉轴凹槽及定位球磨损松旷，定位弹簧过软或折断，造成定位装置失效。

(2) 变速轴、轴承严重磨损松旷或轴向间隙过大，使轴转动时发生跳动或窜动。

(3) 齿轮或齿套磨损过甚，沿齿长方向磨成锥形。

(4) 定位销磨损松旷及定位弹簧过软或折断，定位装置失效。

C　故障诊断与排除

(1) 检查变速器是否固定牢固。

(2) 发现某挡跳挡时，先将变速杆推入该挡，然后拆下变速器盖观察齿轮啃合情况，如齿轮啃合情况良好，应检查换挡机构。

(3) 若变速器挂挡时，变速杆阻力甚小或无阻力，而该挡跳挡时，多为变速叉轴上的凹槽过度磨损；若多个挡位均如此，则可能是变速叉轴自锁装置失效。应拆下检查，若损坏则更换。

(4) 如换挡机构良好，而齿轮或齿套不能完全契合，应检查齿轮是否磨成锥形，轴承是否松旷、损坏，必要时拆下修理更换。

7.1.2.6　变速器乱挡

A　故障现象

(1) 变速杆不能挂入挡位或挂入后不能脱挡。

（2）变速杆挂入的挡位与应该挂入的挡位不符。

（3）一次挂入两个挡位。

B　故障原因

乱挡的主要原因是变速器操纵机构失效。

C　故障诊断与排除

（1）变速杆如能任意摆动，且能转圈，则为夹箍螺栓松脱所致。

（2）挂挡时，变速杆稍偏离一点位置，就挂不上需要的挡位，是变速杆拨动端工作面磨损过大的缘故。

（3）如同时能挂上两挡，为互锁机构失效，应拆检维修。

7.1.2.7　挂挡困难

A　故障现象

挂挡时，不能顺利进入挡位，常发生齿轮撞击声响。

B　故障原因

（1）变速叉轴弯曲变形。

（2）自锁或互锁钢球损坏。

（3）变速杆调整不当或损坏。

（4）同步器损坏。

C　故障诊断与排除

（1）检查变速器操纵机构调整是否合适，操纵机构是否变形、卡滞。

（2）拆检变速器叉轴，看叉轴是否变形，自锁钢球装置是否损坏。如变形或损坏，应予以更换。

（3）拆检同步器是否损伤，若损伤则更换。

任务 7.2　ABS/ASR 防抱死及防滑转系统的故障诊断

为了车辆的行驶安全，ABS 已经普遍在小轿车上使用，ASR 系统也出现在较高档的轿车上。

上述二系统的详细原理在专门的课程中进行讲述。本书在讲述 ABS/ASR 的故障诊断之前，先简单介绍一下 ABS/ASR 的主要工作原理。市场上 ABS 的品牌众多，但主要原理基本相同，本书主要介绍 LS400 的 ABS/ASR 的工作原理。

7.2.1　LS400 ABS 的主要工作原理

7.2.1.1　基本原理

LS400 ABS 的基本工作原理如图 7-4、图 7-5 所示。该系统的制动总泵和制动分泵与无 ABS/ASR 系统的基本相同。如图 7-5 所示。

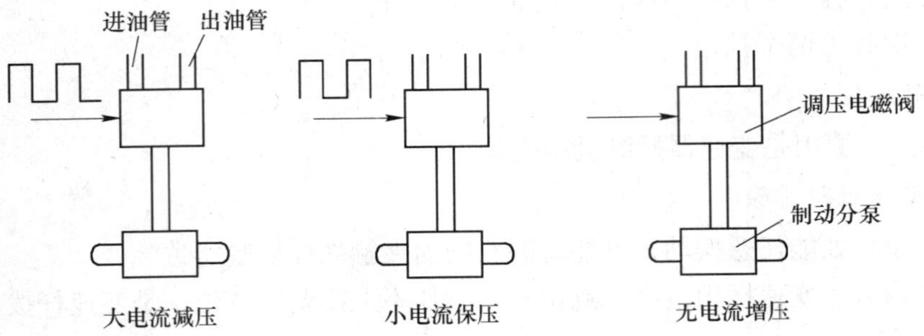

图 7-4　脉冲电流对电磁阀的供电情况示意图

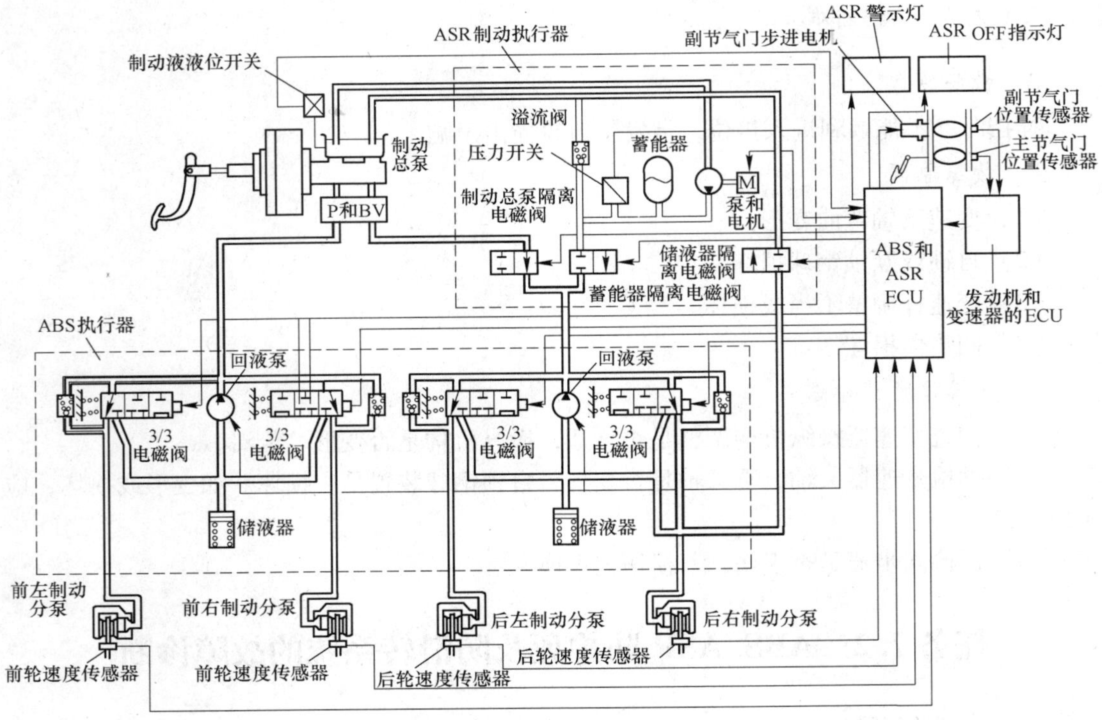

图 7-5　LS400 ABS/ASR 液压系统图

ABS 系统中有 4 个三位三通阀，每一个阀控制一个车轮的制动分泵的增压—保持—减压三个状态。电磁阀线圈无电流时是增压状态，处于5A 电流时是减压状态，处于2. 5A 时是保持状态。电流的大小都是通过 ECU 对线圈供电时由脉冲电压的占空比所决定的，其高压是 12V，低压是 0V，如图 7-4 所示。

当减压时，储液器接收到由制动分泵输回来的制动液，然后再由回液泵将制动液送回到制动总泵的输出油管。

图 7-4 中 4 个电磁阀的位置是增压状态（阀芯在右面）；如果阀芯在左面则是减压状态；如果阀芯在中间则是保持状态。

ABS/ASR ECU 各端子符号和名称见表 7-1。

表 7-1　ABS/ASR ECU 备端子符号、名称表

编号	符号	端子名称	编号	符号	端子名称
A18-1	SMC	制动总泵隔离电磁阀控制	A19-7	TR_2	发动机点火正时信号
A18-2	SRC	储液器隔离电磁阀控制	A19-8	WT	ASR 关断（OFF）指示灯
A18-3	R_-	继电器接地	A19-9	TR_1	发动机电控系统故障监测
A18-4	TSR	ASR 主制动继电器控制	A19-10		
A18-5	MR	ABS 回液泵电动机继电器控制	A19-11	IBL_1	制动液液位开关
A18-6	SR	ABS 电磁阀继电器控制	A19-12	CSW	ASR 关断（OFF）开关
A18-7	TMR	ASR 供液泵电动机继电器控制	A19-13	VSH	副节气门位置传感器信号
A18-8	TTR	ASR 副节气门继电器控制	A19-14	D/G	诊断
A18-9	A	步进电动机	A19-15		
A18-10	$\overline{A}$	步进电动机	A19-16	IND	ASR 警示灯
A18-11	BM	步进电动机电源	A20-1	SFR	前右电磁阀线圈
A18-12	ACM	步进电动机 +	A20-2	GND	接地
A18-13	SFL	前左电磁阀线圈	A20-3	RL_+	后左轮速度传感器
A18-14	SAC	蓄能器隔离电磁阀控制	A20-4	FR_-	前右轮速度传感器
A18-15	VC	蓄能器压力开关（传感器）电源	A20-5	RR_+	后右轮速度传感器
A18-16	AST	ABS 电磁阀继电器监控	A20-6	FL_+	前左轮速度传感器
A18-17	NL	变速器空挡（N）开关	A20-7	E_1	接地
A18-18	IDL_1	主节气门怠速开关	A20-8	MT	ABS 回液泵电机继电器
A18-19	PL	变速器停车挡（P）开关	A20-9	ML_-	ASR 供液泵电机闭锁传感器
A18-20	IDL_2	副节气门怠速开关	A20-10	PR	蓄能器压力开关（传感器）信号
A18-21	MTT	ASR 供液泵电动机继电器监控	A20-11	IG	点火开关信号
A18-22	B	步进电动机	A20-12	SRL	后左电磁阀线圈
A18-23	B_-	步进电动机	A20-13	GND	接地
A18-24	BCM	步进电动机 +	A20-14	RL_-	后左轮速度传感器
A18-25	GND	接地	A20-15	FR_-	前右轮速度传感器
A18-26	SRR	后右电磁阀线圈	A20-16	RR_-	后右轮速度传感器
A19-1	BAT	备用电源	A20-17	FL_-	前左轮速度传感器
A19-2	PKB	驻车制动开关	A20-18	F_2	接地
A19-3	T_c	诊断	A20-19	E_1	接地
A19-4	NEO	发动机转速 NE 信号	A20-20	TS	轮速传感器检查用
A19-5	VTH	主节气门位置传感器信号	A20-21	ML_+	ASR 供液泵电机闭锁传感器
A19-6	WA	ABS 警示灯控制	A20-22	STP	制动灯开关

续表 7-1

插座端子位置及符号：

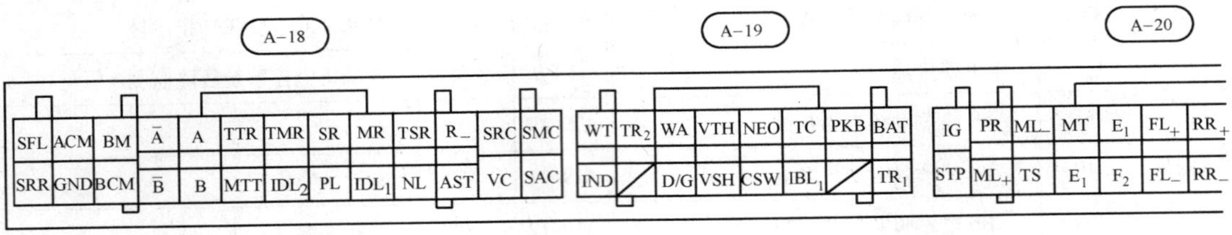

7.2.1.2　ASR 的工作原理

ASR 是车轮防滑转系统，主要为了防止在附着系数较小的路面上起步时牵引力过大而使车轮打滑，或当左右两个驱动轮当附着系数相差太大时，附着系数小的一侧有可能车轮打滑，而另一侧轮子无法得到转矩，使车辆不能运动，如图 7-6 所示。

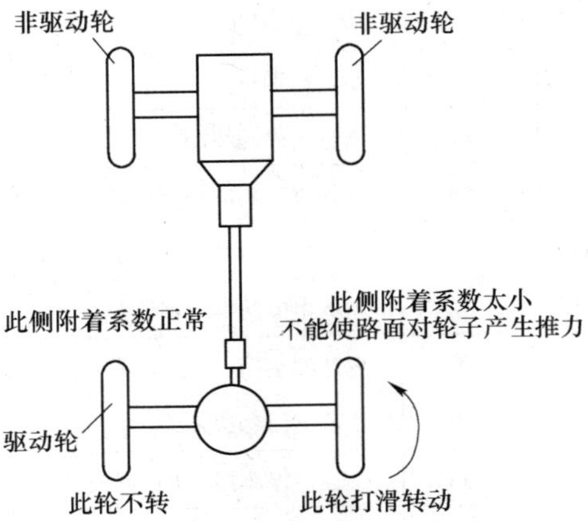

图 7-6　附着系数与车轮打滑的关系

上述情况下 ASR 系统将采取两个措施：

（1）自动减小发动机进气量，以减小发动机的转矩，如图 7-5 所示。

（2）自动进行驱动轮制动，如 LS400 后驱动的右轮打滑时，则该轮需要加以制动，转矩传到左轮使车辆运动。

车辆要制动时，分泵需要制动液增压，而此时驾驶员并没有踩制动踏板，故由高压蓄能器供给高压制动液，并由三个 ASR 电磁阀来控制制动管路，为此 ASR 系统做了三项工作：

（1）由制动总泵隔离电磁阀来关闭制动总泵到分泵的管路。

（2）由蓄能器隔离电磁阀来接通蓄能器到分泵的管路。

（3）由储液器隔离电磁阀来接通控制该驱动轮制动的三通三位电磁阀到制动总泵的储液器的回路。

上述三个电磁阀分别由 ECU 的 SAC、SNC、SRC 三个端口进行控制。

要说明的是高压蓄能器的制动液是由高压泵供给的、该泵电机由 ECU 控制，ECU 由压力开关输入的压力信号来判断是否要向高压蓄能器泵入制动液。

7.2.1.3　ASR 系统电路工作状态

（1）驾驶员要采用 ASR 系统时需接通关断开关，此时 CSW 端呈高电平，ASR 关断指示灯熄灭。

（2）经过自检，如果 ASR 系统有故障，则 ASR 警示灯亮以提醒驾驶员，并将故障代码存入存储器；如果 ASR 系统工作正常，无故障，则 ASR 警示灯不亮，此时 ASR 系统等待工作。

（3）ASR 系统等待工作时，ASR 制动主继电器及 ASR 副节气门继电器激励、触点闭合，使隔离电磁阀及副节气门等待工作。在等待工作中，如果高压蓄能器压力不够则压力开关闭合，信号送到 ECU 的 PR 端，ECU 根据此信号向高压蓄能器的高压供液泵供电，使蓄能器保持一定的制动高压。ECU 还通过 ML 及 ML 检查高压供液泵电机的工作情况。

（4）ASR 工作时的电路。ASR 系统判别起动时车轮的滑移率超过门限值时（将主动轮和从动轮的转速进行比较），就开始进入驱动防滑控制，如果要控制驱动轮制动，就采取启动三个 ASR 电磁阀、高压泵电机等一系列措施，对打滑的车轮加以制动（将两个驱动轮的转速进行比较，如果其中一个车轮的转速明显高于另一车轮的转速，则对转速高的车轮进行制动）。

7.2.2 ABS/ASR 系统的故障诊断与分析

7.2.2.1 LS400 的 ABS/ASR 系统故障诊断与分析

诊断与分析流程如图 7-7 所示。

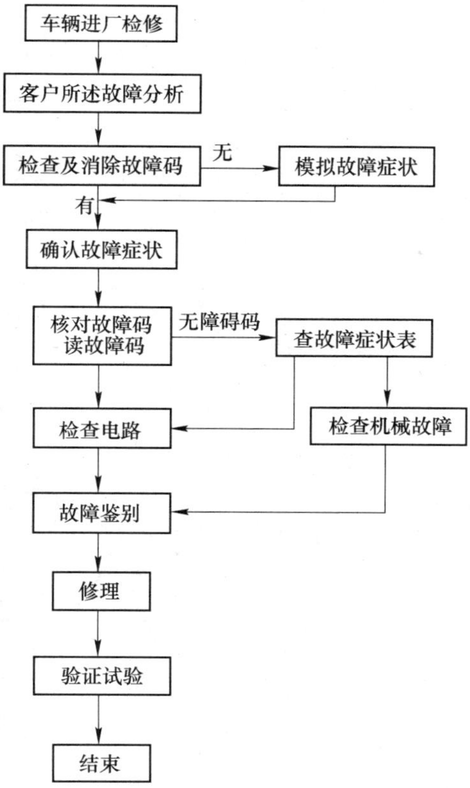

图 7-7 LS400 ABS/ASR 系统故障诊断流程图

7.2.2.2　客户所述故障分析检查表

ABS 检查表见表 7-2。

表 7-2　ABS 检查表

检查员姓名：

客户姓名	———	登记号	
		登记年份	/　　/
		车架号	
车辆送检日期	/　/	里程表读数	km mile
首次发生故障的日期	/　　/		
发生故障的频率	□持续　□间歇（　　次/日）		
症状	□ABS 不运作		
	□ABS 不能有效地运作		
	ABS 警告灯不正常	□持续发光　□不发光	
检查项目	牵引控制装置断开指示灯	□正常　□不发光	
诊断码校核	第 1 次	□正常码　□故障码（码号：）	
	第 2 次	□正常码　□故障码（码号：）	

7.2.2.3　如何读故障码及消除故障码

A　ABS 指示灯在仪表板中的位置

ABS 指示灯在仪表板中的位置如图 7-8 所示。

此灯在正常时，点火开关接通（ON）后应亮 3s，不亮或常亮都属于不正常。如果不亮，则应检查指示灯电路，如果指示灯电路正常而指示灯仍不亮则可能是：

（1）ABS/ASR 的 ECU 的 IG 端可能无电压输入。

（2）ECU 的 B + 端熔断丝断。

（3）ABS/ASR 的 ECU 本身有故障。

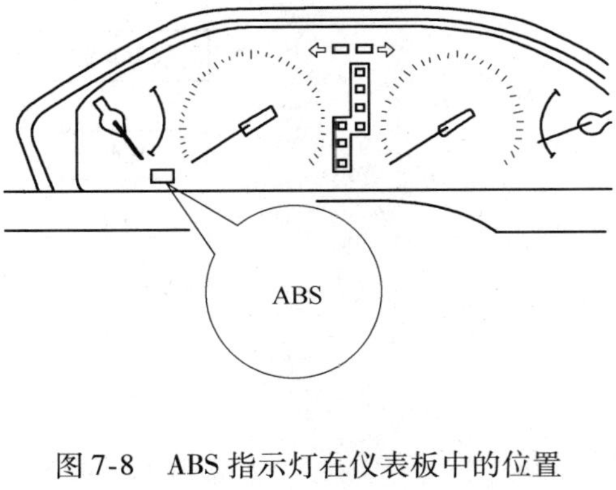

图 7-8　ABS 指示灯在仪表板中的位置

B　读故障码

如果指示灯常亮，则表示有故障，就将检查连接器中的 T_c 与 E_1 相连，接通点火开关（ON），就出现故障码，其显示方式见表 7-3，如果无任何码出现则可能是 T_c 与 E_1 连接接触不良。

表 7-3　ABS 故障码一览表

码号	ABS 警告灯闪烁方式	诊　断
11	BE3931 	ABS 电磁阀继电器电路开路或短路
12	BE3931 	ABS 电磁阀继电器电路 B + 短路
13	BE3931 	ABS 电动机继电器电路开路或短路
14	BE3931 	ABS 电动机继电器电路 B + 短路
21	BE3932 	ABS 执行器电磁阀电路（SFR 电路）开路或短路
22	BE3932 	ABS 执行器电磁阀电路（SFL 电路）开路或短路
23	BE3932 	ABS 执行器电磁阀电路（SRR 电路）开路或短路
㉔	BE3932 	ABS 执行器电磁阀电路（SRL 电路）开路或短路
㉕	BE3932 	牵引控制装置执行器电磁阀电路（SMC 电路）开路或短路
㉗	BE3932 	牵引控制装置执行器电磁阀电路（SRC 电路）开路或短路
31	BE3933 	右前轮速度传感器信号出错
32	BE3933 	左前轮速度传感器信号出错
33	BE3933 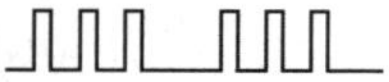	右后轮速度传感器信号出错
34	BE3933 	左后轮速度传感器信号出错
35	BE3933 	左前或右后速度传感器电路开路
36	BE3933 	右前或左后速度传感器电路开路
41	BE3934 	蓄电池电压过低或高得不正常
51	BE3935 	ABS 泵电动机锁止 泵电动机地线开路
持续发光	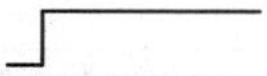	ABS（带牵引控制装置）ECU 失灵

注：带圈的只适于装有牵引控制装置的车辆。

如果 ABS/ASR 无故障或不是计算机所能涉及的故障，就会显示正常码，正常码的闪烁如图 7-9 所示。

除用指示灯显示故障码外也可以用手持式测试仪对诊断码进行核对。

C　清除故障码

将 T_c 与 E_1 连接，接通点火开关（ON），然后在 3s 内踩制动踏板 8 次以上即可出现正常码，说明故障码已被消除。

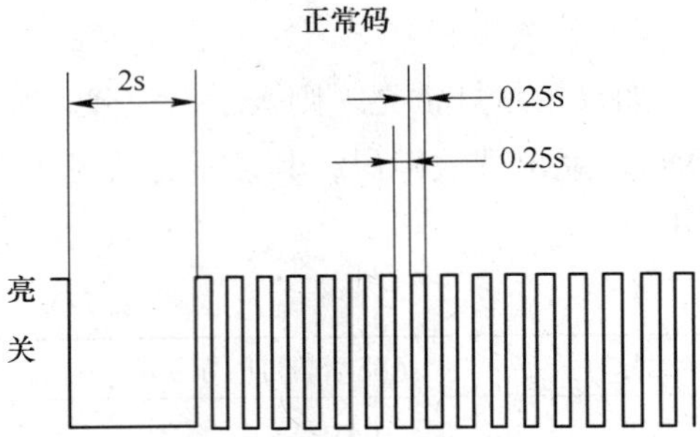

图 7-9　ABS 指示灯显示正常码

7.2.2.4　电子控制元件（ECU）各端口的标准值

故障诊断，也可以测试 ECU 各端口的标准值，如果所测值偏离标准值，就说明该端口存在故障，可能是传感器或执行器的故障也可能是 ECU 内部接口的故障。这种方法不需要专用仪器，只需要电压表或万用表的电压挡，但是请注意务必要用数字表，测量时阻值高、电流小不致伤及 ECU 内部的元件，其标准值见表 7-4。

表 7-4　LS400 ABS/ASR 的各端口电压的标准值

符号（端子号码）	标准电压/V	条　件
BAT* 　GND (A12-11)~(A12-2、12、25)	10~14	所有情况
IG 　GND (A12-24)~(A12-2、12、25)	L0~14	点火开关接通（ON）
SR 　R_ (A10-11)~(A10-3)	8.3~14	点火开关接通（ON），ABS 警告灯灭（OFF）
MR 　R_ (A10-5)~(A10-3)	低于 1.0	点火开关接通（ON）
TMR 　R (A10-12)~(A10-3)	低于 1.0	点火开关接通（ON）
SFR 　GND (A10-1)~(A12-2、12、25)	10~14	点火开关接通（ON），ABS 警告灯灭（OFF）
SFL 　GND (A12-13)~(A12-2、12、25)	10~14	点火开关接通（ON），ABS 警告灯灭（OFF）
SRR 　GND (A12-26)~(A12-2、12、25)	10~14	点火开关接通（ON），ABS 警告灯灭（OFF）
SRL 　GND (A10-7)~(A12-2、12、25)	10~14	点火开关接通（ON），ABS 警告灯灭（OFF）
AST 　GND (A10-4)~(A12-2、12、25)	10~14	点火开关接通（ON），ABS 警告灯灭（OFF）
SMC 　GND (A10-2)~(A12-2、12、25)	10~14	点火开关接通（ON），牵引控制装置断开（OFF），指示灯灭（OFF）
SRC 　GND (A10-8)~(A12-2、12、25)	10~14	点火开关接通（ON），牵引控制装置断开（OFF），指示灯灭（OFF）

续表 7-4

符号（端子号码）	标准电压/V	条　件
WA　GND (A12-22)～(A12-2、12、25)	低于 2.0	点火开关接通（ON），ABS 警告灯亮（ON）
	10～14	点火开关接通（ON），ABS 警告灯灭（OFF）
PKB　GND (A12-23)～(A12-2、12、25)	低于 1.5	点火开关接通（ON），驻车制动器开关断开（OFF），制动总泵储液罐中的制动液位低于最低（MIN）液位
	10～14	点火开关接通（ON），驻车制动器开关断开（OFF），制动总泵储液罐中的制动液位低于最低（MIN）液位
LBL　GND (A12-9)～(A12-2、12、25)	10～14	点火开关接通（ON），制动总泵储油罐中的制动液位低于最低（MIN）液位
STP　GND (A12-10)～(A12-2、12、25)	低于 1.5	停车灯开关断开（OFF）
	8～14	停车灯开关接通（ON）
D/G　GND (A12-25)～(A12-2、12、25)	10～14	点火开关接通（ON），ANS 警告灯灭（OFF）
T_c　GND (A12-8)～(A12-2、12、25)	10～14	点火开关接通（ON）
T_s　GND (A12-1)～(A12-2、12、25)	10～14	点火开关接通（ON）
FR_+　FR_- (A12-7)～(A12-4)	产生交流电	点火开关接通（ON），慢慢转动右前轮
FL_+　FL_- (A12-5)～(A12-18)	产生交流电	点火开关接通（ON），慢慢转动左前轮
RR_+　RR_- (A11-2)～(A11-10)	产生交流电	点火开关接通（ON），慢慢转动右后轮
RL_+　R_- (A11-9)～(A11-1)	产生交流电	点火开关接通（ON），慢慢转动左后轮
IND　GND (A12-3)～(A12-2、12、25)	低于 2.0	点火开关接通（ON），SLIP（打滑）指示灯亮（ON）
	10～14	点火开关接通（ON），SLIP（打滑）指示灯灭（OFF）
WT　GND (A12-25)～(A12-2、12、25)	低于 2.0	点火开关接通（ON），牵引控制装置断开（OFF）指示灯亮（ON）
	10～14	点火开关接通（ON），牵引控制装置断开（OFF）指示灯灭（OFF）
CSW　GND (A11-15)～(A12-2、12、25)	低于 1.5	点火开关接通（ON），牵引控制装置断路开关按下
	10～14	点火开关接通（ON），牵引控制装置断路开关松开
NEO　GND (A11-11)～(A12-2、12、25)	产生脉冲	怠速运转
TRA　GND (A11-7)～(A12-2、12、25)	产生脉冲	点火开关接通（ON）
EFI_+　GND (A11-8)～(A12-2、12、25)	产生脉冲	点火开关接通（ON）
EFI_-　GND (A11-16)～(A12-2、12、25)	产生脉冲	点火开关接通（ON）

续表 7-4

符号（端子号码）	标准电压/V	条　件
THD　GND （A11-5）~（A12-2、12、25）	产生脉冲	点火开关接通（ON）
ASR_+　GND （A11-16）~（A12-2、12、25）	产生脉冲	牵引控制装置启动
ASR_-　GND （A11-14）~（A12-2、12、25）	产生脉冲	牵引控制装置启动
MT　GND （A10-10）~（A12-2、12、25）	低于 1.5	点火开关接通（ON）
MTT　GND （A12-14）~（A12-2、12、25）	低于 1.5	点火开关接通（ON）

7.2.2.5　LS400 ABS/ASR 故障症状表

如果在诊断故障码校核过程中，显示正常码，但是故障依然存在，则可断定该故障为电路故障或机械故障。此时应对照故障症状表来检查。LS400 ABS/ASR 的故障症状表见表 7-5。

表 7-5　LS400 ABS/ASR 故障症状表

症　状	检 测 电 路
ABS 不工作	只有下列 4 项全部正常，但故障仍然出现时，方可更换 ABS（和牵引控制装置）ECU： （1）检查诊断码，再次确认所输出的为正常码。 （2）IG 电源电路。 （3）速度传感器电路。 （4）用检验器检查 ABS 执行器。 如检查结果不正常，则检查制动管路有无泄漏
ABS 不能有效地工作	只有在下列 4 项全部正常，但故障仍然出现时，方可更换 ABS（和牵引控制装置）ECU： （1）检查诊断码，再次确认所输出的为正常码。 （2）速度传感器电路。 （3）停车灯开关电路。 （4）用检验器检查 ABS 执行器。 如检查结果不正常，则检查制动管路有无泄漏
ABS 警告灯不正常	（1）ABS 警告灯电路。 （2）ABS（和牵引控制装置）ECU
不能进行诊断码检查	只有在下列 2 项全部正常，但故障仍然出现时，方可更换 ABS（和牵引控制装置）ECU： （1）ABS 警告灯电路。 （2）T_c 端子电路
不能进行速度传感器信号检查	（1）T_s 端子电路。 （2）ABS（和牵引控制装置）ECU

续表 7-5

症　状	检　测　电　路
ASR 不运作	只有当每个故障症状相应电路的检测结果均为正常，而故障仍然存在时，方可更换 ABS 的 ASR ECU。 （1）检查诊断码，再次确认输出的为正常码。 （2）IG（点火）电源电路。 （3）检查制动管路是否泄漏。 （4）速度传感器电路
SLIP（打滑）指示灯不正常	SLIP（打滑）指示灯电路
ASR OFF 指示灯不正常	只有当每个故障症状相应电路的检测结果均为正常，而故障仍然存在时，方可更换 ABS 的 ASR ECU。 （1）ASR OFF 指示灯电路。 （2）ASR 开路开关电路
不能进行诊断码校核	只有当每个故障症状相应电路的检测结果均为正常，而故障仍然存在时，方可更换 ABS 的 ASR ECU。 （1）ASR OFF 指示灯电路。 （2）T_c 端子电路

7.2.2.6　LS400 ABS/ASR 的电路检测（部分电路）

A　ABS 电磁阀继电器电路

LS400 ABS 电磁阀继电器电路如图 7-10 所示。由图 7-10 可见，ABS/ASR 的 ECU 工作后，ABS 执行器将处于激励状态，并由 ECU 的 AST 端口测得端口电压。如果 AST 端口电压在 10～14V 之间，表示 ABS 执行器处于激励状态，如果是 0V 则处于非激励状态，在此不正常的情况下 ABS 的 ECU 会关断上述的继电器电路。

B　ABS 回液泵电动机继电器电路

ABS 回液泵电动机继电器电路如图 7-11 所示。由图 7-11 可见，当驾驶员踩下制动踏板时，ABS 系统开始工作，ECU 的 MR 端口输出正电压使 ABS 电动机继电器做功，而使回液泵电动机开始工作。由 MT 端口可以检测回液泵是否工作。如果当 MR 发出正电压后 MT 还是低电平，则表示该继电器电路有故障，ECU 则将 ABS 系统断开。

C　ABS 执行器电磁阀电路

ABS 执行器电磁阀电路如图 7-12 所示。由图 7-12 可见，其原理与回液泵继电器电路基本相同，这里不再赘述。

D　ASR 执行器电磁阀电路

ASR 执行器电磁阀电路如图 7-13 所示。ASR 执行器有两个电磁阀，制动总泵隔离电磁阀由 ECU 的 SMC 端口控制，另一个储液器隔离电磁阀由 SRC 端口控制，它们都各由一个大功率三极管控制接地。

注意：图 7-13 元蓄能器隔离电磁阀 SAC，但 LS400 ABS/ASR 的电路总图中有该电磁阀，有可能此阀与制动总泵隔离电磁阀是联动的，一个通则另一个就不通。

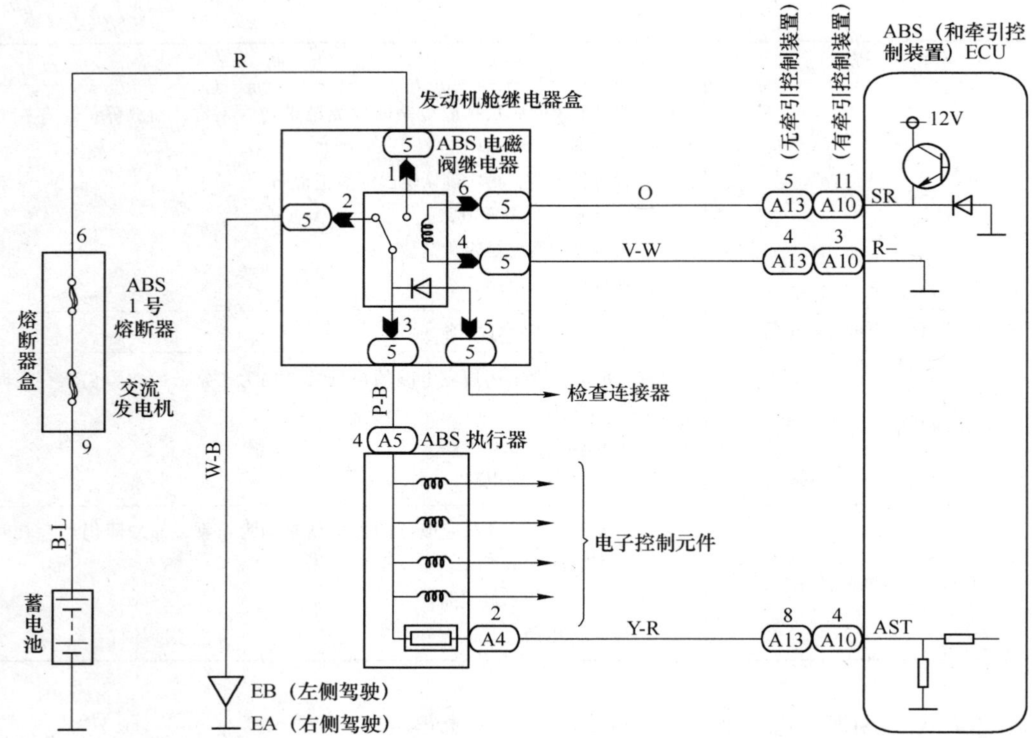

图 7-10　LS400 ABS 电磁阀继电器电路

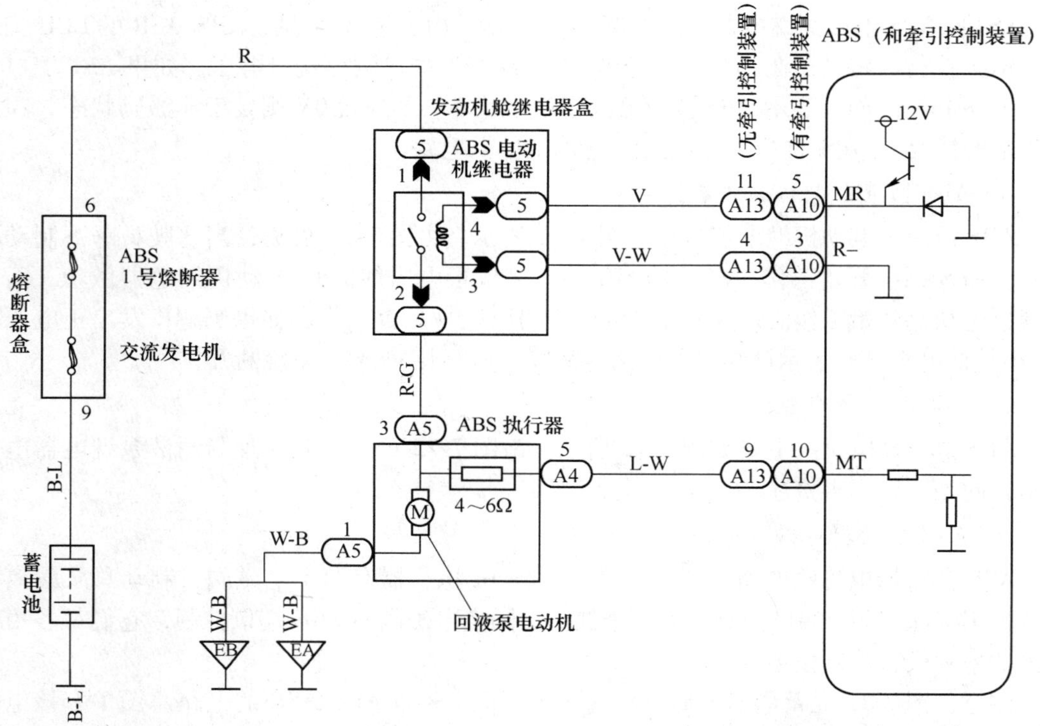

图 7-11　LS400 ABS 回油泵电动机继电器电路

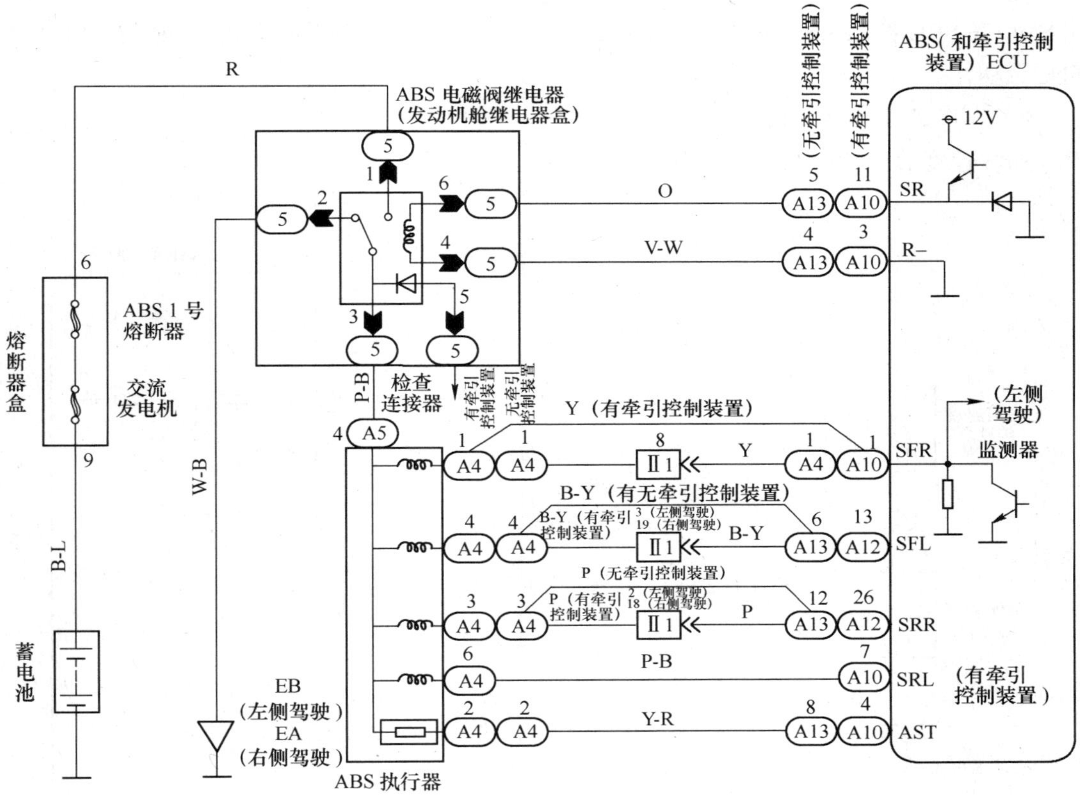

图 7-12　ABS 执行器电磁阀电路

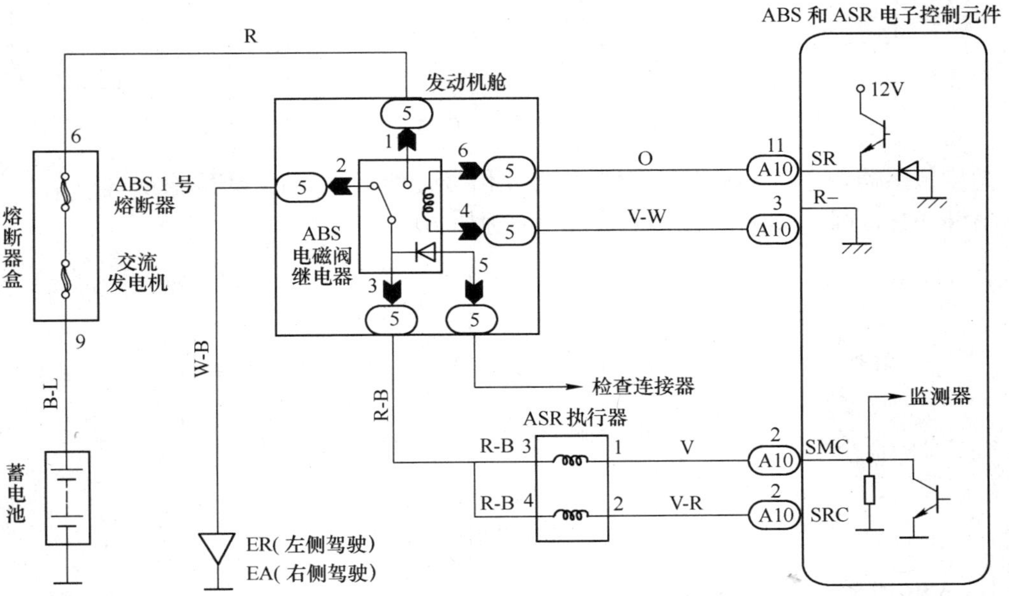

图 7-13　ASR 执行器电磁阀电路

图 7-13 的工作原理是由 SR 控制继电器使电磁阀呈激励状态，然后再由 ECU 的控制端 SMC 和 SRC 控制 ASR 隔离阀的动作，并由 SMC 的内部电路进行监测，监测 ASR 隔离阀是否动作。

E　ABS 速度传感器的检查

ABS 速度传感器电路如图 7-14 所示。

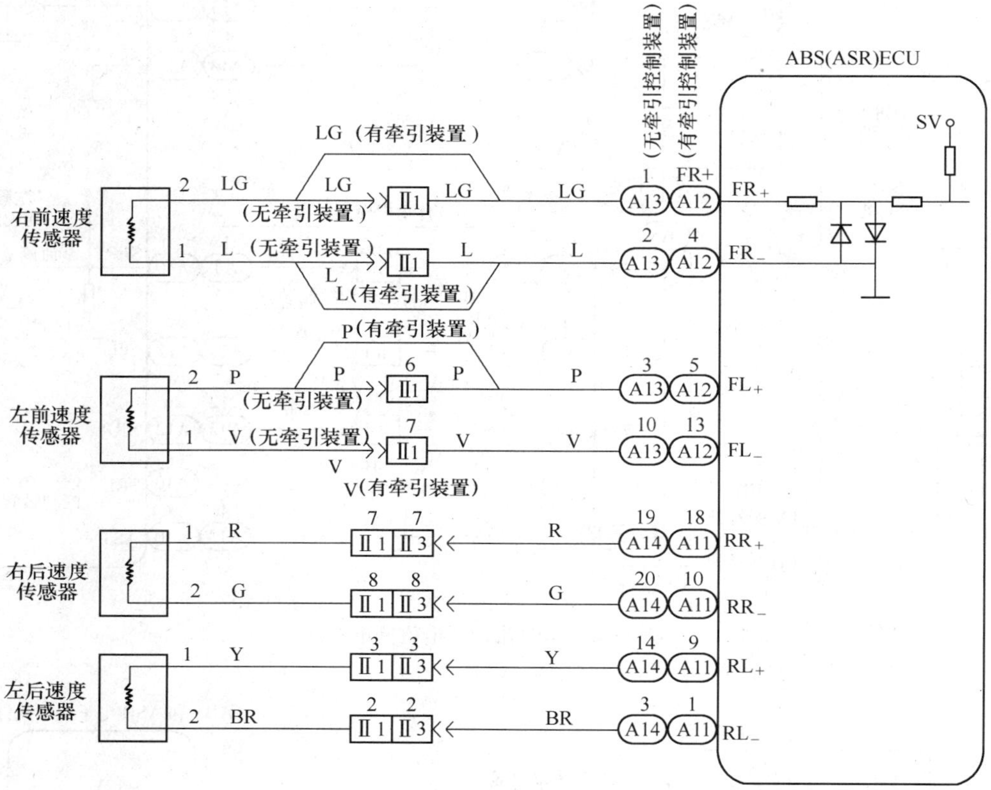

图 7-14　ABS 速度传感器电路

速度传感器用于检测车轮速度，并将此信号传给 ECU，由 ECU 根据这些信号控制 ABS/ASR 的执行器。速度传感器的构造与原理如图 7-15 所示。

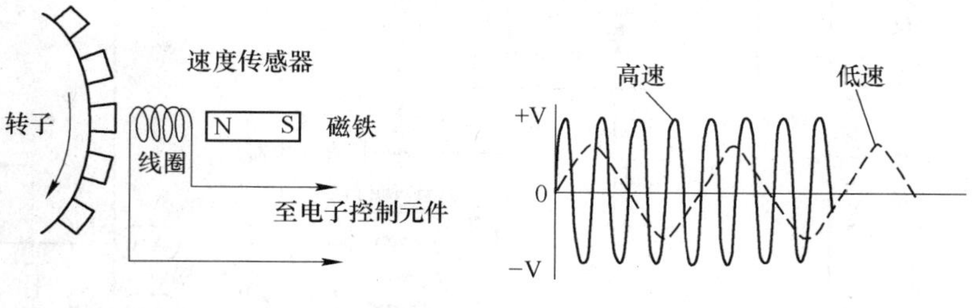

图 7-15　速度传感器构造与原理图

F　ASR 的诊断故障码检测

读故障码的方法与读 ABS 故障码的方法相似，不再赘述。现将 ASR 的故障码见表 7-6。

表 7-6　LS400 ASR 故障诊断码一览表

诊断码	"ASR OFF" 指示灯闪烁方式	诊　断
24	BE3932 	辅助节气门执行器电路开路或短路
25	BE3932 	步进电动机不能转至 ECIJ 所确定的位置
26	BE3932 	即使 ECU 将辅助节气门调节至完全张开的位置，辅助节气门仍不动
28	BE3932 	节气门电动驱动器通信电路失灵
29	BE3932 	节气门电动驱动器失灵
43	BE3934 	ABS 控制装置失灵
44	BE3934 	NE 信号电路开路或短路
47	BE3934 	辅助节气门位置传感器电路失灵
48	BE3934 	辅助节气门位置传感器电路开路或短路
51	BE3935 	发动机和 ECT 的 ECU 失灵
52	BE3935 	制动液储液罐中液位低
53	BE3935 	发动机和 ECT 的 ECU 通信电路失灵
54	BE3935 	ASR 电动机继电器电路开路或短路
55	BE3935 	ASR 电动机继电器电路 B + 短路
56	BE3935 	ASR 电动机失灵
持续发亮	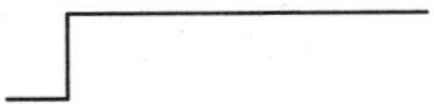	· ABS 和 ASR ECU 失灵 · "ASR OFF" 开关接通

除电气部分外，ABS/ASR 系统还存在机械方面泄漏的故障。这是故障诊断无法检测到的，有些故障是属于超出机械配合间隙及运动、动作距离的标准值，如图 7-16 所示为 LS400 ABS/ASR 系统易泄漏部位。LS400 ABS/ASR 系统机械部分维修数据见表 7-7。

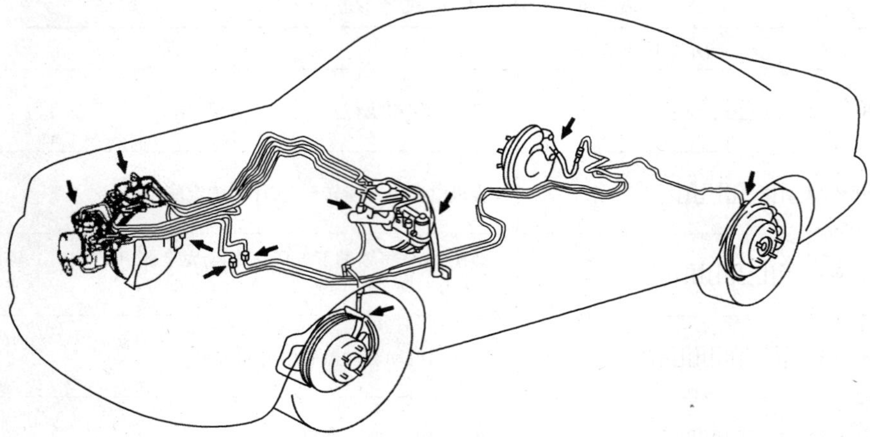

图 7-16　LS400 ABS/ASR 容易泄漏部分

表 7-7　LS400 ABS/ASR 系统机械部分维修数据

制动踏板离地板高度			133. 8 ~143. 8mm(5. 27 ~5. 661n)
制动踏板间隙			1 ~6mm(0. 04 ~0. 231n)
踏板力为 490N（50kgf，110. 2Ibf）时			踏板的行程量 70mm（2. 761n）
制动加力器推杆与活塞之间的间隙（带维修专用工具）			0
前制动衬块厚度		标准	12. 0mm（0. 4721n）
		最小	3. 0mm（0. 1181n）
前制动盘厚度		标准	28. 0mm（1. 1021n）
		最小	26. 0mm（1. 0241n）
前制动盘偏摆	欧洲、G. C. C.	最大	0. 02mm（0. 00791n）
	其他地区	最大	0. 05mm（0. 0020m）
后制动盘衬块厚度		标准	10. 0mm（0. 3941n）
		最小	2. 5mm（0. 0981n）
后制动盘厚度		标准	16. 0mm（0. 6301n）
		最小	15. 0mm（0. 5911n）
后制动盘偏摆		最大	0. 05mm（0. 00201n）
后制动盘内径		标准	190mm(7. 481n)
		最大	191mm(7. 521n)
驻车制动器衬层厚度		标准	2. 5mm(0. 0981n)
		最小	1. 0mm(0. 0391n)
力为 294N（30kgf，66. 1Ibf）时的驻车制动器踏板行程			5 ~7 次“咔嗒”声
驻车制动器后制动蹄与操纵杆之间的间隙			小于 0. 35mm（0. 0141n）
适用于后盘式制动器的驻车制动器调整垫片厚度			0. 3mm（0. 0121n） 0. 6mm（0. 0241n） 0. 9mm（0. 0351n）

任务 7.3　转向系统的故障诊断

转向系用于改变汽车的行驶方向和使汽车保持稳定的直线行驶。转向性能的好坏，直接影响到汽车行驶的安全性和操纵性。因此，转向系技术状况变坏后，应及时进行故障诊断和维修。

7.3.1　转向系的常见故障及诊断

汽车转向系常见故障：转向盘自由转动量过大、转向沉重、自动跑偏、前轮摆振等。这些故障现象通常为综合性故障，即其故障不只是转向系造成的，还与轮胎、悬架、车身、车轴等有关。

7.3.1.1　机械转向系常见故障诊断

A　转向盘自由转动量过大

汽车转向盘位于直行位置时，转向盘左右转动的游动角度过大。

（1）故障原因。转向器内主、从动啮合部位啮合间隙过大或主、从动部位轴承松旷；转向盘与转向轴连接部位松旷；转向垂臂与转向垂臂轴连接松旷；直、横拉杆球头连接部位松旷；直、横拉杆臂与转向节连接松旷；转向节主销与衬套磨损后松旷；车轮轮毂轴承间隙过大。

（2）故障诊断与排除。在转向盘自由转动量过大的诊断过程中，重点应判明故障是由转向器的原因还是由拉杆轴节磨损的原因造成的。检查故障时，架起汽车转向轮，左右转动转向盘，当用力转动时，拉杆才同步运动，说明拉杆连接处因磨损而旷量过大；若拉杆不动，则说明转向器齿轮的磨损过大。

B　转向沉重

操纵汽车转弯时，转动转向盘感到吃力，且无回正感。当汽车低速转弯行驶和调头时，转动转向盘感到异常沉重，甚至打不动。

（1）故障原因。转向沉重的原因与轮胎气压不足及悬架、车轴、转向轮定位所存在的故障有关，与转向系有关的故障原因为：齿条和小齿轮啃合间隙过小；转向轴的轴承过紧或损坏；转向拉杆的球头销与球头座配合过紧；转向轴万向节十字轴配合过紧；前稳定杆变形等。

（2）故障诊断与排除。首先拆下转向节臂并转动转向盘；若仍感到转向沉重，说明转向器存在故障，如齿轮结合间隙过小，转向柱轴套严重磨损等；若感觉不到转向沉重，应检查拉杆球头间隙是否过小、车身是否变形、前轮定位角是否满足要求等。

C　自动跑偏

汽车行驶中，行驶方向自动偏向一边，不易保持直线行驶，操纵困难。

（1）故障原因。直行自动跑偏的原因主要与轮胎、减振器、转向轮定位、前轮制动器等的技术状况有关，主要包括：左右轮胎气压不一致；前左、前右减振器弹簧刚度不一致；车身变形或车架变形使两侧轴距不等；转向轮定位失准；转向轮单边制动或单边制动拖滞；转向轮单边轮毂轴承装配过紧或损坏；转向轮某一侧的前稳定杆、前摆臂变形等。

(2) 故障诊断与排除。首先检查左右转向轮气压是否符合标准或一致，不符合标准或不一致时应充气至标准值，检查前稳定杆和前摆臂是否变形，减振器弹簧刚度及左右钢板弹簧的变形量是否一致；行车后检查左右轮毂和制动毂的温度情况，若温度不一致，说明高温一侧的制动器存在单边制动、制动拖滞或轮毂轴承装配过紧、损坏等；检查转向轴的轴距和转向轮定位是否符合标准值。

D 前轮摆振

汽车在某低速范围内或在某高速范围内行驶时，转向轮围绕主销发生角振动。

(1) 故障原因。若汽车在不平坦的道路上行驶，低速情况下发生摆振，主要原因是转向系各部位配合间隙过大及转向轮定位失准。汽车高速行驶时发生转向轮摆振，一般为车轮不平衡。

(2) 故障诊断与排除。出现转向轮摆振故障时，应首先检查转向系各部件的配合间隙，及时排除故障；在此基础上，对转向轮定位进行检测和调整；若仍有摆振现象，则应对转向轮进行动平衡检测。

7.3.1.2 动力转向系故障诊断

动力转向系的主要故障有转向沉重、漏油、异响、转向不稳及油压低等。

A 故障原因

油泵传送带松旷，或者油泵技术状况不良，如油泵传动打滑、油泵内部机件磨损，不能产生正常油压；液压系统中液压管路接头松动、损伤，液压油管损坏，使系统有漏油现象，造成液压油供应不足；转向轮定位失准，转向器内部齿轮磨损，转向拉杆球节润滑不良，转向轮气压不足，造成转向系故障等。

B 故障诊断与排除

应首先排除机械故障，再着重对液压系统进行检查：检查液压传动带的松紧度；工作油温检查，发动机怠速运转，左右转动转向盘数次，检查液压系统工作油温能否达到标准值；检查储油罐的储油量是否在规定的范围之内，液压油是否起泡发白，有无空气混入；检查油管和管接头是否有松动、破损及漏油现象；油泵输出油压检查，发动机怠速运转，在阀门全开时测量输出油压，并把检测结果与标准值比较。若所测油压偏低，说明油泵存在故障，应进行修理；转向齿轮的油压检查，发动机怠速运转，在阀门全开时，左右转动转向盘时测量油压并与规定值比较，测得油压偏低时，说明转向器内有漏油现象。

7.3.2 转向自由行程和转向力的检测

转向系统的性能好坏直接影响汽车的行车安全，其技术状况常用转向盘自由行程、转向角和转向力作为诊断参数进行检测诊断。

7.3.2.1 转向盘自由行程及其检测

转向盘自由行程指汽车转向轮位于直线行驶状态时，转向盘可自由转动的转角。当转向盘自由行程过大时，说明从转向盘至转向轮运动传递链中的若干配合副因磨损过度而出现松旷现象。因此，转向盘自由行程为一综合诊断参数。

根据 GB 7258—1997《机动车运行安全技术条件》的规定：机动车转向盘的最大自由转动量不允许大于 20°（最高设计车速不小于 100km/h 的机动车）、45°（三轮汽车）和 30°（其他机动车）。

简易转向盘自由行程检测仪由刻度盘和指针两部分组成。刻度盘通过磁座吸附在仪表板或转向柱管上，指针固定于转向盘外缘，亦可相反。检测时，汽车处于直线行驶位置，把转向盘转至空行程极端位置后，调整指针使之指向刻度盘零度。而后把转向盘转至另一侧极限位置，其自由行程即为指针所指刻度。

转向盘自由行程也可用转向参数测量仪或转向测力仪检测。

7.3.2.2　转向盘转向角和转向力检测

操纵稳定性优良的汽车，应有适度的转向轻便性。转向沉重，则易使驾驶员疲劳或转向不正确、不及时而影响行车安全；太轻，则使驾驶员路感太弱、方向漂移而不利于安全行车。

转向轻便性可用转向角和转向力作为参数诊断。可在动态或静态情况下，用转向参数测量仪或转向测力仪等仪器，测得转向力和对应转角的大小。转向轻便性的检测一般可采用原地转向力检测、低速大转角（8 字行驶）转向力检测和弯道转向力检测，可按有关国家标准的规定进行。根据国家标准 GB 7258—1997《机动车运行安全技术条件》的规定，机动车在平坦、硬实、干燥和清洁的水泥或沥青道路上行驶，以 10 km/h 的速度在 5s 之内沿螺旋线从直线行驶过渡到直径为 24m 的圆周行驶，施加于转向盘外缘的最大切向力不得大于 245N。

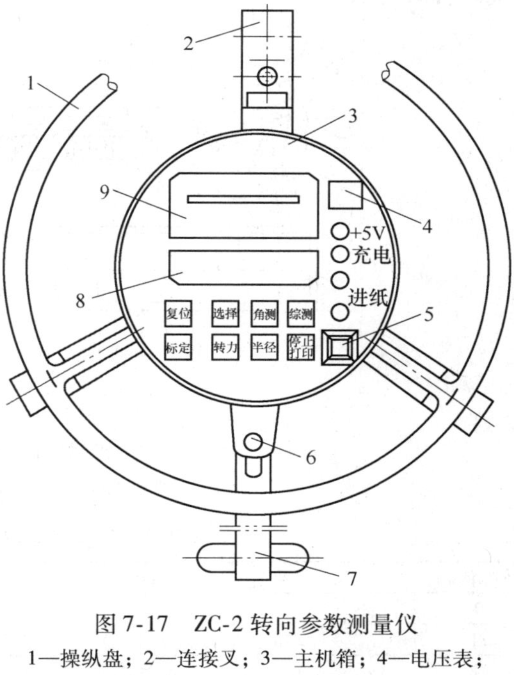

图 7-17　ZC-2 转向参数测量仪
1—操纵盘；2—连接叉；3—主机箱；4—电压表；5—电源开关；6—螺钉；7—定位杆；8—显示器；9—打印机

如图 7-17 所示为国产 ZC-2 型转向参数测量仪，该仪器由操纵盘、主机箱、连接叉和定位杆四部分组成，具有测试转向盘自由行程、转向角和转向力的功能。操纵盘实际上是一个附加转向盘，用螺栓固定于三爪底板，底板与连接叉间装有力矩传感器，以测出转向时的操纵力矩；连接叉通过装在其上的长度可伸缩的活动卡爪与被测转向盘连接；主机箱固定在底板中央，内装力矩传感器、接口板、微机板、转角编码器、打印机和电池等；从底板下伸出的定位杆，通过磁座吸附在驾驶室内仪表盘上，其内端与装在主机箱下部的光电装置连接。使用时，把转向测量仪对准被测转向盘中心，调整好三只伸缩爪的长度，使之与转向盘牢固连接后，转动操纵盘的转向力通过底板、力矩传感器、连接叉传递到被测转向盘上，使转向轮偏转实现汽车转向。此时，力矩传感器把转向力矩转变成电信号，定位杆内端所连接的光电装置将转向角的变化转化为电信号。传感信号输送至主机箱后，由装在其内的微机自动完成数据采集、转角编码、运算、分析、存储、显示并打印出所测结果。

7.3.3 电控动力转向系统的检测

电控动力转向系统根据执行器的不同，分为电动式动力转向系统和液动式动力转向系统。下面分别以三菱电控电动式动力转向系统和LS400电控液动式动力转向系统为例来分析电控动力转向系统的检测。

7.3.3.1 三菱电控动力转向系统的检修

A EPS警示灯的检查

当点火开关处于ON位置时，EPS警示灯应点亮，发动机启动后警示灯熄灭为正常。警示灯不亮时，应检查灯泡是否损坏，熔丝和导线是否断路。若发动机起动后，警示灯仍点亮时，首先应考虑该系统是否处于保险状态（只有常规转向机构工作，无电动助力），然后进行自诊断操作。

B 自诊断操作

将万用表直流电压挡的正表笔接在诊断插座的2号端子上，负表笔搭铁，如图7-18（a）所示。接通点火开关ON挡，通过表针的摆动显示故障代码。如果有多个故障代码，故障代码将按由小到大的顺序显示出来。故障代码输出波形，如图7-18（b）所示。各故障代码含义见表7-8。

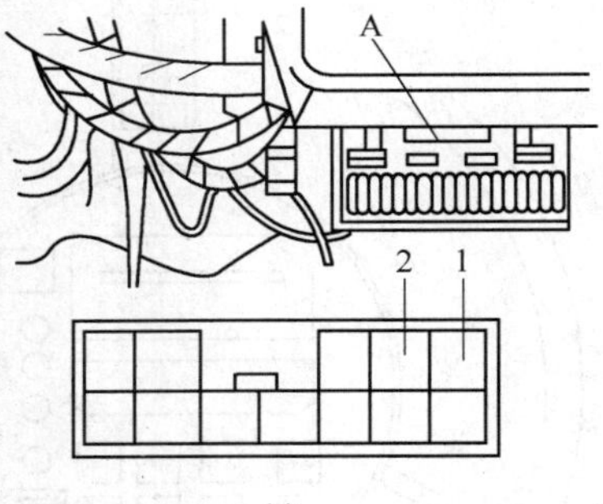

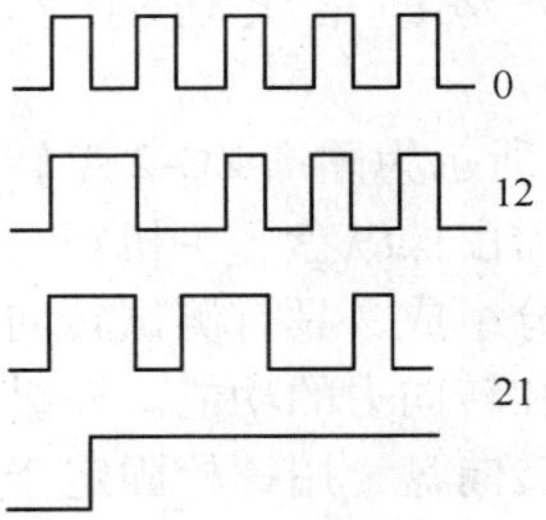

图7-18 自诊断操作

（a）自诊断插接器；（b）故障代码输出波形

1—多点燃油喷射；2—电动助力转向；A—连接片

表7-8 三菱微型汽车EPS系统故障代码

故障代码	检查诊断项目	故障代码	检查诊断项目
0	正常	41	直流电动机
11	转向力矩传感器（主）	42	直流电动机电流
12	转向力矩传感器（副）	43	直流电动机过电流
13	转向力矩传感器（主、副侧电压差过大）	44	直流电动机锁止
21	车速传感器（主）	51	电磁离合器
22	车速传感器（主、副侧电压差过大）	54	EPS控制装置
23	车速传感器（主）电压急减	55	转向力矩传感器E/F回路不良
31	交流发电机L端子	—	EPS控制装置（微机）不良

C　电动机的检测

拆下电动机导线插接器，检查电动机的两接线端子之间和端子与接地（外壳）之间的导通状态。用万用表电阻挡测试电动机两接线端子之间的电阻。正常时，应为导通状态，若不通，则表明内部断路；电动机接线端子与接地（外壳）之间应不通，若导通，则表明两接线端子与外壳之间有断路故障。

7.3.3.2　凌志电控动力转向系统的检修

丰田凌志轿车可随汽车道路行驶车速，改变液压助力的大小，提高车辆的转向性和操纵稳定性。该系统还包括由动力倾斜/动力伸缩 ECU 控制的转向柱，可根据驾驶员的需要令转向柱自动选择合适的倾斜角度和伸缩长度，以及返回原位。

7.3.4　转向动力液压控制系统

7.3.4.1　转向动力液压控制系统的结构

转向动力液压控制系统如图 7-19 和图 7-20 所示。

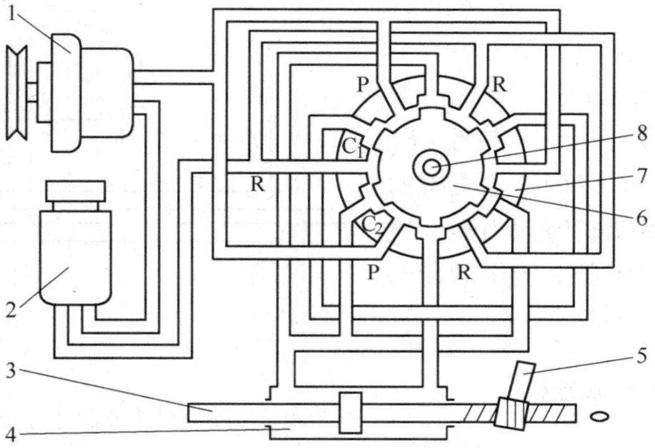

图 7-19　转向动力液压控制系统（右转）

1—油泵；2—储油箱；3—横拉杆；4—油缸；5—转向轴；6—换向阀芯；7—换向阀壳体；8—扭力杆

从图 7-20 可知，在转向盘不受操纵时，油缸中活塞两端的油是相通的，也就是油泵的进油口与出油口是相通的，此时油泵出口无压力。而当转向时，阀芯 6 转动一个小角度，使油缸两端一端进油而另一端出油，回油到储油箱 2 中，从而起到帮助转向的作用。如果使转向盘反向旋转，则可使油缸动作与上述相反。当驾驶员不操作转向盘时，由中间一根细小的扭力杆使阀芯 6 复位到中间位置，又使油泵进出口相通而无动力输出。

值得指出的是：中间的扭力杆起着非常重要的作用。当它不受扭力时，活塞两端的油压是相同的，不起助力作用，此时油泵进出口也是相通的，故油泵无功率损耗。

当油泵有故障时无压力油输出，此时转向器仍可用手动转向，但比无动力转向的转向器转向时还要重。因为手动转向时还要克服油缸中油的阻力。

汽车在高速行驶时转向力本来就很小，不需助力，否则就嫌转向盘太灵活了反而觉得

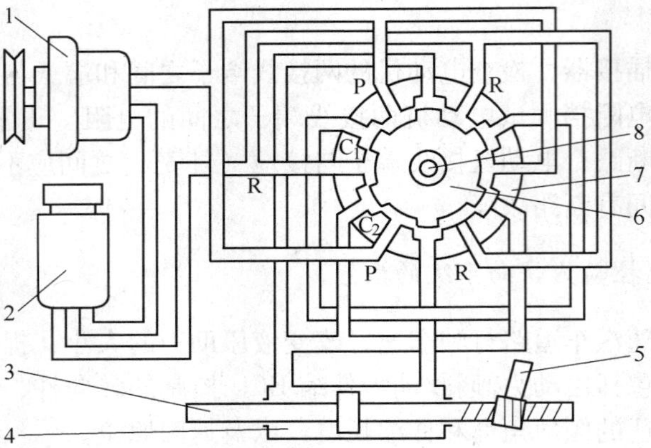

图 7-20　转向动力液压控制系统（直行）

1—油泵；2—储油箱；3—横拉杆；4—油缸；5—转向轴；
6—换向阀芯；7—换向阀壳体；8—扭力杆

不安全。为此，在 LS400 轿车转向系统中，油缸两端与活塞并联了一个旁通电磁阀，如图 7-21 所示。

当高速行驶时 EPS 控制打开电磁阀使油缸两端漏油以减小助力作用，并且 EPS 发出不同占空比的脉冲，以调整电磁阀的开度、调整泄油量达到调整转向力矩，使高速与低速行驶时，驾驶员所使用的转向力矩尽可能相同，如图 7-22 所示。

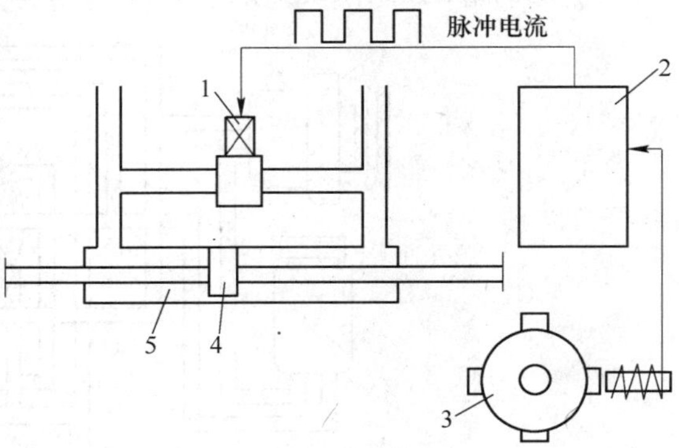

图 7-21　EPS（转向 ECU）控制的旁通电磁阀示意图

1—旁通电磁阀；2—转向 ECU；3—车速传感器；
4—活塞；5—油缸

7.3.5　转向系统故障排除分析

如图 7-23 所示为转向系统故障排除的流程图。

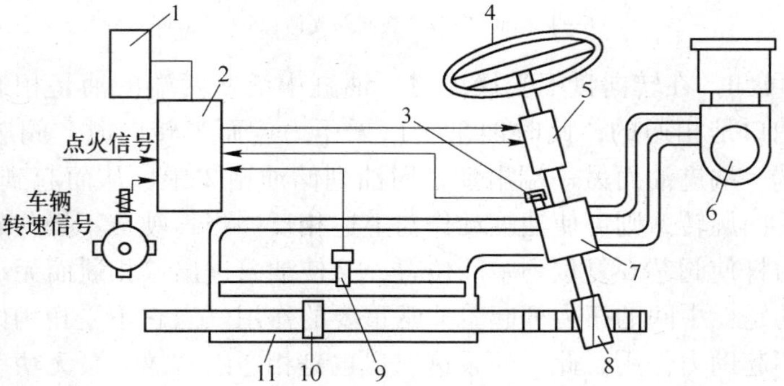

图 7-22　用电磁阀控制活塞两端的漏油量示意图

1—ECU（发动机）；2—ECU（转向）3—压力传感器；4—转向盘；5—转向盘伸缩倾斜；
6—转向动力泵；7—齿轮齿条；8—控制阀；9—电磁阀；10—活塞；11—油缸

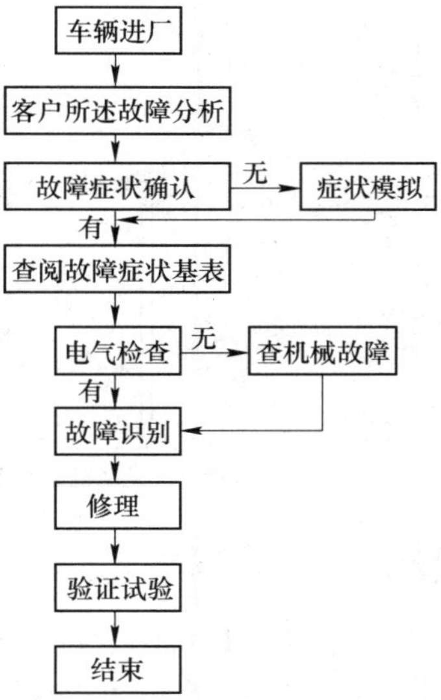

图 7-23　转向系统故障排除流程图

故障检查时，故障原因参照表 7-9。

表 7-9　LS400 转向系统故障症状基表

部件名称 / 故障	轮胎（充气不当）	前轮定位（不正确）	油位（低）	传动皮带（松弛）	转向系统万向节（磨损）	悬架臂球头节（磨损）	转向柱（卡滞）	滑叉（磨损）	动力转向器	电磁阀	电子控制系统	前轮轴承（磨损）
转向沉重	1	4	2	3	5	6	7		10	8	9	
回位不良	1	2					3		4			
游隙过大					1	2		3	5			4
异常响声			1		2				3			

表 7-9 中的数字表示发生故障可能性的大小，按顺序检查每一个部件，如有必要则修理或更换有故障的部件。

此外，车辆进厂后应先作车上检查，车上检查的内容有：

（1）检查转向盘游隙，其允许值如图 7-24 所示。

（2）检查怠速的提高情况，先断开空调开关，然后再将转向盘转到底，此时怠速应提高，手松之后怠速将立即下降。

（3）检查动力转向油，检查时先注意是冷态还是热态，冷态应是冷态油位，热态应是热态油位，检查方法如图 7-25 所示。

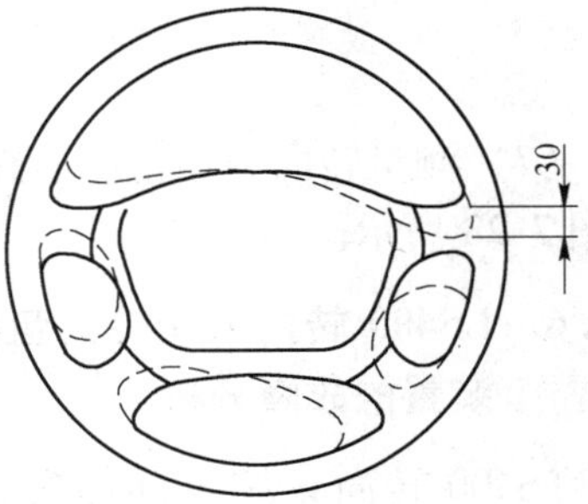

图 7-24　LS400 转向盘的游隙

（4）检查动力转向油液的油质，先起动发动机怠速运转，将转向盘左右多转几次后，油温升到 80℃再查看油液中有无气泡或乳化现象，或观察发动机熄火后油面的升高量，升高量应不大于 5mm，如果大于 5mm，说明油液中有空气，如图 7-26 所示。

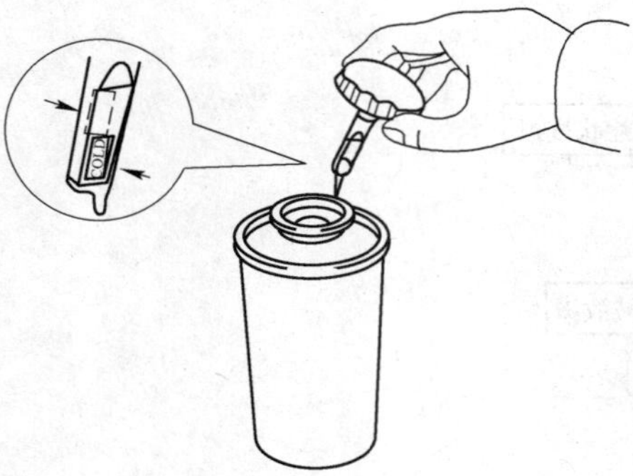

图 7-25　LS400 转向液油面检查

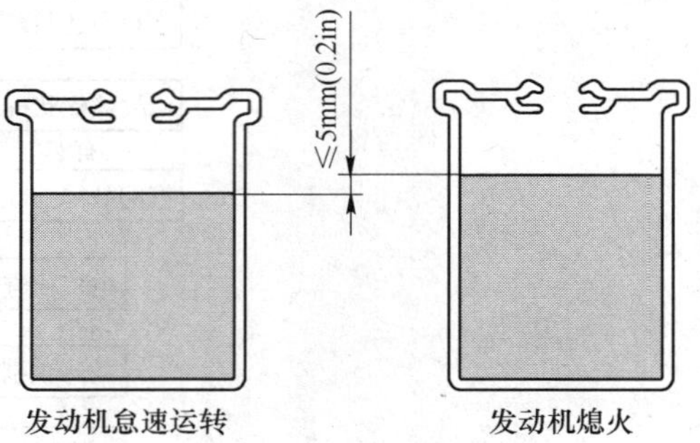

图 7-26　LS400 动力转向油面的升高情况

（5）如果动力转向系统中有空气，应予以排出。排出方法是：使发动机怠速运转，将转向盘左转后停 3s 再右转后停 3s，重复 5 ~6 次即可放出空气。

（6）检查转向油压，如图 7-27 所示，先将油温升高 80℃，观察油压表，最小为 7. 8MPa。

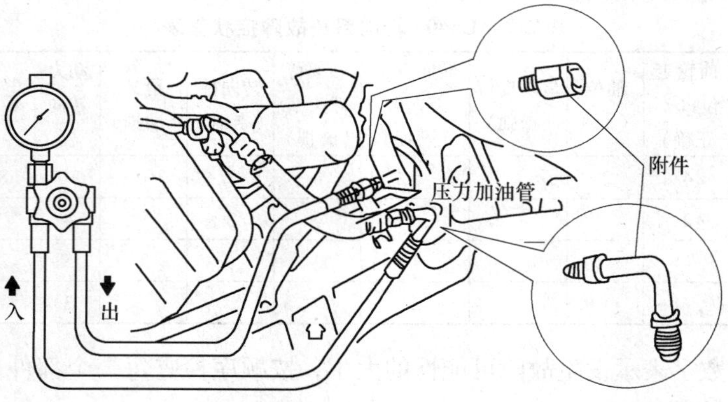

图 7-27　检查 LS400 动力转向液的油压情况

（7）测量转向力矩，应不超过 7N · m，如图 7-28 所示。

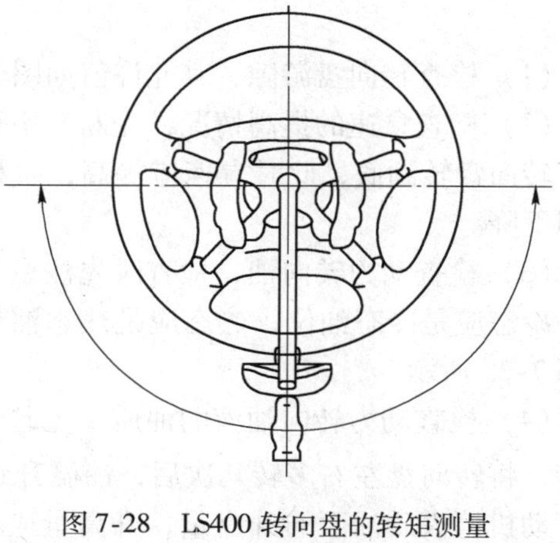

图 7-28　LS400 转向盘的转矩测量

7. 3. 6　LS400 转向系统转向盘伸缩及倾斜装置的故障分析

LS400 转向系统零部件安装如图 7-29 所示。LS400 动力转向系统伸缩及倾斜装置电路如图 7-30 所示。

LS400 动力转向系统伸缩及倾斜装置的电子控制部件的故障症状见表 7-10。

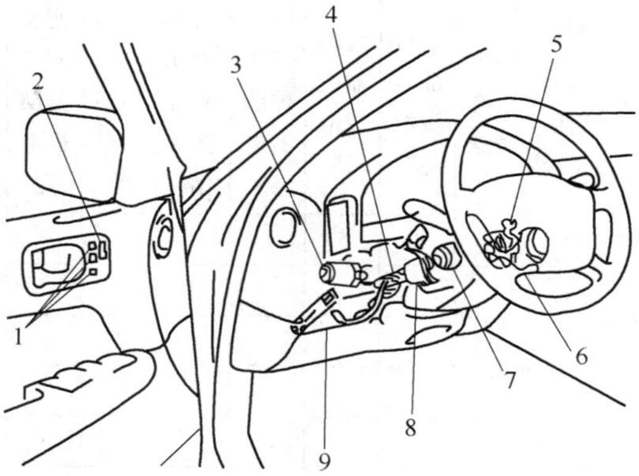

图 7-29　LS400 转向盘伸缩及倾斜装置安装图示

1—存储器开关；2—安全肩带调整开关；3—伸缩调节电动机；
4—伸缩位置传感器；5—倾斜位置传感器；6—钥匙未锁警告灯开关；
7—手动开关；8—倾斜调整电动机；9—倾斜与伸缩 ECU

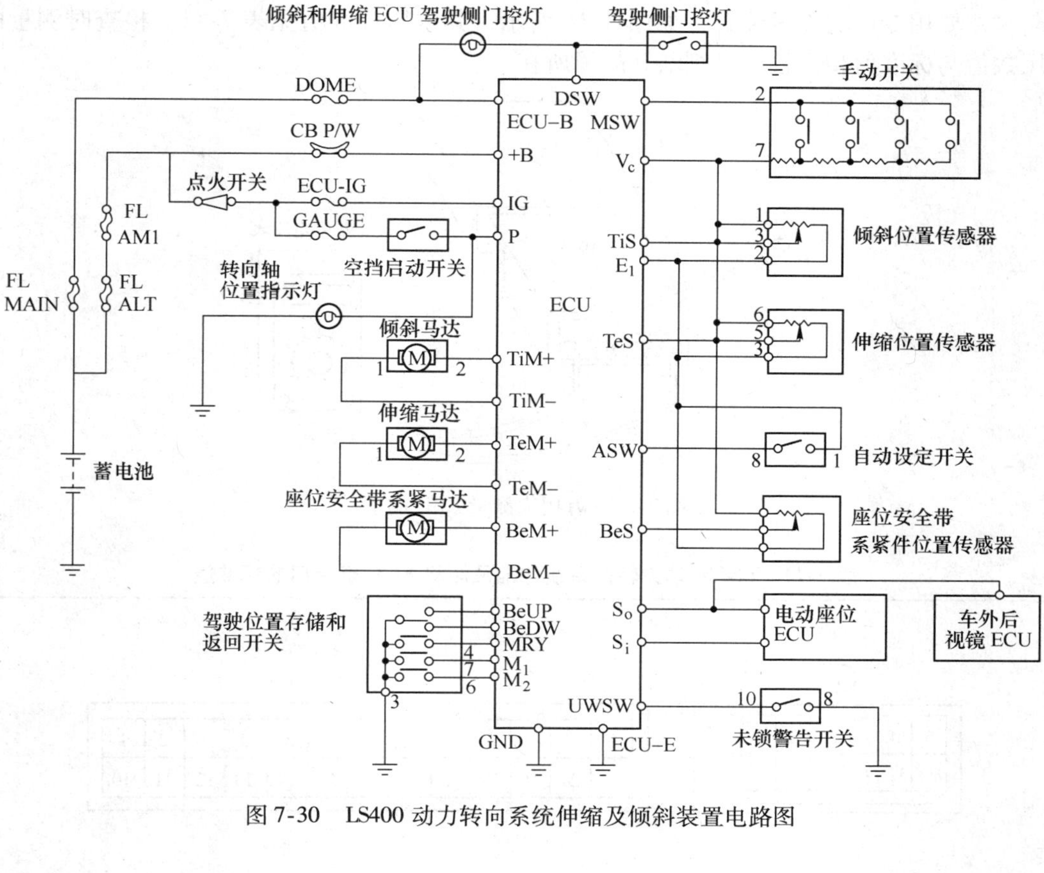

图 7-30　LS400 动力转向系统伸缩及倾斜装置电路图

表 7-10　LS400 转向系统伸缩及倾斜装置故障表

怀疑部位 / 检查顺序 / 故障症状		多路传输通信系统	ECU电源电路	执行器电源电路	传感器电源电路	倾斜位置传感器电路	倾斜调节电动机电路	伸缩位置传感器电路	伸缩调节电动机电路	手动开关电路	点火开关电路	驻车/空挡位置开关电路	钥匙未锁警告灯开关	倾斜和伸缩ECU
手动、自动离位/复位及储存功能	倾斜及伸缩	1	2	4	5								3	6
	仅倾斜	1				2	3							4
	仅伸缩	1						2	3					4
仅手动功能失效	倾斜和伸缩	1								2				
	仅倾斜	1								2				
	仅伸缩	1								2				
仅自动离位/复位功能失效	离位及复位	1									2		3	
	仅离位	1											2	
	仅复位	1										2		
仅储存功能失效		1									2	3		

用故障基表诊查如有疑问，还可用测量该系统 ECU 端口的电压来进行诊断。在进行诊断时，要用专用的连线装置，如图 7-31 所示，其电压标准值见表 7-11。检查时测量的电压数值与标准值相比较，可判断其故障所在。

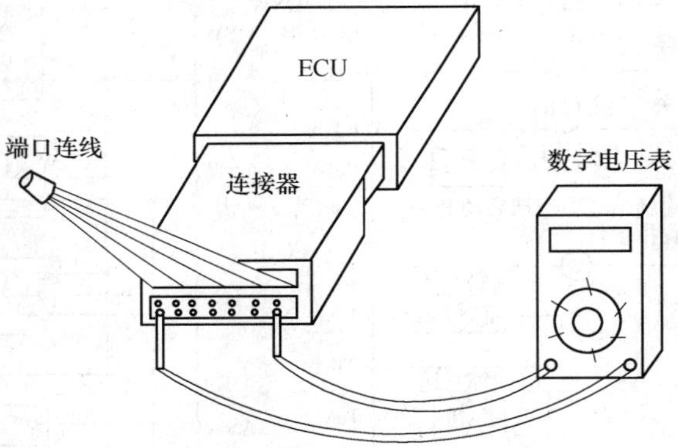

图 7-31　万用表测量 ECU 端子

表 7-11　LS400 动力转向系统伸缩及倾斜 ECU 备端口的标准值

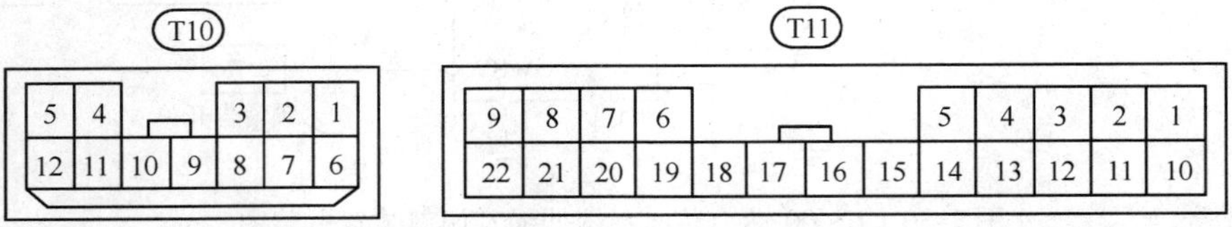

续表 7-11

端子	符号	配线颜色	条　件	标准值/V
T10-1←→车身接地	E_2←→车身接地	BR←→车身接地	任何情况	低于 1
T10-2←→车身接地	E_1←→车身接地	BR-W←→车身接地	任何情况	低于 1
T10-3←→T10-7	TIM←→GND	R-L←→W-B	（1）钥匙未锁警告灯开关接通，向下倾斜	10 ~ 14
			（2）倾斜不运作	低于 1
T10-4←→车身接地	+ B←→车身接地	L-O←→车身接地	任何情况	10 ~ 14
T10-6←→车身接地	E_3←→车身接地	BR-Y←→车身接地	任何情况	低于 1
T10-7←→车身接地	GND←→车身接地	W-B←→车身接地	任何情况	低于 1
T10-8←→T10-7	BEM −←→GND	L-W←→W-B	①钥匙未锁警告开关接通，安全带系紧器下移	10 ~ 14
			②安全带系紧器不运作	低于 1
T10-9←→T10-7	TEM +←→GND	L-B←→W-B	①钥匙未锁警告开关接通，转向柱缩回	10 ~ 14
			②转向柱缩回不运作	低于 1
T10-10←→T10-7	TIM +←→GND	R-B←→W-B	①钥匙未锁警告灯开关接通，向上倾斜	10 ~ 14
			②倾斜不运作	低于 1
T10-11←→T10-7	TEM −←→GND	L-Y←→W-B	①钥匙未锁警告灯开关接通，转向柱伸出	10 ~ 14
			②转向柱伸缩不运作	低于 1
T10-12←→T10-7	BEM +←→GND	L-R←→W-B	①钥匙未锁警告灯开关接通，安全带系紧器上移	10 ~ 14
			②安全带系紧器不运作	低于 1
T11-1←→T11-9	S_1←→ECUE	P←→BR	①点火开关接通，变速杆位于“*P*”，所储存位置的自动返回功能运作	超过 5←→低于 2
			②除 1 项外	低于 1
T11-2←→T11-9	HR←→ECLJE	LG←→BR	①点火开关接通，右侧驾驶车辆的后视镜向左或向右转动	10 ~ 14←→低于 2
			②后视镜不转动	10 ~ 14
T11-3←→T11-9	HL←→ECUE	BR-R←→BR	①点火开关接通，左侧驾驶车辆的后视镜向左或向右转动	10 ~ 14←→低于 2
			②后视镜不转动	10 ~ 14
T11-4←→T11-9	VR←→ECUE	LG-B←→BR	①点火开关接通，右侧驾驶车辆的后视镜向上或向下转动	10 ~ 14←→低于 2
			②后视镜不转动	10 ~ 14
T11-5←→T11-9	VL←→ECUE	R-G←→BR	①点火开关接通，左侧驾驶车辆的后视镜向上或向下转动	10 ~ 14←→低于 2
			②后视镜不转动	1 ~ 14
T11-6←→T10-2	TES←→E_1	Y-R←→BR-W	点火开关接通，转向柱完全缩回→完全伸出	0 ~ 2←→3.5 ~ 5.5

续表 7-11

端子	符号	配线颜色	条　件	标准值/V
T11-7←→T10-2	VC_3←→E_1	R-W←→BR-W	点火开关接通	4.5~5.5
T11-8←→T10-6	BES←→E_3	O←→BR-Y	点火开关接通，安全肩带调节开关接通	4.5~5.5←→低于 1
T11-9←→车身接地	ECUE←→车身接地	BR←→车身接地	任何情况	低于 1
T11-10←→T11-9	S_0←→ECUE	L←→BR	①点火开关接通，变速杆位于“*P*”，所储存位置的自动回位功能运作	高于 7←→低于 1
			②除 1 项外	低于 1
T11-11←→T11-9	MPX←→ECUE	Y←→BR	任何情况	10~14
T11-12←→T11-9	MIRE←→ECUE	W-B←→BR	①左侧驾驶车辆或右侧驾驶车辆的后视镜向右转动	10~14←→低于 2
			②后视镜不运作	低于 1
T11-13←→T11-9	MIRB←→ECUE	GR←→BR	①左侧驾驶车辆或右侧驾驶车辆的后视镜向左转动	10~14←→低于 2
			②后视镜不运作	低于 1
T11-14←→车身接地	P←→车身接地	G-W←→车身接地	①点火开关接通，变速杆位于“*P*”	10~14
			②点火开关接通，变速杆位于“*P*”以外的其他挡位	低于 1
T11-15←→车身接地	IG←→车身接地	R-L←→车身接地	①点火开关接通	10~14
			②点火开关位于“LOCK”	低于 1
T11-17←→T10-6	VCS←→E_3	R-L←→BBY	点火开关接通	4.5~5.5
T11-18←→T10-2	MSW←→E_1	V-Y←→BBW	点火开关接通，操作手动开关使转向柱伸出	2.05~2.75
			点火开关接通，操作手动开关使转向柱向上倾斜	1.3~1.7
			点火开关接通，操作手动开关使转向柱缩回	0.65~0.95
			点火开关接通，操作手动开关使转向柱向下倾斜	0.3~0.5
			点火开关接通，手动开关断开	低于 0.2
T11-19←→T10-2	TIS←→E_1	P-L←→BR-W	点火开关接通，转向柱倾斜调节完全举起→完全降下	0~2.5→3.5~5.5
T11-20←→T10-2	VC_2←→E_1	R-G←→BR-W	点火开关接通	4.5~5.5
T11-21←→T10-2	VC←→E_1	L←→BR-W	点火开关接通	4.5~5.5
T11-22←→T11-9	ECUB←→ECUE	W-L←→BR	任何情况	10~14

思　考　题

7-1　汽车离合器的自由行程对离合器功能有何影响，如何调整？

7-2　为什么手动变速器倒挡及 1 挡齿轮是直齿轮而其余都是斜齿轮呢？

7-3　如何调整差速器两端锥轴承的间隙，如何进行锁止？

7-4　手动变速器自动跳挡的主要原因是什么？

7-5　当 ABS 失效时，为什么它不影响常规制动？

7-6　如何检查 ABS 系统是否失效？

7-7　转向系统为什么要用 ECU 控制？它的电磁阀是开关型的吗？如果不是则通过电磁阀的电流是什么电流？如何对此电磁阀进行检查？

参 考 文 献

[1] 余云龙. 汽车拆装与装配 [M]. 北京: 机械工业出版社, 2002.
[2] 肖永清. 汽车前桥及转向系统构造与维修 [M]. 北京: 国防工业出版社, 2004.
[3] 高云, 张成祥. 汽车检测与维修实训 [M]. 南昌: 江西高校出版社, 2010.
[4] 陈春, 张成祥. 钳工技能实训 [M]. 哈尔滨: 哈尔滨工程大学出版社, 2010.
[5] 汤诊宁. 钳工技能实训 [M]. 北京: 电子工业出版社, 2009.
[6] 蒋立刚, 张成祥. 现代设备故障诊断及维修技术 [M]. 哈尔滨: 哈尔滨工程大学出版社, 2010.
[7] 安相璧, 陈成法. 汽车检测诊断技术 [M]. 北京: 北京理工大学出版社, 2009.
[8] 张西振, 韩梅. 汽车发动机构造与维修 [M]. 北京: 机械工业出版社, 2013.
[9] 唐岚. 汽车测试技术 [M]. 北京: 机械工业出版社, 2013.
[10] 舒华, 姚国平. 汽车电控系统构造与维修 [M]. 北京: 北京理工大学出版社, 2012.
[11] 罗富坤. 汽车故障诊断与排除 [M]. 北京: 机械工业出版社, 2008.
[12] 刘景军, 吕翔. 汽车电器检测技能实训 [M]. 北京: 人民邮电出版社, 2007.
[13] 赵振宁. 电控发动机原理与检修 [M]. 北京: 北京理工大学出版社, 2008.
[14] 谢剑. 汽车检测与诊断技术 [M]. 长沙: 国防科技工业出版社, 2001.
[15] 陈志恒, 胡宁. 汽车电控技术 [M]. 北京: 高等教育出版社, 2002.
[16] 张红伟, 王国林. 汽车底盘构造与维修 [M]. 北京: 高等教育出版社, 2004.

冶金工业出版社部分图书推荐